격 려 사

　　오세훈 군의 연구 노력이 책으로 나오게 되었다. 미국 예일대
학교 법과대학에서 이루어진 1년간의 성실한 연구활동의 결과가
이제 세상에 나오게 된 것을 진심으로 축하한다. 그리고 무엇보다
반가운 것은 이 책의 출간이 시의에 매우 적절했다는 점이다. 주
지하다시피 법원에서 마련한 민사소송법 개정안이 2000년 가을
시행을 목표로 심의되고 있는바, 이번에 마련된 개정안의 골격이
그대로 국회를 통과하여 시행되면 우리 민사소송구조의 획기적
변혁이 예상된다. 그런데 이렇게 개혁된 모습은 법정에서의 변론
이전에 모든 쟁점과 증거가 정리되는 영미의 재판절차와 매우 흡
사하므로, 개정법의 시행 이전에 미국의 제도가 어떻게 운영되는
지 또 어떠한 시행착오를 거쳐 오늘의 모습으로 발전되었는지 그
경위를 연구하여 반영하는 것은 우리가 반드시 수행해야 할 시대
적 과제가 아닌가 한다. 그런데 이 시점에서 그들의 변론전 절차
에 대하여 전반적인 소개와 함께 그 변화과정과 변화의 원인을 분
석하고, 우리에게 주는 시사점까지 찾아보려고 노력한 오 변호사
의 연구성과를 접하니 흐뭇한 마음을 금할 수 없는 것이다. 물론
이러한 시도가 처음이다 보니 부족한 점이 없지 아니하나, 최소한
과단성 있고 시의적절한 시도임은 부인할 수 없을 것이며, 앞으로
이 논문이 영미제도의 국내 도입 논의에 매우 중요한 단초를 제공

할 것이라는 점에서 그 의의를 찾고자 한다.

　오 변호사는 지난 1994년 봄 일조권에 기초한 손해배상청구 소송을 국내에서 처음으로 승소함으로써, 그 이후 일조권에 관한 권리의식이 고양되어 소송이 봇물처럼 터짐과 동시에 국내에 일조권의 보호에 관한 일응의 기준이 설정되는 데 결정적인 기여를 한 바 있다. 이 하나의 판결을 받기 위하여 그가 기울였던 4년여의 고독하고도 끈질긴 노력이 결국 결실을 보았던 것처럼, 이 논문도 우리 재판제도의 혁신에 하나의 소중한 계기를 제공함으로써 앞으로 후학들이 이에 터잡아 더욱 깊고 풍부한 연구성과를 내놓게 되기를 기대한다. 평소 매스미디어를 통하여 법률의 사회홍보에 적지 않은 기여를 하여 왔던 오 변호사가 이 논문을 통하여 우리 나라의 법발전에 또 다른 공헌을 하리라 믿어 의심치 않는다.

이 시 윤(한국민사법학회 회장)

미국 민사재판의
허 와 실

과연 무엇을 배울 것인가

오 세 훈 저

博 英 社

추 천 사

　이번에 吳世勳 변호사가 우리 민사소송법상의 변론준비절차
의 운영방법에 관하여 올바른 방향을 제시함과 아울러, 미국에서
오랫동안에 걸친 법원의 노력과 시행착오를 거쳐 시행중이며, 세
계에서 가장 앞선 것으로 평가받고 있는 辯論準備制度를 실무적·
이론적 차원에서 상세하고 구체적으로 소개하는 力著를 출간하게
된 것을 진심으로 축하하면서, 몇 마디 추천의 글을 쓰게 된 것을
매우 기쁘게 생각합니다.

　오 변호사는 고려대학교를 졸업하고 사법시험에 합격한 후에
뜻한 바 있어 在朝의 영광을 마다하고 변호사의 길을 선택한 촉망
받는 법조인입니다. 그가 변호사로서 개개의 피해자의 단편적인
구제활동에 만족하지 않고, 국민 대중에게 넓고 고르게 법의 보호
가 미칠 수 있는 정의로운 사회를 건설하기 위하여 방송매체를 통
한 法의 弘報에 크게 기여한 사실은 널리 알려져 있습니다. 그는
바쁜 변호사실무에 종사하고 있으면서도 학문에 대한 열의가 남
다른 바 있어 고려대학교에서 석사학위를 취득하고 다시 박사학
위를 취득하였습니다. 그는 박사학위논문의 준비를 위하여 세계
적 명문인 미국 예일(Yale)대학교 법과대학원에 유학하여 미국의
변론준비제도가 어떻게 운영되고 있고, 어떠한 문제점을 안고 있
으며, 어떠한 평가를 받고 있는가를 현지에서 직접 확인·체험하

고 이를 논문으로 정리하였던 것입니다. 이처럼 한국과 미국에서의 체험을 바탕으로 하여 양국의 변론준비제도를 명쾌하게 비교분석하고, 단순히 이론을 위한 이론이 아니라 실제적인 면에서 우리 나라의 실정에 가장 알맞은 민사소송제도의 개선점을 제시하였다는 점에서 이 논문은 심사위원들로부터 가장 높은 평가를 받았습니다. 사정이 이러하기 때문에 필자는 오 변호사에게 이 논문의 출간을 권유하였던 것입니다.

모쪼록 이 책이 한국 민사소송절차의 발전을 위하여 큰 밑거름이 되기를 비리며, 법조실무가는 물론, 한국의 민사소송절차에 관심이 있는 모든 분들께 감히 일독을 권하는 바입니다. 아울러 오 변호사의 앞날에 무한한 영광이 있기를 기원합니다.

정 동 윤 (한국민사소송법학회 회장)

격 려 사

　오세훈 군의 연구 노력이 책으로 나오게 되었다. 미국 예일대
학교 법과대학에서 이루어진 1년간의 성실한 연구활동의 결과가
이제 세상에 나오게 된 것을 진심으로 축하한다. 그리고 무엇보다
반가운 것은 이 책의 출간이 시의에 매우 적절했다는 점이다. 주
지하다시피 법원에서 마련한 민사소송법 개정안이 2000년 가을
시행을 목표로 심의되고 있는바, 이번에 마련된 개정안의 골격이
그대로 국회를 통과하여 시행되면 우리 민사소송구조의 획기적
변혁이 예상된다. 그런데 이렇게 개혁된 모습은 법정에서의 변론
이전에 모든 쟁점과 증거가 정리되는 영미의 재판절차와 매우 흡
사하므로, 개정법의 시행 이전에 미국의 제도가 어떻게 운영되는
지 또 어떠한 시행착오를 거쳐 오늘의 모습으로 발전되었는지 그
경위를 연구하여 반영하는 것은 우리가 반드시 수행해야 할 시대
적 과제가 아닌가 한다. 그런데 이 시점에서 그들의 변론전 절차
에 대하여 전반적인 소개와 함께 그 변화과정과 변화의 원인을 분
석하고, 우리에게 주는 시사점까지 찾아보려고 노력한 오 변호사
의 연구성과를 접하니 흐뭇한 마음을 금할 수 없는 것이다. 물론
이러한 시도가 처음이다 보니 부족한 점이 없지 아니하나, 최소한
과단성 있고 시의적절한 시도임은 부인할 수 없을 것이며, 앞으로
이 논문이 영미제도의 국내 도입 논의에 매우 중요한 단초를 제공

할 것이라는 점에서 그 의의를 찾고자 한다.

오 변호사는 지난 1994년 봄 일조권에 기초한 손해배상청구 소송을 국내에서 처음으로 승소함으로써, 그 이후 일조권에 관한 권리의식이 고양되어 소송이 봇물처럼 터짐과 동시에 국내에 일 조권의 보호에 관한 일응의 기준이 설정되는 데 결정적인 기여를 한 바 있다. 이 하나의 판결을 받기 위하여 그가 기울였던 4년여 의 고독하고도 끈질긴 노력이 결국 결실을 보았던 것처럼, 이 논 문도 우리 재판제도의 혁신에 하나의 소중한 계기를 제공함으로 써 앞으로 후학들이 이에 터잡아 더욱 깊고 풍부한 연구성과를 내 놓게 되기를 기대한다. 평소 매스미디어를 통하여 법률의 사회홍 보에 적지 않은 기여를 하여 왔던 오 변호사가 이 논문을 통하여 우리 나라의 법발전에 또 다른 공헌을 하리라 믿어 의심치 않 는다.

이 시 윤 (한국민사법학회 회장)

서 문

　주지하다시피 우리 민사소송법 학계에서는 이번에 대법원에서 마련한 민사소송법 개정안을 놓고 많은 고견이 제시되고 있습니다. 개정안의 주요내용 중 실무상의 재판형태에 혁명적인 변화를 가져올 것으로 생각되는 부분이 '변론준비절차'와 '변론준비기일'제도인바, 그 내용을 들여다보면 영미의 'pre-trial', 즉 '변론전절차'와 매우 유사한 형태임을 쉽게 알 수 있습니다. 따라서 미국에서는 이미 수십 년의 시행착오를 거쳐서 꾸준히 정비해 온 이 제도의 변화과정과 그 동인(動因)을 미리 연구함으로써 보다 효율적이고 완비된 제도의 도입이 가능해질 것이며, 이러한 작업에 조그마한 도움이라도 되었으면 하는 마음으로 이 연구에 착수하게 되었습니다. 이번 Yale대학에서의 1년간에 걸친 연구를 통하여 그 동안 도입의견이 적지 않았던 '사전개시제도'(discovery)의 변화과정과 그 원인을 정리할 수 있었고, 특히 우리의 '변론준비기일'제도에 많은 점을 시사해 줄 수 있는 '변론전 회합절차'(pre-trial conference)를 비교적 상세히 들여다볼 수 있었습니다. 또 '대체분쟁해결절차'(A.D.R.)는 어떤 형태로 시행되고 있는지도 살폈고, 이 세 가지 제도가 어떤 상호작용을 하고 있는지, 이 제도들의 진화과정에서 추출할 수 있는 특징은 무엇인지에 대하여도 정리를 시도해 보았습니다. 이렇게 함으로써 우리 제도의 개정 후에 비로소 대두될 수 있는 역기능을 미리 예상해 보고 그 부작용을 최소화할 수 있는 제도적 장치로는 무엇을 준비해야 하는지도 생각해 보려는 의도였으나, 욕심만 앞섰을 뿐 스스로 보아도 미흡한 점이 적지 않아 제 능력의 한계를 절감할 뿐입니다.

　　그럼에도 불구하고 저의 미천한 연구결과가 시행착오의 사전예방에 조그마한 일조라도 할 수 있다면 이보다 더 큰 보람은 없을 것이라는 생각으로 용기를 내어 감히 책의 출간을 결심하였습니다. 독자 여러분들의 혹독한 질책을 기다리며, 이 글이 우리 민사소송법의 발전을 위한 토론의 장에 작으나마 의미 있는 토론거리라도 제공할 수 있었으면 하는 바램입니다. 이 논문의 완성과 출간에 많은 조언과 용기를 주신 정동윤 선생님, 김홍규 선생님, 이시윤 선생님, 호문혁 선생님, 그리고 유병현 교수님께 진심으로 감사드리고, 박영사의 안종만 사장님 이하 임직원 여러분께도 깊은 사의를 표합니다.

2000. 1. 1.

오 　 세 　 훈 씀

目 次

제1장 들어가며

제1절 왜 지금 미국의 辯論前 節次인가

民事訴訟의 大 理想은 適正·公平·迅速·經濟的인 裁判이다. 우리 民事訴訟法은 제1조 전단에서 '法院은 訴訟 節次가 公正·迅速하고 經濟的으로 進行되도록 努力하여야 하며'라고 規定하여 이러한 理想을 선언하고 있고, 美國 聯邦民事訴訟規則(Federal Rules of Civil Procedure: 이하 F.R.C.P.로 줄여 씀) 제1조도 '이 規則은 適正, 迅速, 經濟的인 裁判을 확보할 수 있도록 解釋·適用되어야 한다'(They shall be construed and administered to secure the just, speedy, and inexpensive determination of every action)고 規定하여 같은 취지를 밝히고 있다. 그러나 이러한 裁判은 문자 그대로 理想的인 目標일 뿐 어느 나라의 裁判 現實도 法院과 當事者 모두가 適正·公平한 裁判과 迅速·經濟的인 裁判이 조화를 이루고 있다고 評價할 정도에는 미치지 못하는 형편임이 분명한바, 이는 각국의 民事訴訟을 규율하는 法規가 끊임없이 改正·補充되고 있는 現實과 그 改正의 배경에는 항상 '보다 올바르고 效率的인 裁判을 추구하기 위해서'라는 說明이 있어 왔다는 사실이 반증하고 있다.

우리 나라도 1960년에 民事訴訟法을 제정하여 시행해 온 이래 여러 차례의 改正을 거쳐 왔다. 최근에만 해도 1983년에 民事訴訟規則이 제정되어 民事訴訟法을 補充하는 세칙이 마련되었고 90년 이후에만도 두 차례의 法 改正이 있었다. 그리고 現在도 法院이 마련한 民事訴訟法 改正案이 공청회를 거친 후 국회제출을 기다리고 있다. 그런데 이번 改正案의 內容을 살펴보면, 그 동안 이루어진 改正 內容과는 달리 裁判 實務에 상당한 變化를 가져올 요소들을 담고 있다. 그 중 現在의 裁判 方式에 가장 큰 變化를 몰고 올 것으로 보이는 부분은 그 동안 集中的 形態의 審理 方式을 시험하기 위하여 示範裁判部를 지정하여 꾸준히 연구해 온 결과를 토대로 마련된 '辯論準備節次'와 '辯論準備期日' 制度이다. 즉, 現在 사실상 規定 속에 잠들어 있다시피 한 準備節次制度를 改善하여 法院이 보다 積極的으로 主張과 證據를 整理할 수 있도록 하는 것을 目的으로, 먼저 書面의 交換을 통하여 爭點의 整理를 유도한 후 이어서 필요한 경우에는 '辯論準備期日'을 열며, 여기서 "裁判長은 訴狀과 答辯書, 準備書面 및 釋明으로, 최종적인 爭點 및 證據의 整理, 和解의 勸告 및 辯論期日 進行의 協議 등 辯論의 準備를 위한 처분을 하고, 當事者는 辯論準備期日이 끝날 때까지 辯論의 準備에 필요한 主張과 證據를 내도록 한다"[1]는 것이다. 그리고 이 辯論準備期日에 필요한 범위 안에서 證據決定 및 證據調査까지 할 수 있고, 이러한 辯論準備節次를 거친 경우에는 한 번의 辯論期日로 바로 辯論을 마감할 수 있도록 유도하며, 무엇보다 획기적인 것은 이렇게 辯論準備節次를 거친 事件에 있어서는 그 節次終了 後에 原則的으로 더 이상 새로운 攻擊·防禦

---

1) 法院行政處, 民事訴訟法 改正案, 20(1998).

方法을 提出할 수 없도록 하는 '失權的 效果'가 생기도록 하여 이 辯論準備節次에서 사실상 모든 主張과 立證의 청사진이 그려질 수밖에 없도록 만든다는 것이다. 여기에 더하여 裁判長은 일정한 事項에 관한 主張이나 證據 申請을 할 期間(裁定期間)을 정할 수 있고, 當事者가 그 期間 안에 準備書面의 提出 또는 證據 申請 등을 하지 않는 경우에는, 特別한 事由가 없는 한 그 攻擊·防禦 方法을 却下하도록 한다는 것이다.

  만약 이 法院 改正案의 기본 골격이 그대로 유지되어 국회를 통과하게 된다면 기존의 裁判 體系는 그야말로 혁명적으로 바뀌게 될 것으로 예상된다. 그리고 그 變化된 모습은 결과적으로 英美法系의 民事裁判의 진행과정과 너무도 흡사한 모습이 될 것이라는 예측이 가능하다. 왜냐하면 영미법계의 民事訴訟節次는 '辯論前 節次'(pretrial)와 '辯論期日'(trial)로 양분되어 있고, '辯論前 節次'의 초기에 발하여진 '日程配置命令'(scheduling order)이 이후의 節次進行을 구속하며, '辯論前 會合'(pretrial conference)에서 事實關係와 法的 爭點 및 證據를 整理함과 동시에 裁判期日의 日程 기타 필요한 여러 가지 裁判 準備를 완료하고 이와 아울러 和解 可能性까지 摸索해 본 다음 短期間의 集中的인 裁判進行으로 事件을 마무리하는 형태이기 때문이다. 이에 더하여 法院이 소송 계속 후 判決 宣告 전까지 언제라도 書面에 의한 和解勸告 決定을 할 수 있도록 한다는 改正案 內容은 美國의 '法院連繫型 A.D.R.' (court-annexed A.D.R.)을, '文書 提出 義務의 擴大'와 '文書 情報의 公開' 및 '調査 囑託의 對象 및 內容의 擴大', '當事者 訊問의 活性化' 등 證據 調査와 관련된 改正案의 內容은 '事前開示'(discovery)와 '強制的 開示情報의 交換'(mandatory informal exchange

of information) 및 '證據의 辯論前 公開'(disclosure) 등 F.R.C.P.
상의 辯論前 證據蒐集節次를 각 연상시킨다.

주지하다시피 우리 나라와 美國의 民事訴訟法規는 그 淵源과
體系, 發展過程을 전혀 달리할 뿐만 아니라 民事訴訟 그 자체도
앞뒤의 節次가 서로 유기적으로 연결되어 나아가는 發展的 性格
을 가지고 있어서 英美法系 制度 중에 우리의 制度 改善을 위하여
必要性이 느껴지는 어느 한 부분만을 導入하고자 해도 다른 節次
와의 조화와 적응이 쉽지 않다는 점 때문에 導入 論議가 현실적으
로 어려웠던 것이 사실이다. 그렇기 때문에, 그 동안 開示節次와
辯論前 會合 등의 制度導入을 主張하는 견해가 있었으나 그 論議
가 본격화되지 못했던 것으로 보이는데, 이제 일시에 우리의 실정
에 맞게 變形된 形態로 일괄적인 導入이 시도되고 있는 것이다.

그런데 흥미로운 사실은 現在 우리의 改正案이 수용되는 경
우를 가정하여 이를 기초로 그려 보는 民事訴訟 進行 形態가 원래
의 美國 F.R.C.P., 즉 1938년 F.R.C.P. 제정 당시의 民事裁判 進
行 形態가 아닌 육십여년 간에 걸친 改正을 통하여 끊임없이 變化
되어 온 지금 現在의 形態와 유사하다는 점이다. 그렇다면 결국
淵源과 體系, 原理의 모든 면에서 상이한 형태였던 양국의 民事裁
判 節次가 각각 그 施行 過程에서 問題點으로 대두된 事項들에 대
처하여 꾸준한 改善을 摸索해 온 결과 종국에 이르러서는 매우 類
似한 形態를 가지게 될 時點에 이르렀다고 말할 수 있다. 狀況이
이러하다면, 現在 法院에 의하여 제시된 改正案이 시행될 때 발생
할 수 있는 副作用이나 逆機能을 미리 예측해 보기 위하여, 美國
의 變化過程을 되짚어 보면서 그 順次的인 改正 樣態와 改善 背景
을 파악해 보고, 또 그렇게 變化하는 過程에서 그 變化 方向을 둘

러싸고 이루어진 贊反 論爭과 자체 評價 結果를 整理해 보는 作業
이 반드시 필요할 것이라는 생각이다.

제 2 절 풀어가는 세 가지 方法論

現在 美國 民事訴訟의 裁判期日 이전의 節次, 즉 辯論前 節次
(pretrial procedure)는 대별하여 '訴答節次'(pleading)와 '開示節次'
(discovery) 그리고 이 두 가지 節次를 비롯한 모든 辯論前 節次를
統制・管理해 나가기 위한 方法인 '辯論前 會合'(pretrial confer-
ence) 및 判決에 이르기 전에 '和解를 摸索하는 節次'(A.D.R.;
Alternative Dispute Resolution)로 구분할 수 있다. 즉, 辯論前에
當事者간에 主張에 관한 書面을 交換하는 訴答節次를 거친 다음,
證言調書의 作成, 相對方에 대한 質問書의 交付, 文書 등의 提出
要求 등 제반 開示方法을 통하여 相對方과 제3자로부터 事件에
관한 情報를 蒐集함으로써 각자 事實關係를 整理함과 동시에 裁
判期日에 提出할 證據를 마련하는데, 원래 이 두 節次는 法院의
介入 없이 當事者가 自律的으로 進行하는 것을 原則的인 形態로
하였으나 그 중 특히 후자, 즉 開示節次가 양 當事者의 적대적인
입장으로 인하여 원활하게 進行되지 않는 등 問題點이 드러나고
裁判遲滯의 주요 原因이 되자 法院이 辯論前 會合 節次를 통하여
이를 적극 統制・管理하게 되었다. 그리고 이와 아울러 이 辯論前
會合에서 양 當事者의 양보와 타협을 摸索함과 동시에 裁判節次
에 연결된 A.D.R.節次로의 移行 可能性이 검토된다.

現在의 이러한 辯論前 節次의 모습은 1938년 美國 聯邦民事

訴訟規則(F.R.C.P.)이 제정된 이래 10여 차례 정도의 크고 작은 改正을 거친 결과인데, 그 중 1970년, 80년, 83년, 93년의 改正이 비교적 큰 變化를 가져온 改正이었으며, 이 네 차례 改正의 주요 內容에서 '開示節次'와 '辯論前 會合'의 改善에 관한 事項은 빠진 적이 없었다. 그리고 法院 連繫型 A.D.R.은 여러 차례의 個別 立法을 통하여 80년대의 導入期를 거쳐 90년대 이후 定着 · 發展의 過程에 있다.

이 책에서는 辯論前 節次의 核心 構成 要素이면서 우리의 改正作業에 많은 지침을 줄 수 있는 이 세 가지 節次를 세 가지 측면에서 살펴 나가고자 한다.

첫째는, 앞의 두 가지, 즉 開示節次와 辯論前 會合이 각각 언제, 어떻게 進行되면서 事實關係와 法的 爭點을 整理해 나가는 機能을 수행하게 되는지, 法院은 이를 어떻게 統制 · 管理하고 있으며 이에 따르지 않는 當事者 및 代理人은 어떤 制裁를 당하게 되는지 그리고 辯論前 節次에서 A.D.R.은 어떻게 法院과 연계되고 그 活用은 어떤 方法으로 이루어지는지, 90년대에 들어와서 비로소 본격적으로 이용되기 시작하였다는 여러 가지 法院連繫型 A.D.R.의 이용 現況은 어떤지, 그 각 特徵은 무엇인지 등을 살핀다. 그리고 이 세 가지 辯論前 節次가 節次 및 機能의 측면에서 어떤 관계에 있으며 상호 어떤 影響을 미치는지를 분석한다.

둘째는, 이와 같이 세 가지 節次의 機能과 內容을 살피기에 앞서 그것들이 각각 어떤 變化 過程을 통하여 現在의 모습에 이르게 되었는지, 그리고 그 變化의 背景에는 어떤 이유가 있었는지를 살핌으로써 段階別 發展의 動力이 어디에 있었는지를 연구하게 될 것이다.

셋째는, 앞의 연구 결과를 토대로 세 가지 制度의 改善 過程을 관통하고 있는 特徵的인 현상, 즉 制度 改善의 核心은 무엇인지, 그리고 그러한 현상이 意味하는 바는 무엇이고 그것이 그들 사이에서 과연 어떻게 評價받고 있는지를 살핌으로써 改正을 準備하는 우리에게 시사하는 점을 찾아보게 될 것이다.

제 3 절 풀어가는 順序

'制度 改善의 壓力과 適應'이라는 제하의 제 2 장에서는 먼저 '제 1 절 訴訟爆發의 原因 分析'이라는 제목으로 80년대 이후 辯論前 節次 改善의 必要性이 급격히 제기된 근본적인 原因이었던 '法院의 事件 積滯'를 초래한 社會的·裁判構造的 배경을 분석한 후, '제 2 절 變化의 摸索'에서 그에 대한 해결책으로 앞으로 살펴볼 세 가지 辯論前 節次의 改善 方案이 대두되는 過程을 본다. 그리하여 〈제 1 항 傳統的 形態〉에서 英美 民事裁判制度의 기본 원리인 '對立當事者主義'(adversary system)의 槪念을 살피고, 〈제 2 항 事件管理의 漸進的 導入〉에서 변혁 이전의 辯論前 節次에서 高費用·低效率의 비능률이 발생하기 시작한 것은 이 對立當事者主義를 지나치게 원론적으로 관철하려는 당시의 재판 체제가 사건의 증가 및 다양화·대형화·복잡화라는 社會的인 變化에 미처 적응하지 못하는 것에 기인한 것이므로 여기에 修正을 가하기 위하여 法院이 기존의 審判者的인 判事像을 벗어 던지고 과감히 事件 속에 뛰어들어 이른바 '司法的 事件管理'(judicial case management)

를 시작하는 過程을 일별하는데, [1. 實務에서의 發展]에서는 實
務上 어떤 變化가 선행하였는지를, 그리고 [2. 事件管理의 F.R.C.P.
規定에 의한 制度化]에서는 그것을 반영하여 辯論前 會合과 開示
節次에 관한 F.R.C.P. 規定이 어떻게 變化하였는지를 간략하게 살
핀다. 그리고 〈제3항 A.D.R.의 訴訟節次化〉에서는 A.D.R.이 個
別 立法을 통하여 어떻게 法院의 裁判節次에 연계되어 運用되기
시작하였는지 그 개요만을 파악한다.

　'辯論前 節次의 改善과 現在'라는 제하의 제3장은 '事前開示
節次'와 '辯論前 會合' 및 '法院 連繫型 A.D.R.'의 순서로 구성되
어 있는데, 먼저 그 각 절의 앞부분에서 각 制度에 고유한 改善
過程에 대하여 비교적 상세히 살핌으로써 각 단계별 制度 改善의
모티브가 어디에 있었는지, 그리고 그러한 改善 過程이 무엇을 의
미하는지를 생각해 볼 기회를 가진다.

　'제1절 事前開示節次'는 우선 제1항의 [1. 制度化와 改善過
程]에서 開示制度가 F.R.C.P.에 수용된 후 改善되어 나가는 過程
을 살핀 후, [2. 機能]에서 開示制度가 訴訟過程에서 어떤 役割을
하는지를 분석하여 다음 논의의 기초를 마련한다.

　〈제2항 事前 開示의 認定 範圍〉에서는 어떤 것까지 開示의
對象이 되고 어떤 것이 開示의 對象에서 제외되는가에 대하여 살
핀다.

　먼저 [1. 開示 對象의 一般的 範圍]에서 開示 對象이 原則的
으로 거의 無制限的이라는 점 때문에 開示制度가 濫用된다는 批
判이 제기되어 開示 範圍가 制限되기에 이르렀다는 점을 說明한
다. 다음에는 [2. 開示가 認定되지 않는 경우]에서 예외적으로 開
示가 불허되는 경우를 두 가지 범주, 즉 判例에 의하여 인정되는

'特權(privilege)과 免責(immunity) 事項'과 當事者의 申請에 기하여 法院의 '保護命令(protective order)을 받은 事項'으로 나누어 살핀다.

〈제 3 항 事前開示節次의 進行〉에서는 開示가 訴訟 초기의 어느 時點에서 어떤 方法으로 시작되는지, 93년 改正으로 삽입되어 開示制度의 틀을 바꾸었다고 評價되는 强制的 開示 事項에는 과연 어떤 것들이 있는지, 또 그것이 어떤 순서에 의하여 義務的으로 相對方에게 제공되는지를 살핀다.

먼저 [1. 開示가 인정되는 時點]에서는 과거와는 달리 93년 改正 이후에는 原則的으로 當事者간의 事前準備會合을 거쳐서 開示 計劃書를 作成・提出하기 전에는 開示가 허용되지 않게 되었다는 점을 밝히고, [2. 事前準備會合 및 開示日程配置命令]에서 當事者간의 事前準備會合에서는 어떤 事項들이 論議되어야 하는지, 이를 기초로 作成하여 法院에 提出해야 하는 報告書에는 어떤 內容이 담기는지, 그리고 이를 제출받은 法院은 어떤 節次를 거쳐 '日程配置命令'을 발하는지 등을, [3. 義務的 開示 情報 交換]에서는 當事者가 언제까지 어떤 事項에 관한 情報들을 相對方에게 제공해야 하는지, 그리고 그 導入을 둘러싸고 논란이 불거진 이유는 무엇인지를, [4. 專門家 證人에 관한 義務的 開示]에서는 우리의 鑑定制度에 대응되는 制度인 專門家 證言이 어떻게 誤・濫用되어 왔으며, 이 弊害를 규제하기 위하여 1993년 개정에서 어떤 方法이 개발되었는지를, [5. 證據의 辯論前 公開]에서는 裁判期日에 法廷에서 현출될 證據에 관하여 當事者가 언제까지 어떤 事項을 相對方에게 알려야 하며, 이에 대한 異議는 언제까지 해야 하는지를 각 살펴본다.

〈제4항 事前開示의 方法과 效用〉에서는 이제 각 開示 方法의 內容과 機能을 說明한다.

[1. 質問書]에서는 質問書가 어떤 경우에 活用될 필요가 있는 것인지, 다른 開示 方法과 비교해서는 어떤 장·단점이 있는지, 濫用 弊害에 대처하기 위하여 93년 개정으로 어떤 制限들이 가하여졌으며, 그 이후 어떤 變化가 있었는지 등을, [2. 證言調書]에서는 그 作成 節次와 方法은 어떠하며 83년과 93년의 改正을 거치면서 무엇이 달라졌는지, 作成 過程에서 발생하는 問題點에는 어떻게 대처해야 하는지 등을, [3. 文書 및 기타 物件의 提出과 調査 要求]에서는 이 要求가 어떻게 이루어지며, 要求에 대하여 異議를 제기하는 方法과 效果는 어떠한지, 제3자에 대한 要求 方法은 어떻게 改善되었으며 그 제3자를 保護하기 위해서는 어떤 制度的 裝置가 구비되어 있는지 등을, [4. 身體 鑑定]에서는 法院의 事前 命令이 필요한 유일한 開示 方法인 身體鑑定의 要件과 進行 節次 등을, [5. 自白의 要求]에서는 그 爭點을 整理하는 機能과 效果를, [6. 開示 및 答辯의 補充]에서는 93년 改正으로 當事者간에 交換이 義務化된 開示 情報 및 각종 開示 方法을 통하여 相對方에게 전달된 情報에 대하여 補充·訂正의 義務가 있음을, [7. 裁判節次에서의 使用]에서는 開示된 資料의 辯論에서의 使用 範圍와 그 效力, 그리고 法廷에서의 이용이 禁止되는 事項 등에 대하여 각 살펴본다.

〈제5항 事前開示에 대한 法院의 介入과 制裁〉에서는 F.R.C.P. 規定에 의한 開示情報 交換義務를 懈怠한 자와 法院의 開示命令과 保護命令 등에 따르지 않는 當事者 및 訴訟代理人에게 가하여지는 각종 制裁 方法에 대하여 說明한다.

[1. 法院 介入의 必要性]에서는 對立當事者主義를 原則으로 하는 開示節次에서 法院의 關與가 반드시 필요한 이유를 說明하고, 이어서 [2. 制裁의 種類]에서는 (1) 判決 結果의 不利益, (2) 法廷侮辱, (3) 主張, 抗辯이나 立證의 排斥, (4) 辯護士 報酬 등 訴訟費用의 負擔, (5) 自白 要求에 불응한 경우의 經濟的 制裁 등을 순차로 살피면서 각각에 해당되는 制裁 事由와 事例를 살펴본다. 마지막으로 [3. 83년과 93년 改正과 관련된 부분]에서는 일정한 開示情報의 交換 義務 및 署名 義務를 懈怠한 경우에 각각 어떤 制裁가 가능한지 說明한다.

'제 2 절 辯論前 會合節次'의〈제 1 항 槪觀〉에서는 먼저 [1. 意義와 制度改善 過程]에서 辯論前 會合의 槪念을 正義한 후 F.R.C.P.에 規定될 당시의 形態와 그 이후 1983년 및 93년의 改正에서 規定이 어떻게 바뀌게 되었는지를 일별하고, [2. 目的]에서 1983년의 改正으로 辯論前 會合 制度의 目的의 중점이 '本案 審理의 準備'에서 '司法的 事件管理'로 옮겨 가게 된 경위를 살핀다.

〈제 2 항 日程配置命令〉에서는 法院이 事件 초기부터 事件을 積極的으로 統制·管理할 수 있는 手段이 되는 日程配置命令의 意義와 發令 期限, 그 발령 이전에 日程配置會合의 선행 여부를 說明하고, 동 命令에 포함되어야 할 事項에는 어떤 것이 있는지, 그리고 그 이후의 辯論前 節次를 구속하는 效力 및 修正의 要件 등에 관하여 살핀다.

〈제 3 항 辯論前 會合의 運用〉에서는 [1. 彈力的 運用]이라는 제목으로 辯論前 會合이 法院에 의하여 매우 융통성 있게 運用되고 있는 狀況을 강조한 후 [2. 運用 方式]에서 當事者에게는 어떤

協助 義務가 있는지, 會合은 언제 어떻게 개최되는지, 會合은 누가 主宰하며 그 參席 範圍는 여하한지, 어떤 점을 유의하여야 하는지 등을 살핀다.

〈제 4 항 辯論前 會合의 論議事項〉에서는 우선 F.R.C.P. 제정 당시 6개 항에 불과했던 會合에서의 論議事項이 83년과 93년의 改正을 거치면서 16개 항으로 늘어났음을 적시한 후 그 각 論議事項을 F.R.C.P. 規定의 순서에 따라 爭點의 形成 및 單純化, 訴答의 修正, 事實關係와 證據에 관한 事前 整理, 후속 節次의 準備, 일정한 權限의 매지스트리트 判事 및 매스터에의 위임, 代替紛爭解決節次의 이용, 特別한 節次의 採擇, 기타 包括 條項 순으로 하나하나 살펴 나간다.

〈제 5 항 辯論前 命令〉에서는 辯論前 會合 후에 法院이 그 論議事項을 반영한 辯論前 命令을 발함으로써 이후의 節次를 效率的으로 규율해 나가게 되는 것을 살피는데, 먼저 그 作成方法을 說明하고, 法院과 當事者에 미치는 效力, 修正의 要件 및 基準을 살핀 다음 辯論前 命令에 대한 不服 方法에 관하여 본다.

〈제 6 항 制裁〉에서는 法院의 辯論前 命令이나 辯論前 節次와 관련된 規定에 위반하는 當事者와 代理人에게 가하여지는 制裁에 관하여, 그 制裁 事由 및 制裁 種類로 나누어 說明한다.

'제 3 절 代替紛爭解決節次'에서는 美國 法院에서 시행되고 있는 法院連繫型 代替紛爭解決節次의 發展 樣態와 그 過程에서의 論爭을 일별한 후 그 施行 現況을 살핀다.

먼저 〈제 1 항 意義와 發展過程〉에서는 원래 法院 밖에서 生成·發展되어 온 代替紛爭解決節次가 어떻게 法院의 民事裁判節

次와 연계되어 運用되게 되었는지, 그 變化 過程을 살핀다.

〈제 2 항 A.D.R.에 대한 評價〉에서는 1980년대 중반에 있었던 A.D.R.에 관한 贊反 兩論의 論據를 살핀 후 이미 정착단계에 들어간 法院連繫型 A.D.R.의 課題와 展望에 대하여 언급한다.

〈제 3 항 活用 現況〉에서는 다음 항에서 여러 가지 A.D.R. 節次의 具體的인 運用實態를 살피기에 앞서 法院連繫型 A.D.R.의 全般的 運用 狀況을 정리해 본다. 우선, 辯論前 節次에서 어떻게 A.D.R. 節次로 이행하게 되는지, 그 過程에서 法官과 當事者는 어떤 役割을 하는지, A.D.R. 節次를 主宰하는 것은 누구인지, A.D.R.에 소요되는 費用은 누가 부담하는지 등을 살핀 다음, A.D.R.이 形式化·制度化 되어 가는 추세와 抗訴審에서의 A.D.R. 運用 등에 대하여 살펴본다.

〈제 4 항 A.D.R.의 諸 方式〉에서는 法院連繫型 A.D.R.로서 現在 美國에서 活用되고 있는 制度들을 仲裁, 事件評價, 簡易裁判, 早期中立評價, 判事主宰의 和解期日, 調停, 略式陪審裁判, 和解週間, 멀티도어 코트하우스의 순으로 그 각 內容과 特色에 관하여 정리해 본다.

'제 4 절 辯論前 會合과 事前開示, 그리고 A.D.R.'에서는 辯論前 節次의 이 세 가지 핵심 構成要素가 節次와 機能의 면에서 어떻게 相互 有機的인 關聯性을 가지는지를 밝힌다.

제 4 장에서는 '마무리를 위한 評價'라는 제목으로 제 3 장에서 서술한 辯論前 節次 세 가지의 發展 過程을 하나로 묶을 수 있는 槪念인 '事件管理'의 意義와 그 評價를 둘러싼 論爭, 그리고 그것이 우리에게 시사하는 점은 무엇인지를 순차로 살핀다. 즉, 제 1 절에서 論議의 必要性을 언급한 후 '제 2 절 制度 改善의 核心'에

서 事件管理의 槪念과 性格을 살피고 '제 3 절 事件管理를 둘러싼 論爭'에서 Resnik 교수의 批判論과 이에 대하여 Peckham 判事 등이 제기한 反論을 소개한 후 마지막으로 제 4 절에서 우리의 입장을 정리해 본다.

끝으로 제 5 장에서는 美國의 辯論前 節次가 高費用·低效率 이라는 批判에 대처하기 위하여 變化되어 온 모습에서 우리가 배울 점은 무엇인지 정리해 본다.

제 2 장 制度 改善의 壓力과 適應

제 1 절 訴訟 爆發(litigation explosion)의 原因 分析

"美國은 이제 송사 만능의 社會(litigious society)가 되었다. 1989년 1년 동안만 해도 1800만 건의 새로운 訴訟이 聯邦 및 州 法院에 제기되었는데, 이 숫자는 성인 10명 중에 1명 꼴로 訴를 제기했음을 뜻한다. 또, 聯邦 法院에만도 매년 새로 제기되는 訴訟의 숫자가 지난 30년간 3배로 늘었다. 즉, 1960년의 9만 건에서 1990년의 25만 건으로 늘어난 것이다."

1992년 부통령 댄 퀘일을 責任者로 하는 '國家競爭力强化委員會'(President's council on competitiveness)의 '民事司法改革 타스크 포스'(Civil Justice Reform Task Force)에서 제출한 最終 報告書[1]의 서두이다.

美國은 1980년대에 들어서면서부터 訴訟 急增으로 인한 法院의 事件 積滯와 社會的 費用의 浪費를 우려하게 되었는데, 이렇게 訴訟이 급격히 늘어난 原因을 Arthur R. Miller 교수는 다음과 같이 분석했다.[2]

---

1) Kenneth W. Starr, Agenda for Civil Justice Reform in America, 60 University of Cincinnati L. Rev. 980(spring. 1992).
2) Arthur R. Miller, The Adversary System: Dinosaur or Phoenix, 69:1 Minn. L. Rev. 3∼12(1984).

첫째, 法曹人 數의 증가와 法學 敎育의 내용, 그리고 訴訟을 社會 變革 手段으로 교육받은 世代의 登場이 訴訟을 증가시켰다는 것이다. 즉, 1960년부터 1980년대 초까지 辯護士의 수는 2배로 늘었는 데[1] 비해서 自動車事故 保險金請求訴訟 및 離婚 訴訟에 '無過失 責任 槪念'(no-fault concept)이 도입되면서 受任 事件이 감소하자 辯護士들이 새로운 영역을 개척하기 시작했으며, 법학 교육의 커리큘럼도 訟務 辯護士를 양산하는 內容에 초점이 맞추어져 있었다는 것이다. 그리고 美國 社會의 變革期인 60년대와 70년대 초반에 대학 교육을 받은 法律家들은 시민권(civil rights) 확보, 환경 보호, 소비자 권익 보호, 근로환경 보장 등 각종 社會·政治的 正義 實現을 위한 투쟁의 방편으로 訴訟을 강조하는 분위기에서 법학 교육을 받았고 이러한 분위기는 80년대까지 지속되고 있으며, 그에 더하여 辯護士 廣告는 결과적으로 訴訟을 망설이는 일반인들을 裁判으로 유도하는 機能을 한다는 것이다.

둘째, 實質的인 權利의 伸張이다.

1960·70년대는 立法府와 司法府가 市民의 權利 擴大를 위하여 꾸준한 努力을 기울이던 期間이었으며, 그 權利의 實現을 위해서는 결국 訴訟이 필요했다는 분석이다. 1964년의 시민권법(The Civil Rights Act)과 1965년의 투표권법(The Voting Right Act) 제정이 계기가 되어 1960년에는 약 300건에 불과하던 시민권 소송이 1972년에는 8000건으로 증가하는 현상을 보였으며, 범 사회적으로 시작된 환경보호, 소비자 보호, 정치적 권리 등의 확보를 위한 시민운동이 적극적으로 전개되자 이를 위한 立法이 이루어

---

1) 1990년 현재의 統計에 의하면 인구 10만 명 당 辯護士의 수는 미국 281명, 독일은 111명, 일본은 11명이다: Starr, op. cit. at 982.

져서 集團 訴訟이라는 새로운 形態의 訴訟도 등장하게 되었다. 그리고 이에 부응하여 法院도 새로운 理論을 수용하는 데 인색하지 아니 하여 個人의 權利 伸張에 적극 호응하는 判決들을 내놓게 되었으며, 그 過程에서 法院은 辯論前 段階에서 이루어지는 和解를 피하는 경향을 보이게 되었다. 이러한 法院의 입장으로 인하여 새로운 權利를 主張하는 원고측 代理人은 訴 提起에 큰 부담을 느끼지 않는 반면에 피고측 代理人은 判決을 받는 것보다 和解를 권하게 되어 결국 새로운 訴訟이 더욱 쉽게 제기되는 순환고리가 形成되었다. 여기에 정부와 시민, 개인 기업간의 訴訟을 통하여 法院이 行政의 監視者 역을 맡게되면서 각종 行政訴訟이 증가한 것도 訴訟 增加의 한 原因이 되었다.

셋째, 訴訟節次에 있어서의 平等主義(egalitarian procedural system)의 結果이다.

美國의 訴訟法 體系는 일반인의 訴訟 접근을 용이하게 하기 위하여 訴 提起를 쉽게 할 수 있도록 되어 있다. 즉, 訴狀에는 주장하는 바를 '簡潔하고 明確'하게만 서술하면 되도록 規定1)되어 있어 망설임 없이 소를 제기할 수 있는 것이다. 뿐만 아니라 일단 訴가 제기되면 바로 事前開示節次라는 當事者간의 지루한 소모전이 전개되는데, 이는 지구력 있는 측이 유리한 위치에 서게됨을 의미하므로 訴 提起를 전후하여 訴訟 結果에 대한 신중한 評價를 유도하는 制御裝置가 결여되어 있는 셈이라는 主張이다.

넷째, 訴訟을 부추기는 經濟的 인센티브가 존재한다는 것이다.

먼저 美國에는 외국에서 채택하고 있는 '訴訟費用 敗訴者負

---

1) F.R.C.P. 제 8 조 (a)(2): a short and plain statement of the claim showing that the pleader is entitled to relief.

擔의 原則'이 없는데, 이는 상술한 바와 같이 가능하면 많은 시민
들이 訴訟 制度를 쉽게 이용할 수 있도록 하자는 명목으로 이 制
度의 채택을 반대하는 美國式 思考方式 때문에 가능하다. 결국,
請求가 인용되지 않았을 때 입게되는 經濟的 損失에 대한 우려라
는 장애물이 제거되어 訴訟을 쉽게 이용하게 되고, 더욱이 '成功
報酬制度'(contingent fee arrangements)까지 가세하여 당장 訴訟
費用을 조달할 능력이 없는 사람들도 辯護士와 訴訟 結果에 의한
利益을 공유하는 조건으로 부담없이 訴訟을 제기할 수 있다는 것
이다. 더욱이 訴訟費用에 대한 세금 공제의 혜택이 있기 때문에
사업과 관련한 訴의 提起에는 전혀 망설임이 없게 되며, 이는 결
과적으로 政府가 訴訟을 보조하는 셈이라는 지적이다.

    이렇게 原因을 분석해 본 결과 訴訟의 濫發을 억제하기 위하
여 취할 수 있는 조치는 극히 한정되어 있다는 결론에 도달하게
된다. 우선 訴訟을 억제하기 위하여 市民의 權利를 배제해 나가는
것은 現實的으로 不可能할 뿐만 아니라 바람직하지도 않으며, 그
외의 예상 가능한 다른 方法들도 '일반 시민의 訴訟 接近의 容易
化'라는 대전제에 가로막혀 시행이 쉽지 않기 때문이다. 또 判事
의 수를 늘림과 동시에 이에 걸맞추어 法院 組織을 擴大해 나가는
方法을 검토할 수 있으나, 이는 豫算이라는 현실적 장애물 때문에
한계가 있을 뿐만 아니라 法官 숫자의 급격하고도 대폭적인 擴大
는 司法府 존립의 근거인 權威를 실추시킴과 동시에 裁判의 質을
저하시키는 副作用을 부른다는 反論에 부딪치게 된다. 결국 당장
현실적으로 가능하면서도 바람직한 方法은 기존 재판 시스템의
非效率的 要素를 發見하여 改善함으로써 기존의 자원을 최대한

생산적으로 운용하여 事件 積滯를 해소해 나가는 方法이라는 결론에 이르게 되었으며, 그 결과 기존 民事裁判節次에서 節次 遲延과 高費用의 주된 原因으로 끊임없이 지적되어 오던 '事前開示節次'(discovery)를 개선하는 것을 포함하여 '對立當事者主義'(adversary system)에 터잡아 兩 當事者 주도로 進行되던 辯論前 訴訟節次를 이제 判事 주도하에 效率的으로 進行되도록 管理・監督한다는 이른바 '司法的 事件管理'(judicial case management)의 必要性이 제기됨과 동시에 그 동안 法院外的인 영역에서 독자적으로 發展되어 온 '代替紛爭解決節次'(A.D.R.; Alternative Dispute Resolution)를 法院의 事件管理와 연계시켜 적극 活用해야 한다는 論議가 설득력을 얻게 되어 民事裁判制度의 改善이 積極的이고도 꾸준한 形態로 이루어지게 된 것이다.

제 2 절 變化의 摸索

제 1 항 傳統的 形態

역사적으로 美國의 裁判制度는 '對立當事者主義'(adversary system)에 기초하고 있었는데, 이는 裁判長이 아닌 當事者가 事實關係와 證據資料를 직접 調査하여 主張과 立證을 함으로써 訴訟의 進行過程에 積極的으로 참여하며 裁判長은 當事者에 의하여 선택되어 제시되는 證據를 수동적으로 받아들여 이를 기초로만 判斷하는 것을 의미[1]하는 것으로서, 裁判長이 積極的으로 事實關

---

1) Jack H. Friedental, Mary Kay Kane & Arthur R. Miller, Civil Proce

係를 調查할 수 있는 대륙법계의 '糾問主義'(inquisitorial system)에 반대되는 槪念이다. 이는 연혁적으로 '陪審員 制度'(jury system)와 함께 왕의 독재적인 司法權 行使를 견제하는 機能을 수행했던 것으로, 美國 憲法의 기초자들도 시민에게 실질적인 裁判權을 부여하기 위하여 이 두 制度를 裁判制度의 근간으로 채택했던 것이다.[1]

이러한 이유로 訴가 제기되어 相對方 當事者의 응소가 이루어지고 이어서 事前開示節次가 進行되는 辯論前 節次의 全 過程(pretrial stage)을 통하여 原則的으로 判事가 介入할 여지가 거의 없었다. 즉, 事前開示와 和解를 위한 協商까지도 모두 判事의 司法的 介入 없이 當事者들이 수행했던 것이며, 가사 判事가 事件의 進行에 介入한다 해도 그 介入의 정도에는 한계가 있었는데, 判事가 和解를 유도하려고 努力하는 모습을 보이면 그것 자체로써 公

---

dure. 2nd ed. 2(West Publishing Co. 1993): '對立當事者主義'는 첫째, 訴의 提起 둘째, 主張의 決定 셋째, 각자의 主張을 뒷받침하기 위한 立證 方法의 摸索 넷째, 證據의 法廷 提出 등이 모두 양 當事者에 의하여 이루어지는 것을 의미하는데, 이는 事件 當事者가 事實關係를 가장 잘 파악하고 있고 이를 證據로 뒷받침하는 작업도 訴訟 結果에 이해관계를 가지는 當事者가 가장 效率的으로 수행할 수 있다는 사실을 전제로 하고 있다; Larry L. Teply & Ralph U. Whitten, Civil Procedure. 9, 10(The Foundation Press, Inc. 1994): 眞實 發見은 양 當事者가 그들에게 유리한 사실을 主張하면서 가장 격렬한 形態로 다투게 하고 이를 관전함으로써 가능해지는데, 이는 그 過程에서 양 當事者의 유·불리한 점이 자연스럽게 드러나기 때문이며, 여기에 양측을 열성적으로 대리하는 法律專門家의 법적인 지식이 가세하면 客觀的 調査로써는 파악이 不可能한 사항도 法院에 현출됨과 아울러 判事가 미처 도달하지 못할 미세한 法的 爭點까지도 제기되어 眞實 發見에 도움이 된다는 것이 '對立當事者主義'의 이론적 근거이다; J. Frank, Court on Trial 80~81(1949), Richard H. Field, Benjamin Kaplan & Kevin M. Clermont, Civil Procedure 6th ed. 286, 287 (The Foundation Press, Inc. 1990)에서 재인용.

1) Judith Resnik, Managerial Judges, 96 Harv. L. Rev. 380, 381(1982).

正性을 의심받았던 것이다. 이렇게 양 當事者가 각자의 능력 범위 내에서 최대한 자신에게 유리한 資料를 蒐集하여 主張·立證하면서 다투도록 하고 그것을 초연한 입장에서 관찰함으로써 眞實 發見이 가능하도록 하며, 가사 客觀的 眞實 發見이 不可能하더라도 양 當事者로 하여금 충분히 主張·立證의 기회를 부여하면 當事者간의 正義에 가장 가까운 結論을 내릴 수 있다는 전제하에 判事에게는 단순히 '게임의 룰'을 適用하는 '審判者'(umpire)로서 최소한의 司法的 介入에 충실할 것을 要求하는 傳統的인 判事像은 1950년대 말까지도 유지되었던 것으로 보인다. 이는 Kaplan, Mehren 양 敎授 및 Shaefer 判事가 1958년 독일의 民事訴訟節次를 개관하는 글에 獨逸의 判事들이 當事者간의 和解를 유도하기 위하여 積極的인 努力을 기울이는 모습을 보고 경탄하는 內容을 담고 있기 때문이다.[1]

제 2 항 事件管理의 漸進的 導入

1. 實務에서의 發展

원시적인 形態의 事件管理는 1938년 F.R.C.P. 제정 당시 '辯論前 會合節次'와 '事前開示節次'가 명시적으로 導入되면서부터 가능해진 것으로 보인다. 그 이전에는 상술한 바와 같이 本案 裁判을 준비하는 양 當事者가 개인적인 능력 범위 내에서 私的인 調査를 거쳐 證據를 확보해 왔다. 그런데 F.R.C.P.에 '辯論前 會合'과 '事前開示節次'가 規定되면서 當事者들은 法院의 도움을 받아

---

[1] Kaplan, von Mehren & Schaefer, Phases of German Civil Procedure I, 71 Harv. L. Rev. 1223(1958).

訴訟상의 請求와 관련이 있는 事項이라면 어떤 것도 蒐集할 수 있
게 되었고, 이는 法院의 활동 영역이 辯論前 節次로 擴大되기 시
작했음을 뜻한다. 실질적으로 그 이후 事前開示節次를 규율해 나
가는 過程에서 判事들은 傳統的인 役割과는 질적으로 상당히 다
른 모습을 보이게 되는데, 그것은 事前開示와 관련된 여러 가지
決定을 내려야 하는 現實的인 必要性 때문이었다. 즉, 事前開示와
관련하여 불가피하게 발생되는 紛爭을 해결하기 위하여 當事者가
제기해 오는 갖가지 申請에 적절히 대처하려면 事實關係를 숙지
하고 있어야 함은 물론 양 當事者가 主張하는 法的인 爭點과 立證
戰略까지도 예상하고 있어야 할 것인바, 當事者의 간단한 訴狀과
答辯書만으로는 그 파악이 不可能하므로 當事者들과 공식·비공
식적인 접촉을 가져야만 하고, 事前開示와 관련된 當事者의 申請
에 답하는 過程에서 자연스럽게 爭點 形成과 立證에 방향을 설정
해 주는 결과가 되어 이전에는 볼 수 없었던 역할을 하기 시작한
것이다.

  그러나 이러한 정도의 介入만으로 실질적 의미에서 事件管
理가 시작되었다고 볼 수는 없을 것이며, 본격적인 事件管理는
事前開示節次가 誤·濫用되기 시작하면서부터라고 할 수 있다. 즉,
1960년대에 들어서면서 事前開示節次의 본래적 의미를 무색하게
할 정도로 이를 이용하여 相對方 當事者를 괴롭히는 현상이 問題
點으로 대두되기 시작하였다. 당시 불필요한 開示要求를 반복하
여 訴訟을 遲延시킴과 동시에 과도한 訴訟費用을 지출하게 만들
어 相對方이 지쳐서 손을 들게 만드는 訴訟 戰略을 사용하는가 하
면 相對方의 開示 要求에 고의적으로 過多한 資料나 不足한 資料
를 제공하는 등의 方法으로 相對方의 의도를 교묘하게 회피하는

등 事前開示節次의 誤·濫用 事例는 상상을 초월하는 수준에 이르렀다. 이렇게 되자 정작 본격적인 本案 裁判이 시작되기도 전에 事前開示節次를 둘러싼 當事者간의 紛爭이 申請의 形態로 法院에 제기되는 事例가 급증하게 되었고, 이러한 種類의 衛星訴訟의 증가로 인하여 그렇지 않아도 事件 積滯에 시달리기 시작한 法院이 이중고를 겪게 되자 우려의 목소리가 높아지게 되었다.[1] 이에 더하여 복사기술 및 컴퓨터의 발달 등 새로운 기술의 비약적인 發展은 當事者들로 하여금 막대한 양의 情報를 蒐集·貯藏·檢索·複製 가능하도록 만들었으며, 이는 결국 當事者들이 要求하고 提供할 수 있는 資料의 量과 質을 크게 향상시키게 되어, 자연스럽게 法院 行政의 效率性과 事件管理의 必要性이 제기되기에 이르렀다.

그리하여 聯邦 法院의 判事들은 事件의 적절한 配當과 效率的이고도 迅速한 處理를 가능하게 하는 方法의 개발에 힘쓰게 되었는데,[2] 그 方法의 하나로 그 동안 각종 申請이 제기될 때마다 擔當 裁判部를 달리 지정하여 업무를 處理하던 Master Calendar System에 일률적으로 의존하던 것에서 탈피하여 한 事件의 訴 提起부터 判決까지를 한 裁判部에서 담당하도록 하는 Individual Calendar System이나 양 制度를 함께 섞어 적절히 혼용하는 Hybrid Calendar System을 도입함으로써 裁判의 效率性을 제고

---

1) Columbia University School of Law Project for Effective Justice, Field Survey of Federal Pretrial Discovery(1965); Developments in the Law-Discovery, 74 Harv. L. Rev. 940(1961); Rosenberg & King, Curbing Discovery Abuse in Civil Litigation: Enough is Enough, 579 B.Y.U. L. Rev. (1981).

2) Becker, Efficient Uses of Judicial Resources, 43 F.R.D. 421(1961); Proceedings of the Seminar on Practice and Procedure Under the Federal Rules of Civil Procedure, 28 F.R.D. 37(1960).

함과 동시에 責任性을 부과한 것을 들 수 있으며, 또 일부 法院에서 法院 書記(clerk)나 行政專門家 등의 '準 司法官'(parajudicial personnel)을 고용하여 事件管理를 전담시키는 시도를 시작한 것도 이러한 움직임의 하나로 볼 수 있을 것이다.[1] 그리고 聯邦 地方法院 중에는 個別 州의 訴訟規則으로써 當事者들에게 辯論前 節次의 計劃書(pretrial plan)를 提出하도록 함과 동시에 法院의 日程 配置表에 따르도록 하고, 또 추가적인 事前開示節次에 대하여는 法院의 許可를 얻도록 하는 곳도 생기게 되었다.[2] 이외에도 法院에서 새로 개발한 記錄保存 체계(recordkeeping system)는 電算網 체계와 더불어 事件에 관한 상당한 양의 資料를 蒐集 · 分析 · 配分하는 것을 가능하게 만들었다. 한편, 국회는 1967년 '聯邦 司法 센터'(Federal Judicial Center)를 설립하여 새로 임명되는 判事들에게 事件管理의 技術을 훈련시킬 수 있도록 조치하였다.[3]

2. 事件管理의 F.R.C.P. 規定에 의한 制度化

(1) 辯論前 會合에 관한 規定

당초 1938년에 F.R.C.P.가 제정될 당시의 辯論前 會合에 관한 規定은 原則의 대강만을 밝히는 데 그치고 있었다. 즉, "제16조. 辯論前 節次: 爭點 整理(Rule 16. Pre-Trial Procedure: For-

---

1) Note, The Assignment of Cases to Federal District Judges, 27 Stan. L. Rev. 475(1975); Cunningham, Some Organizational Aspects of Calendar Management, 4 Just. Sys. J. 233(1978).

2) 1979년도에는 10개의 聯邦地方法院이 訴訟節次의 초기에 辯論前 會合을 가지도록 規定하게 되었다: Cohn, Federal Discovery: A Survey of Local Rules and Practices in View of Proposed Changes to the Federal Rules, 63 Minn. L. Rev. 253, 265~266(1979).

3) Clark, The Federal Judicial Center, 53 Judicature 99(1969).

mulating Issues)"라는 제목을 달고 "法院은 自由裁量으로 ⑴ 爭點의 單純化, ⑵ 訴答 修正의 必要性과 妥當性, ⑶ 事實關係와 文書의 認否 可能性, ⑷ 專門家 證人 숫자의 制限 문제, ⑸ 事實 認定에 관한 判斷을 陪審員이 하게 될 경우 證據의 정리를 매스터에게 맡기는 것이 바람직한지 여부, ⑹ 기타 判決에 도움이 되는 事項 등을 검토하기 위하여 本案 審理 이전에 訴訟代理人과 會合을 가질 수 있다"고 辯論前 會合의 '意義'와 그 '論議 對象'을 명시한 다음, 會合 후에는 "會合에서 이루어진 行爲, 訴答의 修正 事項, 會合에서 합의된 事項, 다툼이 없는 사실로 정리되어 本案 審理에서 배제될 事項 등에 대하여 명시한 命令(order)"을 발해야만 하는데 그 命令은 原則的으로 그 다음의 후속적인 裁判節次를 구속한다고 명시하고 있었다. 그리고 그에 이어서 이러한 事項들을 반영한 '辯論前 日程表'(pretrial calendar)를 規則으로 정하여 시행하는 것은 각 法院의 自由裁量에 맡긴다는 뜻도 밝히고 있었다.

이렇게 F.R.C.P. 제정 당시에는 그 제목에서 目的이 '爭點의 整理'(Formulating Issues)에 있음을 명시하여, 制度的 目標가 訴訟 當事者와 法院이 미리 爭點을 파악함으로써 當事者 사이의 奇襲的 主張을 사전에 차단하여 事案의 實體보다는 訴訟 戰略에 의하여 勝敗가 결정될 可能性을 事前에 봉쇄하고, 이 節次를 통하여 불필요한 主張·立證이 배제됨과 동시에 法院의 시의적절한 決定이 내려짐으로써 爭點을 조기에 형성하는 데 있음을 명확히 하였던 것이다.

그런데 그 이후 상술한 바와 같이 現實的인 이유에서 事件管理의 必要性이 피부로 느껴지자 判事들은 辯論前 會合을 통하여 事前開示節次에서 발생할 수 있는 紛爭을 효과적으로 예방하거나

處理하면서 辯論前 節次를 미리 計劃하는 등 事件의 進行過程을 效率的으로 管理・監督하는 手段으로 活用하기 시작하였고, 나아가 當事者간의 主張을 조율하여 和解를 모색하는 기회로 삼는 경우가 급증하게 되었다. 이렇게 되자 實務的으로 變化하게 된 辯論前 會合의 機能을 現實로 인정하고 이를 명확히 하기 위하여 F.R.C.P.의 改正이 필요하게 되어서, 드디어 1983년의 改正으로 '目的'(objectives)항을 신설하여 그 機能을 다섯 가지로 명시하기에 이르렀다.

즉, 제16조 (a)항에서 辯論前 會合의 目的이 "(1) 事件處理의 促進, (2) 事件進行 초기부터 持續的인 統制를 함으로써 管理 不足으로 인한 遲延을 예방함, (3) 불필요한 辯論前 節次의 抑制, (4) 철저한 事前 準備를 통한 裁判의 質 제고, (5) 和解의 促進"에 있음을 확인함으로써, 이제 辯論前 會合의 目的의 중점이 명실공히 '本案 審理의 準備'에서 '司法的 事件管理'로 이동하게 되었다. 또, 이를 뒷받침하기 위하여 日程配置 命令(pretrial scheduling order) 制度가 신설되고 辯論前 會合의 論議 對象이 5개 항 추가되었는데, 그 추가한 이유에 대하여 改正委員會는 "訴訟을 더욱 잘 計劃하고 管理하기 위함이며, 이렇게 辯論前 節次에서의 증가된 司法的 統制가 節次의 進行과 事件 終結을 가속화할 것"이라고 명확히 밝히고 있다.[1]

또, '最終 辯論前 會合'(final pretrial conference)의 開催 時點이 명시되고, 辯論前 會合을 통한 法院의 事件管理를 실효성 있게 하기 위하여 法院의 方針에 따르지 않는 當事者에게 가할 制裁(sanctions)에 관한 規定도 신설하였다.

---

1) F.R.C.P. 제16조 (c)의 1983년 改正에 대한 advisory committee notes.

그 후 辯論前 會合이 事件管理의 필수적인 통로로 정착되면서 그 內容을 정비할 必要性이 대두되자 1993년에도 辯論前 會合의 論議 事項을 다시 5개 항 추가하는 것 등을 골자로 하는 改正이 있었다.

(2) 事前開示節次에 관한 規定

이렇게 辯論前 會合을 통한 事件의 效率的인 管理 方法 이외에도, 事前開示制度의 誤·濫用을 事前에 統制하기 위한 管理 方法도 規定되어 發展을 거듭하였다. 즉, 당초 事前開示節次는 法院의 관여 없이 양 當事者가 自律的으로 進行하도록 고안된 制度였으나, 전술한 바와 같이 開示制度의 惡用이 지속적으로 문제되자 F.R.C.P.를 수차례 改正함으로써 점차 法院의 介入 範圍와 統制 權限을 넓혀 온 것이다.

그 過程을 살펴보면 1970년의 改正시에 證言調書에 대하여서만 申請 가능하던 '保護 命令 申請'이 다른 모든 開示 方法에 대하여도 가능하게 바뀌어, 비록 當事者의 申請을 전제로 하긴 하지만 法院이 事前開示에 介入할 여지가 넓어지게 되었고, 1980년 改正으로 開示와 관련하여 當事者간에 紛爭이 발생한 경우 判事의 判斷이나 當事者의 申請 제기에 의하여 개최되는 開示會合制度가 導入되어 시행되기 시작하였다. 그러나 이것도 紛爭이 자체 해결되지 않을 때 비로소 介入할 수 있는 것이었으므로 法院의 積極的인 事件管理 手段으로 보기에는 미흡한 것이다. 그러나 1983년의 改正에 의하여 그 때까지 開示節次에서 인정되어 오던 當事者의 自律性이 크게 制限받게 되었는데, 法院은 當事者의 申請 없이 독자적인 判斷으로도 開示 方法에 誤·濫用의 可能性이 있다고 判斷

되면 그 이용을 制限할 수 있는 權限을 가지게 되었다. 뿐만 아니라 모든 開示 書類에 當事者나 訴訟代理人의 署名을 要求함과 동시에 그 署名이 開示方法의 惡用이 아님을 보증하는 것으로 간주하여 사후에 그 責任을 물을 수 있도록 함으로써 法院의 制裁權을 강화하였다.

그 후 1993년 改正은 開示日程을 마련함에 있어 當事者 사이에서 開示日程에 관하여 합의안 도출을 시도해 본 후에 法院이 이를 기초로 '日程配置 命令'을 내리도록 하는 2段階 節次를 설정함과 동시에 訴訟 初期에 자율적으로 상당한 양의 基礎 情報를 交換하노록 상제함으로써 當事者산의 협조를 동하여 開示節次가 效率的으로 進行되도록 유도하는 한편, 法院 規則이나 個別 州의 訴訟 規則(local rule)을 통하여 開示 節次에 F.R.C.P.의 內容과 다른 規則을 適用할 수 있도록 하고, 開示過程의 紛爭에 介入하여 制裁를 가하는 方法도 정비하여 法院의 裁量의 폭을 넓히게 되었다.

제 3 항   A.D.R.의 訴訟節次化

연혁적으로 보면 당초 A.D.R.은 法院의 裁判 業務와는 무관하게 地域 社會에서 자체적으로 紛爭을 해결하는 手段으로 活用되기 시작하면서 등장한 것이었다. 그러나 50·60년대 이후 法院에 事件이 積滯되어 訴訟의 遲延 현상이 문제되기 시작했고, 70년대 들어 더욱 심화되어 가는 民事 裁判의 高費用·低效率의 原因이 當事者간의 자율적 進行을 기초로 하는 事前開示制度의 生來的 限界와 對立當事者主義를 原則으로 하는 民事裁判 시스템에 있다는 分析이 설득력을 얻게 되면서 A.D.R.을 裁判에 연계하여

活用하자는 의견이 제시되기 시작하였는데, 1976년에 개최된 '司法制度에 대한 국민적 불만 요인에 관한 會議'(National Conference on the Causes of Popular Dissatisfaction with the Administration of Justice)에서는 이미 州 法院 차원에서 부분적으로 도입되어 실효성을 인정받은 仲裁 制度를 聯邦法院 차원에서 導入할 것이 제안되는 단계에 이르렀다. 그에 힘입어 70년대 말에는 聯邦法院에서 仲裁와 調停을 실험적으로 運用하기 시작했고, 80년대 초에는 현재 聯邦法院에서 이용하고 있는 다양한 形態의 A.D.R.이 개발되어 시행되었다. 이러한 추세를 반영하여 전술한 바와 같이 1983년 F.R.C.P. 제16조가 改正되면서 辯論前 會合의 目的의 하나로 '和解의 促進'이 거시됨과 동시에 辯論前 會合에서 다루어질 論議 事項에 '和解의 可能性 혹은 裁判外的 紛爭解決節次의 利用' (the possibility of settlement or the use of extrajudicial procedures to resolve the dispute)이 명시되었는데, 이 改正으로 開示 節次에 대한 法院의 개입 폭이 擴大된 것과 마찬가지로 和解 摸索에 있어서도 判事의 介入이 공식화되어 事件을 進行해 나가는 선택 手段의 폭이 넓어지게 된 것이다.

그 후 1988년에 '法院連繫仲裁法'(Court-Annexed Arbitration Act)이 제정되어 20개의 聯邦地方法院에서 실험 프로그램이 운영되었고, 1990년에는 '民事司法改革法'(Civil Justice Reform Act)이 제정되어 모든 聯邦地方法院에 대하여 '民事裁判에서 訴訟 遲延과 費用을 감소시키기 위한 計劃'(civil justice expense and delay reduction plan)을 個別 州의 訴訟規則에 자체적으로 마련하도록 요구하는 한편 그 計劃에 '적절한 事件을 A.D.R. 프로그램에 회부하도록 하는 方案'을 포함하도록 권고함으로써 現在 聯邦

地方法院이 대부분 여러 가지 A.D.R. 프로그램을 시행하고 있다.

그러다가, 1993년의 F.R.C.P. 제16조의 改正에서 民事司法改革法 시행 후 달라진 A.D.R.의 위상을 반영하여 '辯論前 會合의 論議 事項'을 열거하면서 상술한 '裁判外的'(extrajudicial) 節次라는 표현을 거두고 '和解, 그리고 法令이나 個別 州의 訴訟規則에 의하여 허용된 紛爭解決에 도움이 되는 特別한(special) 節次의 使用'이라고 명시하였다. 그리고 이와 아울러 法院은 和解 摸索을 위하여 적절하다고 判斷될 경우에 辯論前 會合에 當事者나 그 代表者가 참석하도록 하거나 전화로 연결할 것을 要求할 수 있다고 規定하었다.

이렇게 하여 法院 밖에서 탄생한 A.D.R.은 法院의 울타리 안으로 완전히 들어서게 된 것이다.

제3장 辯論前 節次의 改善과 現在

제1절 事前開示節次(discovery)

제1항 槪 觀

1. 制度化와 改善過程

⑴ 法 制 化

大陸法系 국가와 비교하여 英美法系 국가의 民事裁判節次를 가장 크게 특징짓는 節次는 바로 이 절에서 살펴보게 될 '事前開示節次'(discovery)이다. 開示制度는 訴訟의 當事者나 訴訟의 當事者가 되려고 하는 자가 相對方이나 제3자로부터 訴訟과 관련된 事實關係나 證據를 蒐集하기 위하여 이용하는 辯論前 節次를 통칭하는 槪念이다.[1]

---

[1] 국내 學者와 實務家의 상당수가 이 事前開示制度의 국내 도입에 肯定的이다: 김홍규, 민사소송법, 607(1999); 이시윤, 민사소송법, 53(1999); 정동윤, 민사소송법, 53(1998); 송상현, 민사소송법, 43(1997); 유병현, 미국민사소송법상의 증거개시제도의 현황과 그 도입방안, 한국민사소송법학회지(민사소송 I) 477(1998); 윤재윤, 미국민사소송상 사전개시제도의 운영현황과 도입가능성, 재판자료 제65집(외국사법연수논집 11), 29(1994); 강일원, 미연방 민사소송절차에 있어 DISCOVERY제도, 민사재판의 제 문제 제8권, 773 (1994).

원래 엄격한 '對立當事者主義'(adversary system)하에서는 傳統的으로 단순한 審判者의 役割에 충실한 法官像을 理想으로 하였고, 證據의 蒐集과 提出에 관한 일체의 權限과 責任은 當事者에게 있었다. 따라서 當事者로서는 短期間에 集中的으로 進行되는 辯論期日 전에 미리 裁判에 필요한 제반 證據를 蒐集하고 이를 바탕으로 主張할 事實關係와 法的인 爭點을 整理해 두어야 할 必要性이 있었고, 이러한 필요에 부응하여 發展한 制度가 바로 이 開示制度이다.

당초 美國의 開示制度는 1938년의 聯邦民事訴訟規則(Federal Rules of Civil Procedure)[1] 제26조에서 제37조까지 사이에 規定됨으로써 근대적인 틀을 갖추기 시작하였고, 그 이전의 普通法(common law)상으로는 訴訟節次의 필수적인 부분은 아니었으며, 개인적인 능력에 따라 私的인 調査에 의하여 事實資料를 蒐集하거나 소 제기 후의 請求明細書(Bill of Particulars)를 통하여 相對方으로부터 필요한 情報를 蒐集할 수 있었다.[2] 즉 當事者 본인은 자신이 제기한 訴訟의 原因事實에 대하여 직접 證言하지 아니한다는 原則하에 일반적으로 證據나 事實의 開示義務가 없었던 것이다. 그러나 衡平法상으로는 法院에 開示證書(Bill of Discovery)를 請求하는 별개의 訴訟을 제기하여 그 證書의 허용범위 내에서 事實調

---

1) 이 規則制定 이전에는 聯邦事件에 適用되는 節次規定이 각 州마다 상이하였는데, 그 통일을 위하여 1934년에 전체 聯邦法院에서 適用할 일반적인 節次規定의 制定權限을 國會가 聯邦大法院에 부여하는 法律(The Rules Enabling Act of 1934)이 마련됨으로써 聯邦大法院에서 이 規則을 제정하게 되었다: Stephen B. Burbank, The Rules Enabling Act of 1934, 130 U. Pa. L. Rev. 1015, 1023~1024(1982) 참조.

2) F.R.C.P. 제정 이전의 證據蒐集方法에 관한 상세한 硏究로는 Michael E. Wolfson, Adressing The Adversarial Dilemma of Civil Discovery, 36 Clev. St. L. Rev. 17(1988).

査를 행할 수 있었는데[1] 이와 같이 일정한 경우에 한정되어 인정되던 開示制度는 證據保存의 必要性을 인식하면서 차츰 그 效用이 인정되었다. 결국 개시제도는 1938년 F.R.C.P.에 規定되면서 民事訴訟의 근간이 되는 節次로 자리잡게 되었으며, 오늘날에는 거의 모든 州가 이를 모델로 한 開示制度를 採擇하고 있는데, 같은 英美法系 국가들 중에서도 美國이 開示制度를 가장 폭넓게 인정하고 있다.[2]

(2) 改正過程

가. 1970년의 改正까지

1938년 F.R.C.P. 제정 당시에는 양 當事者에게 事前開示의 方法으로 한 세트의 質問書(one set of interrogatories), 證言調書(deposition), 文書의 提出要求(production of documents)와 自白의 要求(requests for admissions) 등이 허용되었는데, 文書의 提出要求(production of documents)는 法院의 命令을 받은 경우에, 그리고 自白의 要求(requests for admissions)는 法院의 事前同意가 있는 경우에만 가능했다.[3] 당시의 事前開示節次는 '對立當事者主義'(adversary system)라는 基本原則에 매우 충실한 것이었다. 訴訟代理人들은 事前開示의 이용 여부와 그 정도, 그리고 개시시점까지도 法院의 介入 없이 決定할 수 있었으며, 비록 開示要求에 法院의 命令이 필요한 경우에도 양 代理人 사이에 약정이 이루어지

---

1) Friedental et al., op. cit., at 379; Linda S. Mullenix, Civil Procedure, 300 (Aspen Publishers Inc., 1997).

2) Gerald Walpin, America's Failing Civil Justice System: Can We Learn From Other Countries?, 41 NY. Law School L. Rev. 649(1997) 참조.

3) Hon. Milton Pollack, Discovery-Its Abuse and Correction, 80 F.R.D. 219, 221(1979).

면 開示가 가능했다. 1938년의 規則은 그 이전과는 달리 裁判期日 이전단계에서의 활발한 情報交換을 促進하기 위해서 고안되었으며, 모든 開示節次가 法院 統制型이 아닌 當事者 主導型으로 進行되었기 때문에 法院은 그 過程에서 當事者간에 紛爭이 발생하는 경우에만 介入할 수 있었다.[1]

그 후 1947년의 改正으로 質問書의 경우 한 세트만 이용가능하도록 했던 制限이 없어지는 것을 비롯하여 약간의 修正이 있었고, 1949년, 1963년, 1966년에도 내용면에서 큰 變化가 없는 간단한 改正이 있었다.

1970년의 改正은 事前開示 전반에 관하어 適用되는 基本規定(現在의 F.R.C.P. 제26조의 원형)이 비로소 신설되는 등 規定體制의 면에서 상당한 變化가 있었지만, 아직 '當事者 主導'라는 原則에는 修正이 없었다.

이 改正으로 文書의 提出要求도 法院의 事前同意 없이 가능해졌으며, 相對方의 質問書에 대하여 異議를 제기할 때도 法院의 聽聞에 대한 要求가 병행될 필요가 없어졌다.[2] 이로써 주요한 開示方法 중에서 法院의 命令이 필요한 것으로는 당시의 제35조가 規定하는 '身體 및 精神鑑定'만이 남게 되었다. 그리하여 當事者가 開示節次를 주도하는 데 사실상 거의 無制限的인 權限을 행사하게 되었으며, 후술하는 請求와의 '關聯性'(relevance)과 '特權·免責事由'(privilege and immunity), 그리고 '法院의 保護命令'(protective order)에 의한 경우를 제외하고는 當事者의 開示節次主導

---

1) Developments in the Law-Discovery, 74 Harvard L. Rev. 940(1961).
2) 그 이전까지는 相對方의 質問書를 송달받은 후 10일 이내에 文書로써 異議할 수 있었는데, 이와 동시에 相對方에게 그 異議에 대한 聽聞節次를 함께 통지해야 했다: 改正 이전의 F.R.C.P. 제33조.

를 制限하는 事由는 거의 사라지게 되었다. 다만 이 改正으로 證言調書에 대해서만 제기될 수 있었던 保護命令申請이 開示方法 전체에 대하여 제기될 수 있도록 바뀌게 되어,[1] 비록 當事者의 申請이 있는 경우에만 가능하긴 하지만 法院이 開示方法 전반에 대하여 介入할 통로가 마련되었다.

나. 1980년의 改正

1976년 4월 聯邦大法院長 Warren Burger에 의하여 소집된 '司法制度에 대한 국민적 불만요인에 관한 會議'(National Conference on the Causes of Popular Dissatisfaction with the Administration of Justice)에서는 '事前開示節次의 濫用과 改善'이 주요 討議課題에 포함되어 論議되었고, 그 결과 事前開示의 濫用이 美國司法制度의 치명적 결점으로 간주되어 그 變化의 必要性이 제기되었다. 그리하여 全美辯護士協會 訟務分科(The Section of Litigation of The American Bar Association)에서는 '開示節次 濫用對策特別委員會'(Special Committee for the Study of Discovery Abuse)를 구성하게 되었으며, 이 委員會에 의하여 開示節次規定의 改正을 권고하는 보고서가 作成되었는데, 1977년에 발간된 이 보고서는 開示가 인정되는 範圍가 지나치게 넓으므로 소송상의 '爭點'과 연관이 있는 사실로 인정범위를 국한할 것, 質問書의 항목을 30문항으로 制限하고 그 이상에 대하여는 法院의 同意를 얻도록 할 것(결국 1993년 改正에 이르러 25개 문항으로 制限됨), 그리고 事前開示를 計劃하고 그 紛爭을 예방하기 위한 開示會合制度를 導入할 것 등을 제안하였다.[2]

---

1) 관련조항 자체가 證言調書에 관한 제30조 (b)에서 開示節次의 基本規定인 제26조로 옮겨짐.

2) American Bar Association, Section of Litigation, Report of the Special Committee for the Study of Discovery Abuse(1977).

聯邦司法센터(Federal Judicial Center)도 1970년부터 1978년 까지의 事前開示에 관한 資料를 검토한 결과 開示方法 惡用의 대표적인 方法은 相對方을 괴롭힘과 동시에 經濟的으로 압박하기 위하여 이용되는 '과도한 事前開示'(over-discovery)와 訴訟遲延을 目的으로 하거나 불완전한 情報를 주기 위한 '회피술책'(avoidance)으로 대별된다고 분석하고, 다만 그 誤·濫用 정도가 事前開示制度 자체를 포기하거나 근본적인 수술을 해야 할 정도로 一般化되어 있는 것은 아니므로 적절한 改善策이 필요하다는 의견을 냈다.[1]

1978년 '聯邦大法院諮問委員會'(The Supreme Court's Advisory Committee)는 이러한 제안들을 받아들여 F.R.C.P. 제26조, 제28조, 제30-34조, 제37조에 대한 改正草案을 마련하였다. 그 주요 內容은 첫째 開示의 認定範圍를 지나치게 넓게 規定하고 있는 제26조의 (b)(1)을 삭제하고, 둘째 法院이 個別 州의 訴訟規則에 의하여 質問書의 항목을 制限할 수 있도록 하며, 셋째 爭點을 명확하게 함과 동시에 開示計劃을 수립하기 위하여 開示會合을 열 수 있도록 하고, 넷째 當事者간의 約定이나 法院의 命令 없이도 證言調書가 속기문자 이외의 方法으로도 作成될 수 있도록 한다는 것이었다. 그러나 이 초안은 事前開示의 濫用實態를 지나치게 평가한 결과 너무 과격한 變化를 담게 되었다는 광범위한 批判에 직면하게 되었고, 동 委員會는 이러한 의견을 반영하여 1979년에 위 네 가지 중 첫째와 둘째, 넷째 사항은 삭제하고 開示會合制度에 관한 規定 및 기타 節次的인 改善만을 포함하는 대폭 수정

---

1) D. Segal, Survey of Literature on Discovery from 1970 to the Present: Expressed Dissatisfactions and Proposed reforms 9~11(1978).

된 改正案을 다시 마련하였다. 이 안은 開示方法의 濫用이라는 問題點을 해결하기에는 너무 빈약하다는 批判에도 불구하고 몇 가지 修正을 거쳐 결국 통과되어 1980년 8월 1일부터 발효되었는데, 그 주요 內容을 요약하면 다음과 같다.[1)]

첫째, 判事의 判斷이나 當事者의 申請에 의하여 개최되는 '開示會合制度'(discovery conference)가 도입되었다.

이 會合은 爭點을 정리하고, 開示計劃을 수립함은 물론 開示方法에 制限을 가하는 등 開示節次에 영향을 미칠 수 있는 모든 事項을 管理하기 위하여 이용될 수 있었지만, 會合이 일상적으로 개최되는 것이 아니라 開示節次를 둘러싼 當事者간의 紛爭이 자체 해결되지 않을 때 비로소 이용가능한 것이었으므로, 事前開示에 대한 法院介入의 최소화라는 이전의 추세가 지속된 것으로 볼 수 있다.

둘째, 양 當事者는 法院의 同意를 얻지 않고도 속기문자 이외의 方法으로 證言調書를 作成하는 것에 대하여 약정할 수 있게 되었다. 이로써 오디오 및 비디오로 녹취되는 證言調書作成이 가능해진 것이다.

셋째, 質問書에 대한 答辯에 대신하여 일정한 文書를 提出하고자 하는 當事者는 반드시 그 文書로써 答辯要求가 충족될 수 있도록 文書를 특정하여 제공해야 하도록 規定되었다. 이것은 要求當事者에게 부담을 주거나 答辯을 회피할 目的으로 과도한 양의 文書를 제공하는 것을 방지하기 위한 조치이다.

---

1) Charles Alan Wright, Arthur R. Miller & Mary Kay Kane, Federal Practice and Procedure: Civil 2nd ed. s 2003.1; Roger S. Haydock & David F. Herr, Discovery Practice 3rd. ed., § 12.5(Aspen Law & Business 1997).

이렇게 改正이 이루어졌지만, 그 改善內容이 開示節次의 問題點을 해결하기에는 너무 부족하여 '진정으로 效果的인 改善'(genuinely effective reforms)을 오히려 遲延시킬 可能性이 있다는 이유로 Powell, Stewart, Rehnquist 3인의 聯邦大法官은 반대의 견을 표명하였었다.[1]

다. 1983년의 改正

여러 차례의 改正이 있었지만 근본적인 變化를 모색함으로써 事前開示의 誤·濫用에 積極的으로 대처한 것으로 評價되는 것이 1983년의 改正이다.[2] 즉 이 改正으로 事前開示의 惡用에 대하여 法院이 직극 개입할 수 있는 근기가 비로소 마련되었는데, 그 주요 內容은 세 가지이다.

첫째, F.R.C.P. 제 7 조 (b)에 (3)항이 신설되어 "모든 申請에는 제11조에 따라 署名이 되어야 한다"고 規定되었고, 제11조 역시 동시에 개정되어 法院에 提出되는 訴答書類와 申請書 기타 모든 書面에는 辯護士나 當事者의 署名이 있어야 한다고 規定한 후,

---

1) Dissent from Adoption of Amendments to Federal Rules of Civil Procedure, 85 F.R.D. 521~523(1980): "改正案에 포함된 變化들은 이미 지체되어 있는 民事裁判의 改善이라는 目標를 수행하기 위하여 필요한 조치로서는 매우 미흡하다. 事前開示節次가 經濟的으로 유리한 當事者가 그렇지 못한 相對方을 압도하는 手段으로 使用되는 경우가 너무 잦다. 訴訟의 遲延이나 감당 못할 費用支出可能性 때문에 다수의 訴訟當事者나 訴提起의 必要性을 느끼는 사람들이 權利를 회복하지 못하고 있다. 經濟的으로 불리한 위치에 있는 사람들이 不公正한 조건에도 불구하고 합의를 해 버리거나, 訴訟을 감당할 수 없다는 이유만으로 그들의 權利를 포기하고 있는 것이다. 訴訟費用의 증가가 인내할 수 있는 수준을 넘어서고 있으며, 우리 司法制度를 지탱하는 公正性이라는 기초에 길고 어두운 그림자를 드리우고 있다."

2) Jay S. Goodman, On The Fiftieth Anniversary of Federal Rules of Civil Procedure: What Did The Drafters Intend?, 21 Suffolk U. L. Rev. 364 (1987).

그 서명은 署名者가 당해 書面의 內容을 정독하였다는 사실과 書面內容이 署名者의 합리적인 調査를 거쳐서 얻어진 최선의 知識과 情報, 信賴를 바탕으로 한 判斷에 의하면 事實關係와 現行法規 내지는 法律變化에 대한 선의의 확신에 부합한다는 사실 및 相對方을 괴롭히거나 訴訟遲延이나 불필요한 費用의 增加 등 부적절한 目的을 위한 것이 아니라는 사실에 대한 保證書를 구성(constitutes a certificate)한다고 명시하여 그 의미를 명확히 하고, 署名이 누락된 경우 즉시 보정되지 않는 한 書面이 却下된다는 점과 署名에 의한 보증이 위법하게 이루어진 경우에는 當事者나 代理人 혹은 양자 모두에게 적절한 制裁를 가해야 하며, 그 制裁方法에는 위법한 署名이 原因이 되어 발생한 紛爭에 소요된 費用——辯護士報酬포함——을 부담시키는 命令도 포함된다는 점을 순차로 規定하고 있다.

둘째, 이렇게 改正된 F.R.C.P. 제11조는 '訴答書類, 申請書 기타 書類에 대한 署名: 制裁'라는 제목하에 "法院은 署名者가 위법한 署名을 한 것으로 밝혀지는 경우에 독자적인 判斷이나 當事者 일방의 申請에 터잡아 規定을 위반한 署名者에 대하여 '반드시' 적절한 制裁를 가해야 한다"('shall' impose an appropriate sanction)고 명시하고 있는데, 이는 法院에 事前開示의 惡用에 대한 積極的인 統制權限을 부여하려는 현대적 추세를 반영한 것으로 보인다. 改正諮問委員會는 이 改正된 規定이 辯護士의 義務를 강조한데다가 制裁부과를 명시하여 그 義務를 더욱 강화함으로써 法院이 制裁를 가하는 데 주저함이 없도록 할 目的으로 마련된 것이라고 밝히고, 法院이 필요한 시점에서 訴答과 申請의 濫用行爲와 이에 대한 制裁부과에 큰 관심을 기울임으로써 遲延戰略이나 惡

用戰術을 단념시키고 사소한 紛爭을 감소시킴으로써 訴訟節次를 능률적으로 만드는 데 기여할 것이라고 그 기대되는 效果를 예상하고 있다.[1]

셋째, F.R.C.P. 제26조의 改正은 1938년 이래 事前開示를 지배해 오던 自由放任의 開示原理를 수정하여, 法院의 判斷에 의하여 開示를 制限할 수 있는 상세한 基準을 마련하였다. 먼저 제26조 (a) '事前開示의 手段'(Discovery Methods)이라는 제하에 각종 開示方法을 나열한 후 마지막 문장으로 "法院의 保護命令으로 달리 制限되지 않는 한, 이러한 開示方法들의 이용 횟수는 制限받지 않는다"고 規定되어 있던 부분이 삭제됨과 동시에 開示方法에 대한 몇 가지 制限事由가 그 다음 항인 제26조 (b)(1)의 후단에 신설되었다. 동 조항 전단에는 事前開示가 인정되는 範圍에 관한 原則을 規定한 다음, 신설되는 후단에서 "(a)항에 規定된 事前開示方法의 이용 횟수와 정도는 法院이 當事者에 대한 합리적인 통지를 거친 후 독자적인 判斷으로 혹은 當事者의 保護命令申請에 의하여 다음과 같이 決定하는 경우에는 반드시 制限되어야 한다: ① 申請된 開示方法이 비합리적으로 누적적이거나 중복적일 경우 혹은 더욱 편리하거나 덜 부담스럽거나 저렴한 다른 資料로부터 획득될 수 있는 경우, ② 事前開示를 원하는 當事者가 원하는 情報를 얻을 수 있는 기회를 그 訴訟의 開示節次를 통하여 풍부하게 가졌던 경우, ③ 그 事件에서의 必要性과 紛爭規模, 當事者가 보유한 資料의 한계, 그리고 당해 訴訟 내에서 그 爭點이 차지하는 重要度 등의 제반 사정을 감안할 때 事前開示가 과도하게 부담스럽거나 비싼 경우"라고 명시하게 된 것이다.

---

1) F.R.C.P. 제11조에 대한 Advisory Committee Notes.

그리고 제26조에 (8)항을 신설하여 開示를 要求하는 書面이나 이에 答辯하는 書面, 그리고 異議를 하는 書面 등 모든 開示관련 書類에는 當事者나 代理人의 署名이 이루어져야 함을 規定하고, 그 署名의 의미가 당해 書面의 內容을 정독하였다는 사실과 署名者의 합리적인 調査를 거쳐서 얻어진 최선의 知識과 情報, 信賴를 바탕으로 한 判斷에 기하여 書面內容에 관한 세 가지 점, 즉 첫째, 現行法規나 法律變化에 대한 선의의 확신에 부합한다는 점, 둘째, 相對方을 괴롭히거나 訴訟遲延이나 불필요한 費用의 增加 등의 부적절한 目的을 위한 것이 아니라는 점, 셋째, 주어진 狀況에서 비합리적이거나 지나치게 부담스럽지 않다는 점을 보증(constitutes a certification)하는 의미임을 명확히 한 후, 署名이 누락된 경우 즉시 보정되지 않는 한 書面이 却下된다는 점과 署名에 의한 보증이 불법하게 이루어진 경우에는 當事者나 代理人 혹은 양자 모두에게 '반드시' 적절한 制裁를 가해야 하며(shall impose appropriate sanction), 制裁方法에는 위법한 署名으로 인하여 발생한 費用——辯護士 報酬포함—— 을 부담시키는 命令도 포함됨을 다시 한번 밝혔다.

그리하여 事前開示와 관련된 각종 申請은 改正된 제11조의 適用對象이 되었으며, 각종 開示관련 書類에 대하여는 이 제26조의 (8)가 適用되게 되었다.

라. 1993년의 改正

1991년에도 改正이 있었으나, 그 內容은 제35조의 身體鑑定시 감정인이 갖추어야 할 자격에 관한 부분을 '알맞은 면허나 공인된 자격을 갖춘 鑑定人'(a suitably licensed or certified examiner)으로 명확히 하는 것과 訴訟當事者가 아닌 제 3 자도 제45조의 罰

則附召喚狀(Subpoena)을 통하여 '文書 및 기타 物件의 提出과 調査要求'에 응하도록 강제될 수 있다는 것 등 부분적인 改正에 한정되었다.

그런데 바로 그 해에 聯邦大法院의 諮問委員會는 事前開示의 틀을 대폭 變化시키는 획기적인 改正案을 내놓았다. 그것은 기존에 이용해 오던 여러 가지 開示方法의 使用에 앞서 상당한 양의 핵심적인 情報를 當事者들이 자발적 · 자동적으로 交換하도록 강제함(automatic disclosure)으로써 開示節次를 迅速하게 進行시키는 方案을 포함하여 기타 開示節次의 運用에 있어 當事者 상호간의 자율직 협조체제를 구축하도록 유도함과 동시에, 開示方法에 수량적 制限을 가하고 制裁手段을 정비하는 등 開示節次에 대한 統制를 강화하는 안이었다. 이 改正案의 핵심이었던 開示情報를 義務的으로 交換하도록 하는 方案에 대하여는 격렬한 贊反論爭이 있었으나 결국 改正案에 수용되었다.[1]

이 1993년 改正의 주요 內容을 간추리면 다음과 같다.

첫째, 양 當事者는 訴訟의 초기단계에서 證人과 文書, 保險契約의 존재 여부 및 내용 등과 관련된 基礎情報들을 相對方에게 義務的으로 제공해야 한다(F.R.C.P. 제26조 (a)(1)).

둘째, 양 當事者는 專門家證人(expert witness)의 人的 事項과 法院에 提出될 意見 및 그 根據資料가 포함된 보고서를 미리 相對方에게 제공하여야 한다(F.R.C.P. 제26조 (개)(2)).

셋째, 이러한 情報提供에 더하여 양 當事者는 裁判期日 이전

---

1) 이 自動的 · 義務的 開示(automatic disclosures)에 대하여는 〈제 3 항 事前開示節次의 進行〉의 3. 義務的 開示情報交換, 4. 專門家證人에 관한 義務的 開示, 5. 證據의 辯論前 公開부분에서 상세히 소개한다.

에, 法廷에서 提出될 證據方法에 관한 情報, 즉 證人의 人的 事項과 書證 기타 證據物의 目錄, 證言調書의 內容 등을 相對方에게 제공하여야 한다(F.R.C.P. 제26조 (a)(3)).

넷째, 양 當事者는 訴訟 초기에 만나서 開示에 관한 爭點을 토의하고 開示計劃에 관한 합의를 도출하기 위하여 事前準備會合을 가진 후, 開示計劃에 관한 書面報告書를 作成하여 法院에 提出하여야 한다(F.R.C.P. 제26조 (f)).

다섯째, 原則的으로 質問書와 證言調書 등의 開示方法은 양 當事者가 事前準備會合을 거쳐 開示計劃書를 作成하기 이전에는 이용이 不可能하다(F.R.C.P. 제26조 (d)).

여섯째, 양 當事者는 약정에 의하여 당해 事件의 사정에 적합한 開示節次를 마련할 수 있다(F.R.C.P. 제26조 (a)(1), (f)).

일곱째, 法院은 양 當事者간에 開示日程에 관하여 합의가 이루어지지 않을 경우에 제16조의 日程配置命令을 발함으로써 開示計劃을 수립할 수 있고, 當事者들이 效率的이고도 經濟的인 開示計劃을 수립하도록 도울 수도 있다(F.R.C.P. 제16조 (b)(4)).

여덟째, 法院은 法院規則이나 個別 州의 訴訟規則을 통하여 事前開示節次에 F.R.C.P.의 內容과는 다른 規則을 適用할 수 있고, 특정한 유형의 事件들을 F.R.C.P.의 適用對象에서 제외시킬 수도 있다(F.R.C.P. 제26조 (b)(2), (a)(1), (a)(4), (d), (f) 등).

아홉째, 證言調書 작성시 異議提起는 간명하며 논쟁적이지도 암시적이지도 않은 方法으로 행하여야 하고, 3가지의 한정된 경우에만 진술자로 하여금 答辯을 거부하도록 要求할 수 있다(F.R.C.P. 제30조 (d)(1)). 證言調書의 개수에 數量的 制限이 가해졌으며, 證言調書의 작성시 원격전자장비의 使用이 가능해졌다(F.R.C.P. 제

30조 (a)(2)(A), (b)(7)).

열 번째, 當事者들이 質問書에 대하여 異議할 때는 具體的으로 명확히 해야 하며, 적시에 이의하지 않으면 異議權을 상실한다 (F.R.C.P. 제33조 (b)(4)). 質問書의 문항 수에도 制限이 가해졌다 (F.R.C.P. 제33조 (a)).

열한 번째, 각종 制裁方法도 當事者들이 開示規則과 法院의 命令에 순응하지 않을 수 없도록 만들기 위하여 改正되었다(F.R.C.P. 제37조).

열두 번째, 제11조는 더 이상 開示要求와 그 答辯에 適用되지 않는다(F.R.C.P. 제11조 (d)).

1983년의 改正으로 제11조에 도입했던 '義務的 制裁'는 그 경직성으로 인하여 시행과정에서 많은 副作用이 노정되어 1993년 改正에서 '自由裁量的 制裁'로 환원되었고, 事前開示節次에 대하여는 그 특유의 制裁方法이 제26조의 (8)와 제37조에 마련되었기 때문이다.

2. 機 能

이 開示制度의 機能은 흔히 세 가지로 요약된다.[1]

첫째는, 정작 辯論期日에 들어가게 되면 調査할 수 없게 될지도 모를 證據를 미리 확보하는 '證據의 保全機能'이다. 우리의 證據保全節次의 機能과 유사하다고 볼 수 있겠는데, 예를 들어 證人의 사망이나 질병 혹은 수감 등의 이유로 證人訊問이 不可能할 경우에는 이 開示制度를 통하여 證據를 미리 보전할 수 있다(F.R.C.P.

---

1) Friedental et. al., op. cit., at 379, 380; Mullenix, op. cit., at 301, 302; 이외에 訴答의 補充機能을 추가하는 견해도 있다: Haydock et. al., op. cit., at 1:3.

제27조와 제32조 (a)(3)).

둘째는, '爭點의 具體化·明確化 機能'이다.

즉 開示節次를 통하여 다툼이 없는 사실을 정리함으로써 辯論期日에서 立證이 필요한 사실에 審理를 집중할 수 있도록 하여 裁判의 效率的인 審理가 가능하게 된다. 이 機能에 봉사하는 주요한 方法으로는 후술할 '自白의 要求'(requests for admission)가 대표적이다. 또한 開示制度는 '事實審省略裁判'(summary judgement)의 전제가 되는 이른바 '事實審省略裁判 申請'(summary judgement motion)[1]의 전제로서 機能한다.

셋째는, '事實資料의 蒐集機能'이다. 當事者는 開示制度를 통하여 事實關係를 파악하거나 證據를 蒐集할 수 있고, 이에 앞서 그 蒐集에 필요한 기초적인 물적·인적 情報를 얻을 수도 있다. 즉 직접 相對方으로부터 상대방의 지배범위 내에 있는 人的·物的 資料에 대하여 확인받을 수 있고, 차후 證言에 비협조적일 수도 있는 제3자로부터 미리 陳述을 청취하거나 調査하여 그 결과를 보존할 수 있다.[2]

---

1) 當事者의 일방이 事實關係에 관하여 더 이상의 主張·立證이 필요 없다고 主張하면서, 法院에 대하여 더 이상의 開示나 本案審理까지 갈 것 없이 現在의 事實關係를 바탕으로 바로 法律的인 判斷을 하여 判決을 宣告해 달라고 要求하는 申請: F.R.C.P. 제56조.

2) 우리의 證據保全節次에는 이러한 기능이 없다. 그래서 영미 事前開示制度의 이러한 기능에 착안하여, 우리의 현행제도하에서도 證據의 保全機能에 한정하여 증거보전절차를 운용할 것이 아니라, 訴訟前의 證據蒐集制度로 이용되도록 탄력적으로 운영해야 할 것이며, 나아가 獨逸에서 1991년부터 시행되고 있는 '獨立的 證據節次'(Selbständiges Beweisverfahren)의 국내 도입을 검토할 필요가 있다는 견해가 있다: 이시윤, 민사소송법, 620(1999); 정동윤, 민사소송법, 561(1998); 獨逸民事訴訟法은 '司法簡素化法'(Rechtspflege-Vereinfachungsgesetz, 1990)으로 종래의 증거보전절차를 고쳐서 '獨立的 證據節次'를 시행하고 있다(독일민사소송법 제485조). 그리하여 證據保全의 필요성이 있

결국, 이러한 제반 機能에 의하여 다음과 같은 目的이 달성된다.

첫째는 當事者가 당해 事件에 대한 자신의 강점과 약점을 조기에 정확히 파악할 수 있게 됨으로써 和解가 促進될 수 있고, 둘째는 辯論節次에 있어 奇襲的인 主張이나 證據의 提出이 不可能하게 되어 사실이 왜곡될 위험성이 감소하게 된다. 이는 陪審制를 採擇하고 있는 제도하에서 극적으로 提出되는 主張이나 證據에 대해 지나친 評價를 한다던가 기습적인 攻擊에 적절히 대처하지 못하는 當事者의 태도로 인하여 그릇된 判斷을 할 수도 있는 陪審員의 限界를 극복할 수 있게 해 준다. 셋째로는 충분한 事實資料와 證據確保로 인하여 實體的 眞實의 發見을 가능히게 하고, 對立當事者主義(adversary system)하에서 當事者들에게 대등한 무기를 제공함으로써 公正하고 效率的인 裁判結果를 가져다 줄 수 있다.

제 2 항   事前開示의 認定範圍(開示의 對象)

1. 開示對象의 一般的 範圍

⑴ 原   則

F.R.C.P.에서 인정되는 開示의 範圍는 거의 無制限的이다

을 때뿐만 아니라 相對方 當事者의 同意가 있으면, 소송계속 전후를 묻지 않고 당해 訴訟節次 외에서 검증, 감정, 증인신문 등의 證據調査를 할 수 있게 되었다. 또한 사람이나 물건의 상태, 물건의 가격, 손해나 하자의 원인 등의 확정에 관한 法律上 利益이 있으면, 소송계속 전이라도 감정을 신청하도록 하고 있다. 이는 소송의 신속을 도모함과 동시에 불필요한 소송을 막기 위한 것이며, 양 당사자가 이 절차를 거치면서 자신과 상대방의 강점과 약점을 파악하게 되어 결과적으로 화해의 촉진에 도움이 되는 경우도 있다. 자세한 것은 Rosenberg/Schwab/Gottwald, Zivilprozeßrecht(15. Aufl., 1993), §119; Lüke/Walkshöfer, Münchener Kommentat zur Zivilprozeßordnung, Bd. 2(1992), §485 등 참조.

(F.R.C.P. 제26조 (b)(1)).

當事者는 '訴訟上의 請求'(subject matter)와 관련(relevant to)
이 있는 事項이라면 어떤 事項(any matter)에 관한 情報든 開示節
次를 이용하여 蒐集할 수 있으며, 다만 후술하는 바와 같이 일부
免責特權에 의하여 예외적으로 開示가 인정되지 않는 경우(privi-
leged matters)가 있을 뿐이다. 여기에서의 '關聯性'은 매우 넓게
해석되므로,[1] 辯論에서는 提出이 허용되지 않는 證據라도 開示節
次에서는 開示要求의 對象이 될 수 있다. 그래서 開示를 要求하는
事項이 자기의 主張과 관련된 것이든 相對方 當事者의 主張과 관
련된 것이든 모두 가능하고, 사고현장을 목격한 證人의 이름은 물
론 그 證人을 보았던 사람의 人的 事項도 開示對象이 된다.[2] 나
아가, 辯論에서는 證據能力이 인정되지 않는 傳聞證言(hearsay
statements)도 그것으로 인하여 당해 事件과 관련 있는 情報를 제
공받거나 확인할 수 있는 한 開示對象이 된다.[3] 동 조항의 말미
에서도 "開示가 要求되는 情報가 證據能力 있는 證據를 이끌어
낼 수 있다고 합리적으로 判斷되는 한 반드시 法廷에서의 辯論에
서 提出이 허용되지 않아도 상관없다"고 명시하고 있다. 또한 동
조항은 開示對象으로 "서적, 문서 기타 유체물의 존재, 모양, 특
성, 점유관계 및 위치와 開示對象이 될 만한 事項에 대하여 알고

---

1) Friedental et. al., op. cit., at 381; Mullenix, op. cit., at 303; Haydock et.
   al., op. cit., at 1:18 ; R. Lawrence Dessem, Pretrial Litigation 2nd ed., 227
   (West Publishing Co., 1996).
2) Federal Deposit Ins. Corp. v. St. Paul Fire & Marine Ins. Co., 53 F.R.D.
   260, 263(W.D. Okl., 1971); Cogdill v. TVA, 7 F.R.D. 411(E.D. Tenn.,
   1947); Baltimore Transit Co. v. Mezzanotti, 227 Md. 8, 174 A. 2d 768
   (1961).
3) Technograph, Inc. v. Texas Instruments Inc., 43 F.R.D. 416(S.D.N.Y.
   1967).

있는 사람의 人的 事項"을 열거하고 있으나, 이것은 당연히 예시적 열거일 뿐 그 외의 어떠한 事項도 開示의 對象이 된다.

(2) 狀況的 制限

이렇게 開示가 허용되는 範圍가 지나치게 넓은 것이 開示制度의 濫用을 가능하게 하는 주된 이유로 간주되어 制限의 必要性이 제기되어 왔다. 즉 필요한 證據를 찾기 위한 방편으로 연관이 있을 것으로 추측되는 事項에 대한 開示를 시도하는 등의 경우에도 法院은 이를 허용하고 있고,[1] 開示要求에 대하여 異議를 제기하는 측에서 부적법한 開示로서 허용되지 않아야 하는 이유를 소명해야 하기[2] 때문에 사실상 立證의 範圍를 벗어난 開示要求에 대한 거부도 쉽지 않다는 批判이 제기되었으므로, 이를 시정하기 위하여 양 當事者의 訴訟上의 爭點과 연관이 있는 사실에 대해서만 開示를 허용함으로써 開示의 허용범위를 질적으로 축소하려는 시도[3]가 있었다. 그러나 이러한 改正意見은 訴狀과 答辯書를 더욱 복잡하고 세밀하게 作成하도록 강요하는 副作用을 가져 온다는 主張에 밀려 빛을 보지 못했으며, 이러한 시도가 실패한 이후 후술하는 바와 같이 1983년과 1993년의 改正으로 開示方法을 量的으로 制限하는 조치가 이루어졌다.

그리하여 法院은 事前開示方法의 이용을 制限하는 것이 타당하다고 보이는 事由가 있는 경우에 當事者의 保護命令 申請에 기

---

1) Hickman v. Taylor, 329 U.S. 495, 507(1947).

2) Blackkenship v. Heast Corp., 519 F. 2d 418, 429(9th Cir. 1975).

3) ABA Section of Litigation, Report of the Special Committee for the Study of Discovery Abuse 2, 3(1977); Advisory Committee on Civil Rules, Preliminary Draft of Proposed Amendments to the F.R.C.P.(March 1978), 77 F.R. D. 613, 623(1978).

초하여 혹은 독자적인 判斷에 따라(이 경우에는 當事者에 대한 通知가 선행되어야 함) 그 이용 횟수와 정도를 制限하여야 하는데, 그 事由는 첫째, 申請된 開示方法이 비합리적으로 누적적이거나 중복적일 경우, 혹은 더욱 편리하거나 덜 부담스럽거나 저렴한 다른 資料로부터 획득될 수 있는 경우 둘째, 事前 開示를 원하는 當事者가 원하는 情報를 얻을 수 있는 기회를 그 訴訟의 開示節次를 통하여 풍부하게 가졌던 경우 셋째, 그 事件에서의 必要性과 紛爭規模, 當事者가 보유한 資料, 당해 訴訟 내에서 그 爭點이 차지하는 중요도, 그리고 그 爭點을 해결하는 데 당해 開示 方法이 어느 정도 중요한가 등의 제반 사정을 감안할 때 제안된 開示 方法의 負擔과 費用이 그것으로부터 얻을 수 있는 성과를 초과한다고 判斷되는 경우라고 명시되었다.[1]

그리고 法院은 命令이나 個別 州의 訴訟規則에 의하여 證言調書나 質問書의 개수, 證言 調書의 길이, 自白 要求(requests for admission)의 횟수를 制限할 수도 있다.[2]

2. 開示가 認定되지 않는 경우

開示가 인정되지 않는 例外的인 경우는 크게 보아 두 가지로 나눌 수 있다. 그 첫째는 '特權'(privilege)과 '免責'(immunity) 事項으로 분류되는 경우이고, 둘째는 當事者의 申請에 의하여 내려진 法院의 '保護命令'(protective order)에 의한 경우이다.

---

1) F.R.C.P. 제 26조 (b)(2) 후문: 이 부분은 1983년 개정시 신설된 후 1993년의 개정으로 약간의 字句 修正이 있었다.
2) F.R.C.P. 제26조 (b)(2) 전문: 이 부분은 1993년 개정시에 新設된 것이다.

(1) **特權과 免責**[1]

가. 證據法上의 特權에 의하여 保護되는 事項(privileged matters)

상술한 바와 같이 開示의 對象에서 일부 特權에 의해 保護되는 事項은 제외되는데, 이는 普通法上 傳統的으로 인정되어 오던 證據法上의 特權이 判例에 의해 정형화된 것이다. 이 特權에 의해 保護되는 事實關係는 변호사·의뢰인간, 의사·환자간, 성직자·고해자간 또는 부부간의 의사소통으로 생긴 情報 등이다. 이러한 證據法上의 特權은 일정한 관계에 있는 자들 사이의 意思 交換에 의하여 생긴 프라이버시를 保護함으로써 충분하고도 솔직한 意思의 交換을 보장하는 것이 訴訟에서 情報에의 접근을 보장하는 것보다 중요하다는 判斷 때문에 인정된 것인데, 聯邦證據規則 (Federal Rule of Evidence) 제501조[2]가 그 포괄적인 根據 規定이 된다.

그 외에도 美 聯邦 憲法 修正 제 5 조에 의하여 보장되는 自己의 陳述로 인하여 형사상 처벌을 받을 염려가 있는 자가 陳述을 거부할 수 있는 特權 즉, 自己負罪禁止特權(privilege against self-incrimination)이나, 배우자에게 불리한 진술을 거부할 수 있는 特權(privilege of one spouse not to testify against another) 그리고 警察情報員保護特權(privilege not to reveal the identity of confi-

---

1) 이에 대한 상세한 연구로는 손한기, 美國 聯邦 民事訴訟上 事前開示의 範圍에 관한 硏究 —開示範圍의 制限을 중심으로—, 민사재판의 제 문제(하), 이시윤박사화갑기념논문집(1995), 125~149까지 참조. 본 고에서는 논리전개상 필요한 한도 내에서 간략하게 살피고자 한다.

2) 美 聯邦 憲法, 議會 制定 法律 혹은 立法的인 權限 부여에 따라 聯邦 大法院이 제정한 規則에서 달리 規定하고 있는 경우를 제외하고는 증인, 일반인, 정부, 주 또는 그 정치적 하부기관의 免責特權은 美國 法院이 이성과 경험에 비추어 해석할 수 있는 普通法의 原則에 의하여 규율된다 ….

dential police informants) 등도 인정된다.

나. 訴訟準備資料의 免責(work-product immunity)

F.R.C.P. 제26조의 (b)(3)은 相對方 當事者側(주로 辯護士이지만 콘설턴트, 보증인, 보험자, 대리인도 포함)이 訴訟에 대비하여 準備한 資料는 그에 상응하는 資料를 얻는 것이 지극히 곤란하고 訴訟의 準備에 그 資料가 반드시 필요하다는 사실을 소명하지 않는 한 開示의 對象이 될 수 없다고 規定하고 있다. 이 때 相對方 當事者측이 準備한 資料가 '一般的인 資料'(ordinary work product)인가 '意見 資料'(opinion work product)인가에 따라 그 保護의 정도를 달리한다. 즉, 辯護士의 주관적 判斷이 개입된 資料 예컨대, 사실관계에 관한 法律的 見解나 意見, 理論 등은 무조건적으로 보호되며,[1] 극히 일부의 주에서는 이 경우에도 法益을 衡量하여 開示 여부를 決定하고 있다.[2] 그렇지 않은 訴訟資料는 開示를 要求하는 측이 그 資料의 ① 實質的 必要性과, ② 다른 方法으로는 그에 상응하는 資料를 얻을 수 없다는 사실을 소명하는 경우에 한하여 開示對象이 되는 것이다. 이 規定은 判例[3]에 의하여 인정된 原

---

1) 대다수의 주에서는 무조건적으로 保護된다. 예컨대 Duplan Corp. v. Moulinage et Retorderie de Chavnoz, 509 F. 2d 730(4th Cir. 1974), cert. denied, 420 U.S. 997(1975).

2) Xerox Corp. v. International Business Machs. Corp., 64 F.R.D. 367(S.D. N.Y. 1974).

3) 유명한 선도적 判例로서는 Hickman v. Taylor, 329 U.S. 495(1947)가 있는데, 그 事件의 槪要는 다음과 같다.

강에서 견인선이 침몰하여 선원의 일부가 익사하는 사고가 발생한 후 견인선의 소유자는 訴訟에 대비하여 辯護士에게 事件을 위임하였고, 이 辯護士는 생존 선원들을 만나 그들의 署名이 있는 陳述書를 미리 받아 두었다. 그 뒤 예상대로 사망자 가족이 訴訟을 제기했고 이 訴訟에서 사망자의 辯護士는 선박소유자에게 質問書(interrogatory)를 통하여 생존 선원들의 陳述 內容을 밝히고 그 陳述書 사본을 달라고 要求하였지만 피고측 辯護士는 이를 거절하였

則이 1970년의 F.R.C.P. 改正 때 삽입된 것으로서, 規定 취지는 辯護士가 자신이 수임한 事件에 관하여 相對方에게 노출될 염려 없이 안심하고 事實 調査를 할 수 있도록 보장함과 동시에 他方 當事者의 노력에 무상으로 편승하여 努力 없이 資料를 획득하는 것을 방지함에 있다.

　보통법상 상당한 역사를 가진 辯護士·依賴人간의 免責特權 에 비하여 이 訴訟資料 免責은 비교적 최근인 20세기에 들어와서 判例에 의해 인정되기 시작한 것이며, 전자가 依賴人의 保護에 비 중을 두고 있다면 후자는 辯護士를 保護하기 위한 것이다.

(2) 法院의 保護命令(protective order)

　F.R.C.P.는 상당히 廣範圍한 開示를 인정하는 동시에 開示制 度가 相對方을 괴롭히기 위한 目的에서 濫用되는 경우에 대비하 여 이를 차단하기 위한 規定도 두고 있는데, 相對方으로부터 성가 시거나 당황스럽거나 압박감이 느껴지거나 과도한 負擔이나 費用 이 소요되는(annoyance, embarrassment, oppression, or undue bur- den or expense) 開示 要求를 받은 當事者는 法院에 保護命令을 申請함으로써 그러한 開示要求를 피할 수 있다(F.R.C.P. 제26조 (c)).

　다만, 이 申請을 하기 위해서는 문제가 된 開示 要求에 대하 여 타협적인 解決 方案을 마련하기 위하여 미리 相對方 當事者와 만나서 의논을 했거나 그렇게 하려고 努力하였다는 사실뿐만 아 니라[1] 이 申請이 '正當한 事由'(good cause)에 기초하고 있다는

다. 1심 法院은 피고측 辯護士에게 資料의 提出을 명하였고, 辯護士가 이를 거 부하자 法廷侮辱으로 그를 구금하였다. 그러나 抗訴審에서는 이를 訴訟準備資 料(work product)로 보아 결론을 달리하였고, 聯邦 大法院에서도 이 결론은 그대로 유지되었다.

[1] 이 선행조건은 1993년의 개정시에 新設되어 삽입된 것임: F.R.C.P. 제26조 (c)에 대한 advisory committee notes.

사실을 소명해야 하는데, 과거에는 통상 신청인측이 그 開示가 신청인측에게 명백하고도 심각한 損害를 초래한다는 사실을 立證하도록 要求해 왔다.[1] 결국 이제 法院은 開示의 必要性과 그 副作用을 비교형량하여 결론을 내리게 되는데,[2] 이에 더하여 전술한 바와 같이 상황을 고려하여 開示를 制限할 만한 합리적인 사유가 있는 경우 法院의 독자적인 判斷으로 혹은 當事者의 保護命令 申請에 터잡아 開示 方法을 量的으로 制限하는 命令을 발하는 것도 가능하므로(F.R.C.P. 제26조 (b)(2)) 事前 開示의 허용 여부와 허용 정도에 개입하는 法院의 裁量權이 매우 강력한 것임을 알 수 있다.

양 當事者가 미리 開示情報를 保護하기 위한 약정을 하는 것도 가능하며, 이렇게 함으로써 保護命令을 둘러싼 불필요한 紛爭을 事前에 회피할 수 있다.[3]

保護命令을 내리는 경우에 法院이 선택할 수 있는 재량의 폭도 상당히 넓다. 즉, ① 開示 자체를 禁止시키거나, ② 開示의 시간과 장소 등 조건을 붙여 開示를 허용하거나, ③ 開示를 要求하는 자가 원하는 方法과는 다르게 法院이 정한 方法으로 開示를 허용하거나, ④ 특정문제에 대한 질문은 制限하거나, 일정한 範圍에

---

1) Citicorp v. Interbank Card Assn., 478 F. Supp. 756(S.D.N.Y. 1979); General Dynamics Corp. v. Selb Mfg. Co., 481 F.2d 1204(8th Cir. 1973).

2) 保護命令이 내려진 事例로 Williams v. Thomas Jefferson Univ., 343 F. Supp. 1131(E.D. Pa. 1971)가 있다: 임신중절수술과 관련된 醫療過誤 訴訟에서 원고가 彈劾證言을 위하여 피고에게 같은 병원에서 원고 이전에 낙태수술을 받은 여성의 人的事項을 요구한 데 대하여, 法院은 開示의 必要性보다 그 여성의 人的事項을 公開함으로써 발생할 副作用이 더 심각하다고 판시하면서 開示를 허용하지 아니하였다.

3) Haydock et. al., op. cit. at 1:71.

국한된 開示만을 허용하거나, ⑤ 일반적인 公開를 금하면서 法院에 의하여 許可된 자만이 開示節次에 참석하도록 하거나, ⑥ 봉인된 證言調書가 法院의 命令에 의해서만 개봉되도록 하거나, ⑦ 영업 비밀이나 기타 보안을 요하는 事項은 公開를 금하거나, 지정된 方法에 의해서만 公開되도록 하거나, ⑧ 특정한 文書나 情報를 봉인하여 法院에 提出하도록 한 다음 法院의 지시에 의해서만 公開되도록 할 수도 있다. 그리고 法院은 일단 내렸던 保護命令을 取消하거나 修正할 수도 있다.[1]

제 3 항   事前開示節次의 進行

1. 開示가 인정되는 時點

이미 살핀 바와 같이 開示制度의 주요한 機能 중의 하나가 證據의 '保全 機能'에 있었고, 그러므로 소 제기 전에도 開示가 허용되어야 할 必要性은 있는 것이므로, 과거에는 당연히 訴 提起 전 단계의 開示가 허용되어 왔다. 그러나 1993년의 改正으로 訴 提起 직후의 事前準備會合이 義務化된 결과 양 當事者가 이 會合을 거쳐 開示 計劃書를 作成·提出하기 이전에는 開示 方法의 使用이 不可能하게 되었다(F.R.C.P. 제26조 (f)(d)). 다만 F.R.C.P. 規定상 이러한 節次를 原則으로 하지만, F.R.C.P.의 다른 規定이나 個別 州의 訴訟規則, 法院의 命令, 當事者간의 합의 등에 기초한 예외가 인정되므로 그 한도 내에서는 訴 提起 전의 開示가 허용될 것이다(F.R.C.P. 제26조 (d)).

---

1) Krause v. Rhodes, 671 F.2d 212(6th Cir.), cert. denied, 459 U.S. 823 (1982).

그러나 無制限的으로 허용하면 이를 惡用하는 등 심각한 副作用이 생길 수 있으므로 매우 制限的으로 허용되고 있다. 소 제기 전에 證言調書(deposition)를 남기고자 하는 자는 그 證人의 거주지를 관할하는 法院에 당장 소를 제기하지는 못하지만 證言이 필요한 사정 및 예상되는 피고의 人的事項 등 몇 가지 要件을 명시한 適法한 申請(verified petition)을 제기하여 命令을 받아 낸 후에야 證言調書를 받을 수 있다(F.R.C.P. 제27조 (a)). 따라서 단순히 소 제기 전의 사실확인 등을 위한 開示申請은 일반적으로 허용되지 않는다.[1]

2. 事前準備會合과 開示日程配置命令(discovery scheduling order)

開示節次의 日程은 통상 '開示日程配置를 위한 會合'(scheduling conference)을·거친 후 法院에 의하여 내려지는 '日程配置命令'(scheduling order)에 의하는데, F.R.C.P.는 當事者들이 가능하면 조속히—그리고 開示日程配置會合 날이나 제16조에 의한 日程配置命令을 발하는 날로부터 적어도 14일 이전— 함께 만나서 몇 가지 事項에 관하여 미리 準備할 것을 要求하고 있다. 그것은 첫째 양쪽 主張의 性格과 根據에 대하여 의견을 교환한 후 和解可能性을 포함하여 迅速한 事件 終結이 가능한지에 대해 토의할 것, 둘째 후술하는 '義務的 情報 交換'을 행하거나 그 이행을 위하여 의견을 조율할 것, 셋째 開示計劃을 수립할 것 등인데, 이렇게 사전 만남을 통하여 의견을 미리 조정한 후 10일 이내에 開示

---

1) 다만 매사추세츠주 등 몇몇 주에서는 訴狀 作成을 目的으로 하는 事前開示를 주 규칙(local rule)에 명시함으로써 허용하는 예도 있다; Mullenix, op. cit. at 305.

計劃에 관한 書面 報告書를 作成하여 法院에 提出하여야 한다 (F.R.C.P. 제26조 (f)). 이 開示 計劃에 관한 보고서는 다음과 같은 事項에 대한 當事者의 意見과 提案을 담고 있어야 한다.

첫째, F.R.C.P. 제26조 (a)항이나 個別 州의 訴訟規則에 의해 規定된 '義務的 情報 交換'에 대하여 그 實施 時期, 形態, 要求 事項 등에 어떤 변경이 있는가.[1]

둘째, 開示 方法의 이용이 요구되는 請求 內容, 開示의 終了 時點, 그리고 開示의 段階的 實施 여부 혹은 특정 爭點에 한정하거나 초점을 맞추어 실시할 것인지 여부

셋째, F.R.C.P.나 個別 州의 訴訟規則에 의하여 규율되는 開示에 대한 制限에 어떤 變化를 가할 것인지, 그리고 다른 어떤 制限을 가할 것인지.[2]

넷째, 保護命令申請이나 辯論前 節次의 日程 및 辯論前 會合의 주제 등과 관련하여 法院이 내려야 할 필요가 있는 다른 命令의 존부.

法院은 이 報告書를 받은 후 혹은 양쪽 代理人과 日程配置會合이나 개별 접촉(이 때 전화나 편지 혹은 접견의 방법을 사용할 수 있다)을 가진 후 '日程配置命令'(scheduling order)을 발하는데, 이 命令에는 訴答의 修正, 각종 申請의 提起, 開示의 完了에 대한 각 마감 期限이 반드시 명시되어야 하고, '義務的 情報 交換'과 '開示

---

1) F.R.C.P. 제26조 (a)는 當事者간의 合意에 의해 동 조항의 適用을 배제할 수 있음을 명시하고 있다.

2) 예컨대, 이미 언급한 바와 같이 F.R.C.P. 제26조 (d)는 開示 方法의 이용 개시 시점에 관하여 原則的으로 상술한 事前準備會合 이후라고 명시함과 동시에 F.R.C.P. 規定, 個別 州의 訴訟規則 혹은 法院의 命令이나 當事者의 合意에 의하여 이를 변경할 수 있도록 하여, 訴 提起 이전이라도 그 이용이 가능하도록 여지를 두고 있다.

및 答辯의 補充'時期 및 開示 範圍의 변경 事項, 辯論前 會合과 本案審理期日의 日時, 기타 당해 事件의 상황에 걸맞는 적절한 事項 등이 명시될 수 있다. 이 命令은 현실적으로 가능한 한 조속히 발하여야 하는데, 최소한 피고의 應訴가 있고 난 후 90일, 원고의 訴狀 送達이 있고 난 후 120일 이전에 이루어져야 한다(F.R.C.P. 제16조 (b)).

聯邦地方法院은 個別 州의 訴訟規則으로써 상술한 節次와는 달리 規定할 수 있다(F.R.C.P. 제26조 (d)(f), 제16조 (b)).

3. 義務的 開示情報 交換(mandatory informal exchange of information)

當事者간에 다른 약정이 있거나 法院의 命令이나 個別 州의 訴訟規則에 달리 規定된 바 없다면, 當事者는 相對方의 開示要求를 기다릴 필요 없이 상술한 事前準備會合 날로부터 적어도 10일 이내에 다음 事項을 相對方에게 義務的으로 제공해야 한다.

첫째, 訴狀과 答辯書의 交換을 통하여 명시적으로 主張되었던 爭點과 관련하여 開示될 만한 情報를 가지고 있을 것으로 判斷되는 사람들의 이름과 주소, 전화번호 등 人的 事項

둘째, 訴答節次를 통하여 명시적으로 主張되었던 爭點과 관련된, 자신의 소유나 보관 또는 관리하에 있는 文書, 統計資料와 有形物에 관한 사본 혹은 그 분류목록 및 상태에 관한 情報

셋째, 자신이 입은 損害에 대한 계산결과 및 그 손해 및 계산법을 뒷받침하는 證據資料

넷째, 裁判 결과 인정될 損害額의 전부 또는 일부를 배상하기로 하는 保險契約의 존재 여부 및 그 內容

當事者는 이러한 情報를 開示 당시 합리적으로 획득할 수 있는 수준에 입각하여 제공하여야 할 義務가 있고, 자신이 그 調査를 완전히 종료하지 못했다거나 다른 當事者의 자발적 開示에 문제가 있다고 判斷된다거나 相對方이 아직 이를 이행하지 않고 있다는 이유 등으로 자신의 開示를 회피할 수 없다(F.R.C.P. 제26조 (a)(1)). 그리고 法院의 命令이나 個別 州의 訴訟規則에 의하여 달리 規定되지 않은 한, 모든 義務的 開示 事項——후술할 專門家 證人에 대한 義務的 開示 事項과 證據에 관한 辯論前 公開 事項 포함—— 은 書類化하여 署名한 후 제공하고 그 즉시 法院에 提出해야 한다(F.R.C.P. 제26조 (a)(4)).

이렇게 일정한 開示 情報의 交換을 義務化하는 制度는 1993년의 F.R.C.P. 改正 때 비로소 도입한 것으로서, 改正 당시 가장 눈길을 끌었던 것이 바로 이 부분이었다. 相對方의 공식적인 開示 要求를 기다리지 않고 통상적으로 要求되는 事項을 자발적으로 제공하도록 함으로써 開示節次에 소요되는 費用을 절감하는 데 이 規定의 制定 目的이 있으며, 이 制度는 아리조나, 남부 플로리다, 중부 캘리포니아 등의 聯邦 法院에서 시행되던 유사한 規則을 制度化한 것이다.

그러나 訴答 書類의 交換을 통하여 명시적으로 主張되었던 爭點을 義務的 情報 開示의 基準으로 삼을 경우 訴狀에 지나치게 자세한 사실 적시를 유도하는 결과가 되어 결국 '노우티스 플리딩 基準'(notice pleading standard)[1]을 잠식하게 될 것이라는 근거로

---

1) 訴狀(complaint)을 비롯한 訴答(pleading)書類의 機能은 원래 相對方에게 主張의 性格을 통지(notice of the nature of claims or defenses)하는 데 있으므로 자세한 事實關係의 적시는 필요 없으며, 원고에게 權利 回復의 자격이 있음을 간단 명료하게 主張(a short and plain statement of the claim showing

이 規定의 도입에 反對하는 견해도 적지 않았으며, 이 制度 시행
후에도 찬반 논란이 끊이지 않고 있다. 이 贊反 論爭은 이 규정의
도입 당시 Scalia, Souter, Thomas 3인의 聯邦 大法官이 도입을
반대함으로써 불붙기 시작하였다. 反對論의 가장 큰 논거는 의뢰
인의 이익에 충실해야 하는 辯護士로서의 기본적인 倫理에 반하
여 의뢰인에게 불리한 정보를 상대방에게 제공해야 한다는 점에
서 '對立當事者主義'의 토대를 허무는 결과가 될 수 있다는 점이
며, 이외에도 제공되어야 할 情報가 완전하게 준비되어 있지 못할
경우가 많을 것이므로 오히려 節次를 번잡하게 만들고 이런 현상
은 爭點이 많은 訴訟의 경우에 더욱 심각할 것으로 예측된다는
점, 잠재적인 關聯 情報를 모두 제공하도록 강요함으로써 소송 초
기의 費用支出을 증가시키고 이로 인하여 결과적으로 和解를 힘
들게 만들 수 있다는 점, 제공되어야 할 情報의 範圍에 관한 해석
을 둘러싼 '위성소송'(satellite litigation)의 숫자를 증가시킬 가능
성이 있다는 점 등이다. 이에 대하여 贊成하는 입장에서는 이 제
도의 效率性과 經濟性에 대한 반대론의 우려는 기우에 불과하고,
이 제도는 의뢰인에 충실해야 하는 辯護士의 職業的 倫理를 벗어
나지 않는 선에서 소송의 效率的인 進行에 협조하는 것이므로 '對
立當事者主義'의 근간을 허무는 것은 아니라고 반박하고 있다.[1]

---

that the pleader is entitled to relief)하면 충분하다는 訴答書類 作成의 原則
(F.R.C.P. 제8조 (a))으로서, 연혁적으로 일반인의 訴訟에 대한 접근을 용이
하게 하기 위하여 인정된 基準이다. 필요한 事實關係와 爭點의 整理는 事前開
示節次와 辯論前 會合을 통하여 이루어지는 것을 전제로 한다.
1) 찬반 논쟁의 상세한 내용은 다음의 글들을 참조.
　시행에 찬성하는 견해로는 Schwarzer, Slaying the Monsters of Cost
and Delay: Would Disclosure Be More Effective than Discovery?, 74 Ju-
dicature 178(Jan. 1991); Angela R. Lang, Mandatory Disclosure Can Im-
prove the Discovery System, 70 Ind. L.J. 657(1995); Linda S. Mullenix,

4. 專門家 證人(expert witness)에 관한 義務的 開示

主張과 立證에 관한 실질적 責任을 모두 當事者에게 부여하고 判事는 審判者의 役割에 충실한 '對立當事者主義'(adversary system)를 原則으로 하는 美國의 民事訴訟節次는 鑑定事項에 대하여도 當事者의 주도하에 立證이 이루어지는 制度를 취하고 있다. 鑑定이 필요한 科學的 事項에 대하여서는 法院에 鑑定人의 지정을 申請하여 그 鑑定人의 鑑定 結果가 자신에게 유리하다고 判斷한 當事者측이 이를 이익으로 원용함으로써 證據로 提出하는 우리 節次와는 달리 美國에서는 當事者 썅방이 각지 專門家를 고용하여 그 鑑定 結果를 法院에 提出하고 필요에 따라 이 鑑定人을 證人訊問하며 法院은 이를 事實判斷에 참작할 뿐이다.

鑑定意見의 形成을 이렇게 當事者가 주도하게 되는 결과 그 副作用이 심각하게 대두되었다. 즉 자신을 고용한 當事者측에 유리한 鑑定 結果를 만들어 내기 위하여 검증되지도 않은 學說을 동원하거나 과학적으로 부적절한 方法論을 동원하는 事例가 비일비재하여 전문적인 지식이 부족한 判事가 公正한 裁判을 행하는 데 걸림돌이 된다는 우려의 목소리가 높아지게 되었던 것이다. 그리하여 이 專門家 證人의 役割에 대하여 再檢討의 必要性이 강력히

Adversarial Justice, Professional Responsibility, and the New Federal Discovery Rules, Vol 14:13 The Review of Litigation(1994).

　반대하는 견해로는 Hench, Mandatory Disclosure and Equal Access to Justice: The 1993 Federal Discovery Rules Amendments and the Just, Speedy, and Inexpensive Determination of Every Action, 67 Temp.L.Q. 179(1994); Coleman, Civil Disclosure, 81 A.B.A.J. 76(Oct. 1995); Michael J. Wagner, Too Much, Too Costly, Too Soon? The Automatic Disclosure Amendments to Federal Rule of Civil Procedure 26, 29 Tort & Ins. L.J. 468(Spring, 1994).

제기되어 1993년 개정시에 이에 대하여 몇 가지 改正이 이루어졌다.

그리하여 當事者는 聯邦證據規則[1]에 의하여 裁判節次에서 증언할 專門家 證人의 人的事項을 미리 相對方에게 알림과 동시에 그가 署名한 서면화된 報告書를 제공하여야 하도록 規則이 改正되었다.[2] 이 報告書에는 法院에 제출될 모든 意見의 結論과 그 根據, 즉 ① 意見의 形成에 고려된 統計資料 기타 필요한 情報, ② 意見을 지지하는 證據物, ③ 지난 10년간 당해 專門家가 집필한 간행물 목록을 포함한 專門家의 資格에 관한 資料, ④ 당해 事件의 硏究와 證言에 대하여 지급된 反對給付의 內容, ⑤ 그 專門家가 과거 4년간 專門家證言을 행한 事件의 目錄 등이 적시되어야 한다. 이러한 開示가 이루어져야 할 시기에 대하여는 法院이 지정한 일시나 當事者간에 합의된 일시가 있으면 그에 의하고, 그렇지 않다면 최소한 裁判期日 90일 이전, 그리고 만약 그 鑑定 結果가 相對方의 鑑定에 대한 반박만을 目的으로 하는 것이라면 相對方이 開示한 후 30일 내에 相對方에게 제공되도록 規定되었다 (F.R.C.P. 제26조 (a)(2)).

원래 이 改正 이전에는 일방 當事者의 努力과 費用으로 획득된 鑑定 結果를 他方 當事者가 이용하는 것을 경계하여, 當事者는 相對方을 위하여 鑑定 證言을 할 專門家의 人的事項조차도 質問書(interrogatory)를 통하여만 얻을 수 있었고 그 이상의 情報를 얻으려면 法院의 命令을 필요로 했는데, 어차피 證據로 提出될 事

---

1) Federal Rules of Evidence 제702조, 제703조, 제705조: 모두 專門家의 意見이나 證言에 관한 規定임.

2) 만약 동 專門家의 證言이 변론에서 이루어지지 않을 경우에는 그 鑑定 內容에 대하여 質問書나 證言調書 등을 통해서 開示를 要求할 수 있다: F.R.C.P. 제26조 (b)(4).

項이라면 그 情報를 義務的으로 相對方에게 제공하도록 한 것이다.

5. 證據의 辯論前 公開(pretrial disclosures)

상술한 바와 같은 義務的 開示 이외에도, 當事者는 裁判 期日에 彈劾 證據로써 이용될 證據를 제외한 나머지 證據들에 대하여 다음과 같은 事項을 相對方에게 제공하여야 한다.

첫째, 裁判에서 證言할 것이 예정되어 있는 證人 또는 必要性이 제기되면 證言할 것이 예상되는 證人 등의 이름, 주소, 전화번호 등 人的 事項

둘째, 證言調書로써 法廷에 현출될 證人의 人的事項과 그 證言調書의 해당 부분

셋째, 法廷에서 提出될 것으로 예정되어 있거나 必要性이 제기되면 提出될 것으로 예상되는 書證 기타 證據物의 目錄.

法院에 의해 달리 정해진 바 없다면 상술한 開示는 최소한 裁判期日 30일 이전까지는 완료되어야 하는데, 이렇게 提出 예정된 相對方의 證據들에 대하여 만약 異議할 것이 있다면 相對方 當事者는 위 開示情報를 제공받은 후 14일 이내에 異議를 제기하여야 하고 이 期限이 경과하면 法院이 정당한 事由를 인정하지 않는 한 더 이상 異議를 제기할 수 없다(F.R.C.P. 제26조 (a)(3)).

제 4 항 事前開示의 方法과 效用

1. 質問書(interrogatories to parties)

⑴ 意 義

일방 當事者는 訴訟과 관련하여 얻고자 하는 事實關係에 관

한 情報에 대하여 相對方 當事者에게 質問書(interrogatory)를 보
내서 그 答辯을 받아 참조할 수 있다.[1] 이 方法은 후술할 證言調
書(deposition)나 文書의 提出要求(request for documents) 등 다른
開示方法을 이용하기 이전에 證人이나 書證의 존재 여부 등 基礎
情報를 얻기 위해 使用되는 가장 기본적인 開示要求 方法이다.[2]
비교적 費用이 적게 들고 相對方으로 하여금 그의 費用으로 자신
의 被用者나 代理人 등을 상대로 기초적인 事實 調査를 하도록 유
도할 수 있다는 장점이 있는 반면에, 相對方이 자신의 辯護士와
미리 충분히 상의한 후 答辯하는 경우가 많으므로 미리 심사숙고
할 기회를 제공할 뿐만 아니라 애매하거나 불성실한 答辯을 할 可
能性이 높은 단점도 있다.[3] 또한 여러 種類의 事件 類型別로 미
리 作成되어 있는 質問書 書式이 있기 때문에 辯護士들이 장황하
고 쓸모 없는 질문을 남발하는 경향이 있어 이를 접한 相對方은
異議와 회피적인 答辯으로 일관할 뿐만 아니라,[4] 그 동안 會社關

---

1) 日本은 1998년 民事訴訟法에서 이 質問書制度에 뿌리를 둔 '當事者照會制
度'를 채택했다(일본 민사소송법 제163조). 이것은 法院의 관여 없이 직접 當
事者간에 조회 및 회답을 하는 제도이다. 當事者는 소송계속 중 변론준비에 필
요한 사항에 관하여 相對方에게 기간을 정해서 照會書를 송부하고, 相對方 當
事者는 상당한 기간 내에 書面으로 회답하는 형식으로 이루어진다. 照會가 상
대방 당사자에 대하여 강제력이 있는 것은 아니지만, 적법한 조회가 있는 이상
회답할 의무가 있다. 正當한 理由 없이 회답을 하지 아니하거나 虛僞의 回答을
하면, 그로 인하여 증가된 소송비용의 부담을 명받거나 변론의 전취지로 불리
한 판단을 받을 수 있다: 中野貞一郎・松浦馨・鈴木正裕 編, 新民事訴訟法,
244(1998); 우리 나라에서는 이번 改正案을 마련하는 과정에서 개정착안점의
하나로 이 制度의 도입이 제시되었으나 濫用의 우려가 있다는 주장이 제기되
어 채택되지 않았는데, 개정안에 대한 公聽會에서 다시 이 제도의 도입을 검토
하자는 주장이 있었다: 법원행정처, 민사소송법 개정안(소송절차편) 공청회,
179~181(1998).
2) Haydock et. al., op. cit. at 4:3.
3) Mullenix, op. cit. at 324.
4) 이로 인하여 다른 開示方法과 비교하여 상대적으로 이 質問書를 둘러싼 當

係 訴訟 등 비교적 크고 복잡한 訴訟의 경우에는 상상을 초월할 정도로 많은 양의 質問을 강요하여 업무에 지장을 주는 등[1] 質問書가 濫用되는 開示方法의 전형처럼 간주되어 왔기 때문에 補完策에 대한 論議가 무성하여 93년 개정시 法院의 特別한 事前 許可가 없는 한 質問의 세부항목이 25개 항을 초과할 수 없도록 改正되었다. 그리고 전술한 바와 같이 93년 개정시 基礎的 情報를 의무적으로 交換하도록 規定되었기 때문에 사용빈도가 높은 편이던 이 質問書에 의한 方法을 活用할 必要性이 그만큼 감소하였다고 볼 수 있다.

(2) **運用 形態**

質問書는 法院의 事前 裁可를 필요로 하지 않으며, 통상 우편으로 相對方에게 보내진다.

相對方은 質問書를 송달 받은 후 原則的으로 30일 내에 答辯書를 보내야 하는데(F.R.C.P. 제33조 (b)(3)), 답변시 이미 알고 있던 것뿐만 아니라 합리적인 調査를 통하여 획득될 수 있는 범위내의 것까지 밝혀야 한다. 이 점에서 답변시 알고 있는 대로만 答辯하면 되는 '證言調書'와 다른데, 이 때문에 當事者가 회사를 비롯한 法人이라면 그 종업원 등의 구성원들에게 질문받은 사실을 확인해야 한다.[2] 그러나 질문에 답하기 위하여 당해 사실과 상관

事者간의 紛爭이 빈번한 편인데, 開示要求에 대한 異議 건수의 과반수 이상, 그리고 開示要求를 관철하기 위한 申請의 3분의 2 이상이 質問書를 둘러싼 것이라는 연구결과도 있다: Charfoos & Christensen, Interrogatories: How to Use Them Effectively in Personal Injury Cases, 22 Trial 56(June 1986).

1) 한 事件에서 2,736개의 질문을 하여 그 答辯에 무려 24,000달러의 費用이 소요된 事例: In re U.S. Fin. Sec. Litig., 74 F.R.D. 497(S.D.Cal. 1977).

2) International Assn. of Machinists, Dist. v. Amana Refrigeration, 90 F.R.D. 1(E.D.Tenn. 1978).

없는 제 3 자에게 질문하거나 제 3 자 소유의 서류를 입수하는 등
의 調査活動을 해야 할 義務까지는 없으며,[1] 質問받은 사실에 대
하여 모르고 달리 事實을 확인할 方法이 없다는 答辯으로 충분하
다는 判例도 있다.[2] 事實을 알고도 밝히지 않은 경우뿐만 아니라 적
절한 調査를 게을리한 사실만으로도 法院의 制裁를 받을 수 있다.[3]

答辯은 선서하에 각 질문에 대하여 개별적이고도 충분하게
이루어져야 하며, 書面으로 해야만 한다(F.R.C.P. 제33조 (b)(1)).
93년 개정에서 만약 答辯할 수 없는 부분이나 質問이 적절치 않
다고 생각되는 부분이 있으면 그 事由를 個別的이고도 具體的으
로 밝혀서 異議해야 한다고 명시되었고(F.R.C.P. 제33조 (b)(4)),[4]
異議에 대하여 질문자는 法院에 F.R.C.P. 제37조 (a)에서 規定하
는 答辯命令申請을 제기할 수 있다(F.R.C.P. 제33조 (b)(5)). 質問書
에 대한 答辯을 準備하기 위하여 相對方에게 상당한 時間과 努力,
費用의 지불을 강요한다는 사실이 適法한 異議 事由가 될 수는 없
으나,[5] 그것이 과도하게 부담스럽다고 判斷되는 경우에는 答辯을
강요할 수 없다.[6] 또 質問者가 당해 情報를 이미 알고 있다는 사

---

1) United States v. Pilot Fright Carriers, Inc., 54 F.R.D. 519(M.D.N.C.
   1972); Reichert v. United States, 51 F.R.D. 500(N.D.Cal. 1970).
2) Milner v. National School of Health Technology, 73 F.R.D. 628(E.D.Pa.
   1977).
3) Washington State Physicians Ins. Exch. and Assn. v. Fisons Corp., 122
   Wash. 2d 299, 858 P.2d 1054, 1079(1993).
4) 여러 개의 질문을 묶어서 한꺼번에 異議한 것이 부적법하다고 한 事例:
   Wurlitzer Co. v. USEEOC, 50 F.R.D. 421(N.D.Miss.1970).
   異議事由를 단지 부적절(improper)하다고 하는 것만으로는 적법한 異議
   로 볼 수 없다고 한 事例: Baxter v. Vick, 25 F.R.D. 229,233(E.D.Pa.1960).
5) Roseberg v. Johns-Manville Corp., 85 F.R.D. 292(E.D.Pa. 1980).
6) Keinz v. Anheuser-Busch, Inc., 15 F.R.D. 242(N.D. Ill. 1954); Halder
   v. International Tel. & Tel. Co., 75 F.R.D. 657(E.D.N.Y. 1977).

실이 異議事由가 될 수 없다는 判例도 있다.[1]

答辯이나 異議에는 모두 作成者의 署名이 필요하다(F.R.C.P. 제33조 (b)(2)).

質問은 상술한 바와 같이 開示가 인정되는 一般的인 範圍 (F.R.C.P. 제26조 (b)(1)) 내라면 어떤 事項에 대한 것도 가능하며, 이에 대한 答辯은 證據法이 허용하는 한도 내에서 얼마든지 本案의 立證에 使用될 수 있다. 質問書는 그에 대한 答辯書에 事實關係를 넘어서서 意見이나 主張이 포함될 수 있다는 이유만으로 異議의 對象이 될 수 없고, 法院은 이러한 質問書에 대하여는 일정한도의 開示가 완료될 때까지나 辯論前 會合 기타 일정한 期限까지 答辯할 필요가 없다고 命令할 수 있다(F.R.C.P. 제33조 (c)).

(3) **營業記錄에 관한 特則**(option to produce business records)

質問에 대한 答辯이 영업기록으로부터 추출될 성질인 경우에 질문받은 當事者는 자신이 직접 調査하지 않고 그 答辯을 찾아 낼 수 있는 記錄을 특정하여 相對方에게 그 기록을 면밀히 調査함과 동시에 寫本을 만들거나 要約할 수 있는 機會를 제공하는 것으로 答辯에 갈음할 수 있다(F.R.C.P. 제33조 (d)). 이 때 그 記錄의 特定은 요구자가 기록을 찾아 내서 구분할 수 있도록 충분하고도 세밀하게 이루어져야 하며,[2] 判例 중에는 答辯해야 할 被告에게 原告가 기록을 調査하는 동안 그 書類에 대하여 잘 아는 자의 助力을 받을 수 있도록 조치할 義務가 있다고 판시한 것도 있다.[3]

---

1) Weiss v. Chrysler Motors Corp., 515 F.2d 449, 456(2d Cir. 1975).
2) Rainbow Pioneer No.44-18-04A v. Hawaii-Nevada Inv. Corp., 711 F.2d 902(9th Cir. 1983); In re Master Key Antitrust Litig., 5 F.R.D. 87(D. Conn. 1971).
3) Saddler v. Musicland-Pickwick Int. Co., 31 Fed. R. Serv. 2d 760, 762 (E.D.Tex. 1980).

2. 證言調書(deposition)

(1) 意 義

證言調書는 當事者가 他方 當事者나 第3者를 소환하여 宣誓하게 한 후 事實關係에 관한 質問을 하여 그 答辯을 받아 기재한 書類를 말하는데, 이 證言調書에는 當事者들이 陳述者(deponent)를 직접 訊問하여 그 陳述내용을 調書 形式으로 기재하는 口述訊問 證言調書(oral deposition)와 書面 質疑를 통하여 만들어지는 書面訊問 證言調書(written deposition)의 두 가지가 있다.[1] 證言調書는 가장 자주 이용하는 開示方法인데,[2] 이는 陳述者의 陳述內容에 따라 유·불리를 미리 확인하여 후일 그 陳述者를 法廷에서 證人으로 訊問할 것인지 여부를 決定할 수 있을 뿐만 아니라 法廷에서의 彈劾證據나 反對訊問 資料로 活用하는 것은 물론 한 번 행한 陳述 內容과 다른 陳述을 심리적으로 억제하는 등의 效用價値가 있고, 答辯 內容에 따라 狀況에 맞는 效率的인 質問을 구사하여 즉답을 要求할 수 있다는 점에서 質問書보다 證據價値가 높기 때문이다. 반면에 證言調書는 證人의 報酬와 旅費, 速記士와 公證人의 報酬 등 費用을 지출해야 하고 時間이 많이 소요되는 단점이 있다.[3]

---

1) 書面訊問 證言調書는 실무상 거의 使用되지 않을 뿐만 아니라 運用形態도 다르므로 (2)의 다항에서 간략히 다루기로 하고, 후술하는 內容은 모두 口述訊問 證言調書에 관한 것이다.

2) 1970년대에 이루어진 한 硏究調査 結果에 의하면 審理가 종결된 3,000건의 標本 事件 중 48%만이 開示方法을 使用하였고, 使用된 開示方法 중 무려 43%가 口述訊問 證言調書였다: P. Connolly, E. Holleman & M. Kuhlman, Judicial Controls and the Civil Litigative Process: Discovery 28~30 (1978).

3) Mullenix, op. cit. at 326: 이 외에 단점으로 相對方측에 유리한 證言을 할

다른 英美法系 國家에 비하여 開示方法의 使用에 있어 가장 큰 차이를 보이는 것이 이 證言調書이다. 즉, 英國의 경우 이 制度가 있기는 하나 극히 예외적인 경우에 法院의 事前 許可를 받아 시행하는 등 그 이용이 극도로 制限되어 있어 실제로는 거의 使用되지 않으며,[1] 오스트레일리아나 이스라엘에서는 當事者가 아닌 제 3 자에 대한 證言調書는 허용되지 않는다.[2] 우리 제도와 비교한다면 民事訴訟法 제281조의 2가 규정하는 '公正證書에 의한 證言'이 이와 유사해 보이나, 이는 입증내용 등을 고려하여 書面에 의한 陳述로도 충분하다고 인정될 때 證人의 출석·증언에 갈음하여 訊問事項에 대한 答辯을 기재한 公正證書를 제출하게 하는 것으로서, 원칙적으로 法院의 관여 없이 작성된다는 점에서는 유사하나 상대방 當事者측의 反對訊問이 이루어질 기회가 없다는 점에서 다르고, 무엇보다도 公正證書에 의한 證言은 본질적으로 비교적 간단한 사항에 대한 證人의 法廷에서의 證言을 대체할 수 있도록 하기 위해 마련된 것이나, 證言調書는 후술하는 바와 같이 특별한 사정이 인정되는 경우에만 證言을 대체하는 證據로 사용된다는 점에서 그 취지에 차이가 있다.

⑵ 運用 形態

가. 節次와 方法

證言調書는 原則的으로 法院의 許可 없이 當事者 사이에서

證人으로 하여금 證言 過程을 경험하게 하는 결과 陳述 內容과 요령에 대하여 學習할 기회를 제공한다는 점과 相對方에게 유리한 內容의 證言調書가 후일 그 陳述者가 法廷에서 직접 證言하지 않는 경우에 그대로 法廷에 현출될 可能性이 있다는 점 등을 추가하는 견해도 있다: Haydock et. al., op. cit. at 3:3〜4.

1) John Heaps & Kathryn Taylor, The Abuser Pays: The Control of Unwarranted Discovery, 41 NY. Law School L. Rev. 622(1997).

2) Gerald Walpin, op. cit. at 650.

節次를 進行할 수 있는데(F.R.C.P. 제30조 (a)(1)), 口述에 의한 證言調書는 要求 當事者가 실시 일자와 장소를 정하여 相對方에게 通知함으로써 시작된다(F.R.C.P. 제30조 (b)(1)). 실시장소는 法院일 필요는 없고, 통상 要求 當事者측 訴訟代理人인 辯護士나 相對方 辯護士의 사무실, 法院 事務員의 사무실 혹은 陳述者의 사무실 등에서 행하여진다.[1] 陳述者로 지정된 자가 當事者가 아닌 第3者일 경우에 그가 召喚 要求에 응하지 아니하면 法院 書記로부터 罰則附 召喚狀(subpoena)(F.R.C.P. 제30조 (1), 제45조)을 발부받을 수 있고, 그 제3자가 소지하고 있는 文書의 調査나 複寫가 필요한 경우에는 文書 持參 令狀(subpoena duces tecum)을 발부받을 수 있다(F.R.C.P. 제30조 (b)(1)). 正當한 事由 없이 이에 응하지 않는 자는 法廷 侮辱(contempt of the court)(F.R.C.P. 제45조 (e))으로 처벌받게 된다. 陳述者는 일정한 자격을 갖춘 담당자(deposition officer)[2] 앞에서 宣誓를 하고 마치 法廷에서 證言하는 것처럼 要

---

1) 이렇게 法院의 관여 없이 시행 일시·장소에 대하여 要求 當事者의 일방적 決定으로 進行되기 때문에 이를 둘러싸고 양 當事者간에 적대적인 관계가 形成될 경우가 적지 않다. 예컨대, 相對方이 참석하기 어려운 日時·場所를 선택하거나 오히려 相對方측이 이를 변경할 수밖에 없도록 만드는 方法 또는 직전에 연기를 통보하거나 예고 없이 약속장소에 나타나지 않고 사후에 변명을 하는 方法 등을 동원하여 相對方의 費用을 증가시키고 陳述을 방해하는 경우가 많다. Horner v. Rowan Companies, 153 F.R.D. 597(S.D.Tex. 1994)事件에서는 被告의 辯護士가 原告를 치료했던 내과의사에 대하여 證言調書를 作成한다고 原告 代理人에게 통보하고는 그 직전에 이를 취소하여 相對方의 불참을 유도한 후 證言調書 節次를 단독으로 進行하여, 이를 사후에 알게 된 原告 代理人의 申請에 의해 法院의 制裁를 받았다. 이러한 경우가 빈발하자 후술하는 바와 같이 93년 改正에서 최소한의 通報 期間을 規定하는 한편 이를 위반하는 경우 그 證言調書의 法廷提出을 制限하는 規定을 신설하였다. 후술하는 본항의 '7. 裁判節次에서의 使用' 참조.
2) F.R.C.P. 제28조 (a)에 의하여 宣誓를 받을 수 있는 자나 法院에 의해서 지정된 자 혹은 F.R.C.P. 제29조에 의한 當事者간의 약정에 의해 權限을 부여받은 자인데, 통상 公證人이면서 速記士인 사람이 지정된다.

求 當事者의 訊問과 他方 當事者의 反對訊問에 답하고(F.R.C.P. 제30조 (c)), 그 質問과 答辯이 녹취 담당자에 의하여 기록된다. 이 質問과 答辯은 原則的으로 같은 場所에서 행하여져야 하지만, 양 當事者간에 合意가 되거나 法院의 事前 許可가 있는 경우에는 전화뿐만 아니라 위성TV와 같은 원격전자장비를 使用하여 행할 수 있도록 93년 改正에서 명시되었다(F.R.C.P. 제30조 (b)(7)). 이 때 이 質問과 答辯은 통상 速記士에 의해 녹취되지만 최근에는 비디오를 이용하는 事例가 늘게 되어 93년의 改正에서 일방 當事者의 要求에 의하여서도 비디오의 使用이 가능하도록 명시되어, 결국 80년과 93년의 두 차례 개정을 거치면시 法院의 同意는 물론 양 當事者의 合意도 필요 없게 된 것이다(F.R.C.P. 제30조 (b)(2)(3)(4) 참조). 그런데 이렇게 進行되는 節次가 判事의 관여 없이 이루어지기 때문에 進行중에 問題點이 발생하는 경우 그 解決方法이 문제된다. 그래서 이에 관한 규율이 필요한데, 원칙적으로 陳述人의 資格이나 陳述의 內容과 관련된 '實體的 事項'을 제외한 '節次上의 問題'는 즉시 異議하지 않는 한 이의자격을 상실하는 것으로 規定하고 있다. 즉, 證言調書의 시행에 관한 通知에 문제가 있는 경우에는 즉시 書面에 의한 異議가 이루어지지 않는 한 이의자격을 상실하고, 담당자의 자격에 관하여 시비가 발생한 경우에는 調書 작성 이전이나 資格에 문제가 있음을 알 수 있었던 때 즉시 異議하지 않으면 역시 이의자격을 상실한다. 그리고 口述 訊問과 관련하여서는 調書의 作成方式이나 宣誓와 質問, 答辯의 形式, 양 當事者의 적절하지 못한 行動 등 즉시 이의하면 치유될 수 있는 問題點은 그 進行過程에서 시의적절한 異議가 이루어지지 않으면 이의자격을 상실한다. 그러나 陳述人의 資格, 陳述과

訴訟上 請求와의 關聯性 등 法院의 判斷을 요하는 事案에 대하여
는 그 성질상 즉시 해결되어야만 할 것이 아닌 한 節次進行중에
이의하지 않았다는 이유로 異議資格을 상실하지 않는다(F.R.C.P.
제32조 (d)(1)(2)(3)).

證言調書가 완성되면 陳述者가 받아 보고 확인한 뒤 署名을
하고 擔當者(deposition officer)가 다시 받아 確認·署名한 후 봉
함하여 訴訟이 계속되는 法院에 提出한다(F.R.C.P. 제30조 (e)(f)).

이렇게 作成된 證言調書는 후일 裁判期日에서 그 陳述者가
證人으로서 모순되는 證言을 할 때 彈劾證據로 使用될 수 있는 것
은 물론 그 陳述者가 證言하지 못할 사정이 생긴 경우, 즉 ① 死
亡했거나, ② 法廷으로부터 100마일 이상 원격지 또는 외국에 거
주할 때, ③ 고령, 질병, 병약, 수감생활 등으로 출석할 수 없을
때, ④ 罰則附 召喚狀으로도 소환이 不可能할 때, ⑤ 法廷에서 구
두로 證言하는 것이 바람직하지 않은 사정이 인정될 때에는 어느
當事者도 證據로 使用할 수 있다(F.R.C.P. 제32조 (a)).[1]

나. 法院의 介入

證言調書 使用의 濫用을 방지하기 위하여 1993년 개정시에
몇 가지 制限이 가하여졌는데, 즉 證言調書의 陳述者가 출국 예정
이라는 등의 特別한 事由를 근거로 法院의 許可를 얻지 않는 한

---

[1] 證言調書를 法廷에서 證據로 提出하는 方法이 매우 특이한바, 裁判長이 陪
審員들에게 證言調書의 槪念, 作成 경위, 그 作成者가 직접 證言하지 못하는
事情 등을 說明한 후 읽어 내려 가도록 한다. 이 때 보통 訴訟代理人이 質問
부분을 읽고 答辯 부분은 證言席에 앉은 法院 職員이나 자기 사무실의 事務員
에게 읽도록 하는데, 이것은 지루하게 반복되는 質問과 答辯으로 陪審員들이
흥미를 잃지 않도록 배려할 필요가 있기 때문이다. 흔히 說得力을 구비하기 위
하여 실감나게 읽을 것이 要求되며, 相對方 代理人의 요청에 의해 答辯을 읽는
자를 中立的인 第 3 者로 변경하는 경우도 있다: Haydock et. al., op. cit. at
3:130~132.

當事者들이 최초의 開示會合을 가지기 전에 만나는 事前準備會合을 이행하기 이전에는 證言調書를 作成할 수 없으며(F.R.C.P. 제26조 (d), 제30조 (a)(2)(C)), 原·被告 누구도 法院의 事前 許可 없이 證言調書를 10개 이상 作成할 수 없고(F.R.C.P. 제30조 (a)(2)(A)), 한 번 證言調書를 作成한 자에 대하여 法院의 許可 없이 다시 중복하여 證言調書를 作成할 수 없다(F.R.C.P. 제30조 (a)(2)(B)).

證言調書 作成過程에서 當事者나 辯護士는 陳述者에게 答辯을 거부하도록 要求할 수 있는 경우가 있다. 즉, 상술한 特權 혹은 免責 事項에 해당될 경우이거나 法院에 의해 이미 制限이 許可되었을 때, 그리고 質問이 지나치게 악의적이거나 억압직인 경우에 法院의 保護命令을 받기 위하여 答辯拒否를 지시할 수 있다(F.R.C.P. 제30조 (d)(1) 후문). 그러나 이렇게 한정된 경우를 제외하고는 陳述에 부당하게 介入할 수 없으며, 필요한 사정이 있어 陳述에 개입하는 경우에도 簡明하고도 論爭的이지 않게 그리고 暗示的이지 않은 方法으로 해야 한다(F.R.C.P. 제30조 (d)(1) 전문). 그리고 이렇게 適切하지 못한 介入으로 인하여 節次가 방해를 받아 遲延되는 경우에 法院은 그로 인하여 增加된 費用을 責任 있는 자에게 부담하도록 하는 制裁를 가할 수 있다(F.R.C.P. 제30조 (d)(2)). 이는 그 동안 證言調書 作成過程에서 교묘한 方法으로 陳述者의 陳述內容을 유도하거나 방해하는 경우가 적지 않았기 때문에 93년의 개정에서 추가된 規定이다.[1]

다. 書面訊問 證言調書

書面訊問에 의한 證言調書는 質問하는 辯護士가 訊問 現場에 함께 있지 않고 質問書를 미리 담당자(deposition officer)에게 보

---

1) F.R.C.P. 제30조 (d)에 관한 advisory committee notes.

내서 그 담당자가 質問書를 낭독하면서 答辯을 녹취하는 方法으로 만들어진다. 反對訊問 事項 역시 質問書를 미리 받아 본 相對方 當事者가 담당자에게 보내서 낭독하게 한다(F.R.C.P. 제31조). 이 方法은 다투어지지 않는 爭點이나 일상적인 情報를 얻기 위한 경우 이외에는 그다지 使用되지 않고 있는데, 그 이유는 비록 辯護士 報酬 등의 費用을 절약할 수는 있겠지만 陳述者의 答辯에 상응하는 즉각적인 補充質問을 할 수 없어서 그 效果가 사실상 質問書와 다를 바 없기 때문이다.[1]

3. 文書 및 기타 物件의 提出과 調査 要求(production of documents and things and entry upon land for inspection and other purposes)

一方 當事者는 相對方 當事者에 대하여 그가 소유, 보관, 관리하는 文書 기타 有形物을 지정하여 提出을 요구함으로써 謄寫 및 調査를 할 수 있고,[2] 相對方 當事者가 소유하거나 관리하는

---

1) Friedental et. al., op. cit. at 400; Mullenix, op. cit. at 330.
2) 우리 民事訴訟法 改正案은 文書所持者에 대한 文書提出義務를 擴大하고 당사자간에 文書 情報를 公開하도록 하는 장치를 마련하였다. 이는 기존의 文書提出命令制度가 증거의 편재 현상을 시정하는 데 기대한 만큼의 기능을 해 오지 못하였다는 평가(정동윤, 민사소송법, 549(1998); 이시윤, 민사소송법, 612(1999))에 터잡아 相對方으로부터 證據를 이끌어 내는 것을 보다 용이하게 하기 위하여 마련된 것이다. 이로써 상대방 당사자가 가지고 있는 文書를 제출 받아 證據로 사용하는 것이 용이하게 되고, 더욱이 文書提出命令申請을 위하여 필요한 文書 情報까지도 얻을 수 있게 되어 증거의 편재로 인한 立證의 不公正을 극복할 가능성이 높아지게 되었다. 우리 改正案은 이 제도의 實效性을 保障하기 위하여 법원의 명령에 따르지 않는 경우 法院은 文書에 관한 상대방의 主張을 진실한 것으로 인정할 수 있다고 규정하고 있으나, 文書의 소지자가 불리한 文書의 내용이 공개되는 것보다 불제출로 인하여 문서의 내용을 모르는 相對方이 입게 될 不利益이 더 크다고 판단할 경우에는 사실상 文書의 提出을 강제할 방법이 없으므로, 이런 경우에 대비하여 보다 강력한 制裁

부동산 기타 재산에 調査 및 사진촬영 등을 目的으로 出入할 수 있도록 용인할 것을 要求할 수 있다(F.R.C.P. 제34조 (a)).

要求 當事者는 目的物을 식별 가능하게 특정하여 조사할 日時, 場所, 調査方法 등을 합리적으로 지정하여야 한다(F.R.C.P. 제34조 (b)). 이 때 法院의 許可가 없으면 상술한 F.R.C.P. 제26조의 (d)가 정하는 일시 이전에는 이 要求를 할 수 없다. 1970년 改正 이전에는 要求 當事者측이 正當한 事由가 있음을 소명하여 法院의 命令을 얻어 내야 했으나, 지금은 그럴 필요가 없다. 要求를 받은 當事者는 30일 내에 요구받은 內容대로 응할 예정임을 要求 當事者에게 통보하여야 하고, 만약 要求에 응할 의사가 없으면 異議를 하거나 法院에 保護命令을 申請할 수 있다. 部分的인 異議도 가능하지만 이의 부분을 반드시 具體的으로 特定해야 하며, 이 때도 나머지 부분에 대하여는 節次가 進行된다(F.R.C.P. 제34조 (b)). 통상 양측 代理人들간에 提出이나 調査의 日時·場所·範圍·方法에 대하여 協議가 이루어지며, 要求 當事者의 代理人이 相對方 代理人의 사무실에서 調査하고 複寫하는 경우가 많다.[1]

訴訟當事者가 아닌 第 3 者도 罰則附 召喚狀(subpoena)을 통

措置가 마련되어야 할 것이다.

　이 제도가 도입되면 '義務的 開示情報의 交換'(mandatory informal exchange of information)에 의하여 문서에 관한 정보를 얻고 이를 토대로 '文書의 提出 要求'를 하는 미국의 제도와 매우 흡사한 형태가 되는바, 다만 미국에서는 情報의 公開가 자동적으로 이루어질 뿐만 아니라 원칙적으로 法院의 介入 없이 당사자 사이에서 문서제출이 이루어지나 우리 나라에서는 當事者의 '문서정보공개신청'과 '문서제출명령신청'에 따라 法院이 명령을 발함으로써 가능하다는 차이가 있다. 미국의 경우에는 후술하는 바와 같이 法院의 開示命令에 따르지 않는 당사자에 대하여는 裁判 結果에 있어 결정적인 不利益을 주는 등의 제재가 가능하다.

1) Mullenix, op. cit. at 331.

하여 提出이나 調査에 응하는 것이 강제될 수 있다(F.R.C.P. 제34
조 (c), 제45조). 이 때 辯護士도 자신이 속한 法院을 대신하여 罰
則附 召喚狀을 발부할 수 있는데, 이렇게 할 때는 召喚狀을 받는
자에게 부당한 負擔이나 經濟的 支出을 강요하지 않도록 배려해
야 하며, 이를 위반할 경우 制裁를 받는다(F.R.C.P. 제45조 (a)(3),
(c)(1)). 1991년 이전에는 第3者가 소유하는 文書 기타 物件에 대
한 調査는 오직 별개의 訴訟을 통한 方法이나 證言調書와 연계하
여 文書 持參 令狀(subpoena duces tecum)을 발부받는 方法으로
만 가능했는데, 91년 改正에서 이 方法을 신설한 것이다.

그러나 第3者를 保護하기 위한 裝置도 있다. 즉 상술한 요구
를 받은 第3者는 法院의 命令에 의하여 證言調書 作成이나 辯論
期日에서의 證言 등을 要求받지 않은 한 지정된 장소에 출두하지
않아도 무방하며, 召喚狀 송달일로부터 14일 이내에 書面으로 異
議를 제기할 수 있다. 異議가 제기되면 要求 當事者는 法院의 命
令을 받아야만 하는데, 法院은 이 命令을 발함에 있어 當事者나
當事者의 피용자가 아닌 第3者가 당해 提出 要求와 調査 活動으
로 인하여 과도한 지출을 하지 않도록 배려해야만 한다(F.R.C.P.
제45조 (c)(2)(A)(B)). 그리고 法院은 罰則附 召喚狀이 적절한 시간적
여유 없이 발급된 경우나 지나치게 장거리(100마일 이상)이동을
강제하는 경우, 또는 特權·免責 事項의 開示를 要求하는 경우 등
第3者에게 과도한 부담을 강요할 때에는 그 罰則附 召喚狀을 취
소하거나 內容을 修正할 수 있다(F.R.C.P. 제45조 (c)(3)). 그러나
알라바마주 등 第3者에게 文書의 提出을 강요하는 것을 금하는
주도 많다.[1] 한편 그 第3者가 전문지식을 갖춘 第3者일 경우에

---

1) Ibid. at 332.

는 어느 일방의 當事者에 의해 고용되지 않았어도 그 專門家의 실
질적 必要性과 다른 方法으로는 그에 상응하는 資料를 획득하는
것이 不可能하다는 점이 소명되면 法院은 적절한 반대급부의 지
급 등 일정한 조건하에 협조를 명할 수 있다.

요구에 응하는 當事者가 要求 當事者를 혼란에 빠뜨리려고
술책을 부리는 것[1]을 막기 위하여, 文書를 제공할 때 기존의 保
存狀態나 要求된 狀態대로 제공할 것을 義務化하고 있는데(F.R.C.
P. 제34조 (b)), 이 때 書類를 요구받은 대로 분류하는 데 소요되는
費用은 要求 當事者측이 부담한다.

4. 身體鑑定(physical and mental examinations of persons)

當事者 本人이나 當事者의 法的 保護하에 있는 者의 精神的·
身體的 狀態(혈액형 포함)가 爭點이 될 경우, 訴訟이 계속중인 法
院은 그 當事者에게 적법하게 자격을 갖춘 자에 의한 身體鑑定에
응하게 하거나 當事者의 보호하에 있는 자로 하여금 身體鑑定에
응하도록 조치할 것을 명할 수 있다. 이러한 命令을 받아 내기 위
해서는 申請 當事者가 正當한 事由(good cause)를 소명해야 할 뿐
만 아니라 檢査받을 者 및 相對方 當事者에게 事前에 通知를 해야
한다. 法院은 身體鑑定을 명할 때 鑑定의 日時, 場所, 方法, 條件,
鑑定의 範圍, 鑑定人 등을 특정해야 한다(F.R.C.P. 제35조 (a)).

다른 開示方法과는 달리 法院의 命令을 필요로 하고 正當한

---

1) 주로 많은 양의 무관한 書類와 뒤섞어 제공함으로써 필요한 부분을 감추는
수법이 동원되는데, 사진복사물과 영수증을 提出하라는 要求에 대하여 전화번
호부와 비행기 기내잡지 등이 뒤섞인 8박스의 書類를 提出하여 法院의 制裁를
받은 事例도 있다: Schwarz v. Marketing Publishing Co., 153 F.R.D. 16(D.
Conn. 1994).

事由를 소명하도록 한 것은 인권침해적 요소가 있는 方法이기 때문인데, 身體鑑定이 자주 이루어지는 身體損傷으로 인한 損害賠償 請求事件의 경우에는 被告가 이전에 독자적으로 原告의 狀態를 분석할 기회가 없었다는 정도만 소명하여도 正當한 事由가 있는 것으로 볼 정도로 形式化되었다고 한다.[1] 그러나 被告가 原告의 상태에 대하여 알 수 있는 다른 方法이 있음에도 身體鑑定을 請求하는 경우는 正當한 事由가 인정되지 않는다는 判例가 있다.[2]

피검사자인 當事者는 申請 當事者에게 身體鑑定 結果의 提供을 요구할 수 있고, 이것을 일단 받아 본 피검사자는 相對方의 제공요청이 있으면 鑑定의 對象이 된 事項에 관하여 자기가 가지고 있던 그 이전의 진단결과를 相對方에게 제공해야 한다(F.R.C.P. 제35조 (b)(1)). 身體鑑定 結果를 요청하여 받아 본 피검사자는 醫師·患者간의 特權을 상실한다(F.R.C.P. 제35조 (b)(2)).

그런데 실제로는 양 當事者간의 약정에 의하여 身體鑑定이 이루어지는 경우가 많은데, 이 경우 明示的인 排除 規定이 없는 한 상술한 內容이 그대로 適用되며, 다만 法院의 命令이 필요 없을 뿐이다(F.R.C.P. 제35조 (b)(3)).

5. 自白의 要求(requests for admission)

一方 當事者는 원칙적으로 法院의 許可 없이도 他方 當事者에 대하여 일정한 事實關係나 그 事實關係에의 法律 適用, 文書의 眞正成立 여부에 대한 陳述이나 意見(statements or opinions of fact or of the application of law to fact, including the genuineness

---

1) Mullenix, op. cit at 334.
2) Ceider v. Sneider, 243 Ga. 642, 256 S.E.2d 335(1979).

of any documents) 등에 대하여 인정하는지를 書面으로 질의할 수 있고, 相對方이 이에 인정한다고 答辯하거나 30일 내에 異議하지 않으면 質問한 內容을 自白한 것으로 되어 다툼이 없는 사실로 정리된다(F.R.C.P. 제36조 (a)). 이 方法은 開示制度 중 가장 드물게 使用되는 方法으로서, 엄밀히 말하면 새로운 사실을 밝혀 내는 것보다는 爭點을 좁혀 가는 機能을 하는 셈이며, 결국 다툼 없는 사실에 대한 立證의 필요를 제거함으로써 訴訟促進에 기여한다.

自白要求를 받은 當事者는 質問받은 사실 하나하나에 대하여 具體的으로 인정하는지 부인하는지를 밝혀야 하는데, 답변을 거절하는 경우에는 그 이유를 싱세히 說明하여야 하고, 合理的인 調査를 했음에도 答辯하기에 충분한 事實關係를 확인하지 못한 경우를 제외하고는 情報의 부족을 이유로 答辯을 거절할 수 없다. 相對方으로부터 인정 여부에 대한 答辯을 받은 要求 當事者는 그 答辯이 충분하지 못하다고 判斷될 경우에 法院에 보완적인 조치를 요구하는 申請을 할 수 있고, 法院은 이에 答辯이나 修正答辯을 명하거나 나아가 사실을 인정한 것으로 간주할 수도 있다. 또, 즉각적인 判斷을 내리지 않고 辯論前 會合 기타 특정한 일시까지 答辯을 연기시키는 決定을 할 수도 있다(F.R.C.P. 제36조 (a)).

相對方이 일단 自白한 事實關係는 法院이 當事者의 申請에 의하여 自白의 撤回나 修正을 인정하지 않는 한 다툼이 없는 事實로 굳어지는데, 自白의 撤回나 修正은 正當한 事由(good cause)가 소명되지 않는 한 인정되지 않는다. 다툼이 없는 事實로 인정된 答辯의 效力은 계속중인 당해 訴訟에 한해서만 미치고 다른 訴訟에는 미치지 않는다(F.R.C.P. 제36조 (b)).

6. 開示 및 答辯의 補充(supplementation of disclosures and responses)

當事者는 事前開示節次에서 開示했던 資料들을 補充·訂正할 義務가 있다. 이 부분에 관해서는 93년도에 주로 혼란을 야기하는 표현을 修正하기 위하여 改正되었다.

(1) 상술했던 바와 같이 93년 개정시 訴訟 초기단계에서의 일정한 開示情報의 交換을 義務化했는데, 當事者는 이 規定에 의하여 開示했던 事項에 대하여 補充·訂正할 義務를 부담한다. 즉 開示 後에 事實關係에 있어 불충분하거나 부정확한 부분이 있다는 사실을 알게 되고 開示節次나 準備書面을 통해서도 추가적인 정확한 情報가 相對方에게 전달되지 않은 경우에는 이를 補充·訂正해야 하는 것이다. 또 本案節次에서 證據로 提出될 예정인 專門家 證人의 人的事項 및 그가 署名한 書面 報告書도 開示義務 대상인바, 이 역시 補充의 對象이 된다(F.R.C.P. 제26조 (e)(1)). 이로써 마지막 開示 이후에도 변경된 事項이 없다는 사실을 확인하기 위하여 재차 開示要求를 반복할 必要性이 제거되는 것이다.

(2) 상술했던 여러 가지 開示方法을 통하여 開示되었던 情報에 대하여도 같은 義務가 인정된다. 즉, 質問書나 文書의 提出要求, 自白의 要求에 부응하여 이루어진 答辯 內容에 대하여도 시기 적절하게 補充·訂正해야 한다(F.R.C.P. 제26조 (e)(2)).

(3) 93년 改正 이전에는 이 義務를 다하지 않은 경우에 관한 制裁方法에 대하여 적절한 規定이 없었기 때문에 이를 신설하였다. 즉, 正當한 事由 없이 開示義務나 補充·訂正 義務를 다하지

않은 當事者는 해당 證據를 法廷에 提出할 수 없을 뿐만 아니라, 이에 더하여 辯護士 費用 등 그로 인하여 증가된 費用을 부담하는 經濟的 制裁까지 당할 수 있다(F.R.C.P. 제37조 (c)(1)).

7. 裁判節次에서의 使用

開示된 資料를 辯論에서 使用할 수 있는 範圍에 관하여는 해당 부분에서 언급했던 바와 같이 F.R.C.P.에 規定되어 있다. 즉, F.R.C.P. 제32조의 (a)는 證言調書의, 제33조의 (c)는 質問書에 대한 答辯의, 제36조의 (b)는 自白要求에 따라 自白된 事實關係의 각 效力에 대하여 規定하고 있나. 이외에 開示節次에 의해 蒐集된 資料는 聯邦 및 州의 證據法規에 의하는데, 聯邦證據規則[1]은 비록 相對方 當事者가 法廷에서 證言을 했더라도 開示內容 중의 相對方 當事者 陳述 部分을 證據로 提出할 수 있으며, 회사나 조합, 정부기관의 직원이나 공무원, 대리인이 자신이 속한 조직을 대신하여 陳述한 事項은 相對方 當事者가 항상 使用할 수 있다고 規定하고 있다. 또, 開示節次에서 행한 陳述이 法廷에서의 證言과 불일치하는 경우 당연히 그 證言을 탄핵하기 위하여 使用될 수 있다. 그리고 證言調書의 陳述者가 사망, 원격지 거주, 고령, 질병, 수감생활 등의 事由로 證言할 수 없을 때 그 證言調書를 法廷에서 낭독하는 方法으로 法廷에 현출시킬 수 있는데, 이것은 傳聞證言이나 法廷 외에서의 陳述을 法廷에서 證據로 이용하지 못하게 하는 證據法上의 原則에 대한 例外임을 의미하는 것이다.[2]

開示方法을 法廷에서 使用하지 못하게 하는 몇 가지 制限이

---

1) Federal Rules of Evidence 제801조 (d)(2).
2) Friedental et. al., op. cit. at 421, Mullenix, op. cit. at 337, 338.

있다.

첫째, 證言調書는 그 作成시 相對方 當事者가 참여하지 못한 상태에서 作成된 경우나, 作成時點 11일 이전에 통지받지 못하여 준비 부족을 이유로 작성 일시를 변경해 달라는 취지의 保護命令을 구한 시점에서 作成된 것은 法廷에서 使用할 수 없다. 또, 證人이 法廷에 나오지 않도록 유도한 자는 그 證人의 證言調書를 證據로 使用할 수 없다(F.R.C.P. 제32조 (a)(3)).

둘째, 質問書에 대한 자기 자신의 答辯을 證據로 使用할 수 없다. 이것은 質問書를 장황한 자기변명의 手段으로 삼는 것을 배제하려는 취지의 證據法上의 原則에 기한 것이다.[1]

셋째, 自白의 要求에 따라 自白된 事項의 裁判上 效力은 계속 중인 당해 訴訟에 한하며, 法院이 그 當事者의 申請에 따라 自白의 撤回나 修正을 인정하지 아니하는 한 다툼이 없는 事實로 굳어진다고 함은 전술하였다(F.R.C.P. 제36조 (b)).

제 5 항 事前開示에 대한 法院의 介入과 制裁

1. 法院介入의 必要性

事前開示節次는 원래 法院의 관여 없이 當事者들에 의하여 자율적으로 進行되는 것을 전제로 한다. 상술한 바와 같이 身體鑑定을 제외한 質問書나 證言調書, 文書의 提出要求, 自白의 要求 등이 모두 法院의 事前 指揮를 받지 않는 것을 原則으로 한다. 그러므로 開示要求를 받은 當事者가 積極的으로 開示節次에 협조하

---

1) Callaway v. Perdue, 238 Ark. 652, 385 S.W. 2d 4(1960), Great Plains Supply Co. v. Mobil Oil Co., 172 N.W. 2d 241, 253(N.D. 1969).

지 않는 한 節次가 매끄럽게 進行되지 못할 것이고, 現實的으로 訴訟이 開示된 時點에서 相對方 當事者의 자발적인 協助를 기대 하는 것은 어려운 것이 사실이다. 그래서 적법하게 이루어진 開示 要求도 相對方의 無視나 異議, 遲延戰術 심지어 積極的인 妨害에 직면할 可能性이 많으며, 이러한 경우에는 法院의 介入이 필요하 게 된다. 그러나 이러한 法院의 介入은 開示節次의 進行에 문제가 발생한 후 當事者가 法院에 開示를 강제해 달라고 하는 內容의 申 請을 제기해야 비로소 이루어진다(F.R.C.P. 제37조 (a)). 이 때 相 對方 當事者를 상대로 하는 申請의 경우에는 訴訟이 계속중인 法 院에 申請하면 되지만, 當事者가 아닌 第3者를 상대로 하는 경우 에는 그 開示節次가 進行되는 장소를 관할하는 法院에 申請하여 야 한다(F.R.C.P. 제37조 (a)(1)).

2. 制裁의 種類

法院이 開示를 강제하는 命令을 내렸음에도 불구하고 當事者 가 이에 응하지 아니하는 경우에 法院은 후술하는 다양한 制裁方 法 중 강제된 開示의 內容과 이에 응하지 않는 理由에 상응하는 가장 적절한 制裁方法을 골라 適用할 수 있다. 즉, 制裁를 가하기 전에 반드시 命令의 內容을 통지해야 하며, 制裁를 가할 때에도 當事者의 行爲에 비해 지나치게 과도한 制裁는 피하는 것이 適法 節次의 原理에 부합하는 것이다. 따라서 開示命令이나 保護命令 에 대한 불응이 단순한 과실에 의한 것인지 고의적이거나 악의적 인 것인지에 따라 制裁의 內容이 달라진다.

(1) 判決결과의 不利益

開示制度의 濫用이 극심한 경우에는 本案에 영향을 미칠 수 있다. 原告의 행위에 濫用이 있다면 訴를 却下(dismissing the action)할 수 있고, 被告의 경우라면 더 이상의 本案 審理를 거치지 않고 原告 勝訴의 宣告를 하는 懈怠 判決(default judgement)을 할 수 있다(F.R.C.P. 제37조 (b)(2)(C)). 이 制裁方法은 當事者에게 매우 가혹하므로 일반적으로 法院의 반복되는 開示命令에도 불구하고 이를 이행하지 않는 경우 등 매우 도발적인 경우에 한정되어 適用된다.[1] 그러나 고의로 法院을 오도할 可能性이 있는 開示 情報를 제공하거나 僞造된 文書를 提出하는 등 當事者의 행위가 악질적일 경우에는 반드시 반복적일 것을 요하지 않는다.[2]

(2) 法廷侮辱(contempt)

法院의 開示命令이 있었음에도 불구하고 이에 불응하는 경우

---

1) 質問書에 대한 答辯과 文書의 提出을 명하는 法院의 반복되는 開示命令을 무시하여 142,500달러를 請求하는 事件에서 原告 勝訴의 懈怠判決이 宣告된 事例: Affanato v. Merrill Bros., 547 F.2d 138, 141(1st Cir. 1977); 證言調書 작성시에 고의적으로 나타나지 않고 文書提出 開示命令에도 불응하여 285,000달러의 지급을 명하는 原告 勝訴의 懈怠 判決이 宣告된 事例: Paine, Webster, Jackson & Curtis, Inc. v. Inmobiliaria Melia de Puerto Rico, Inc., 543 F.2d 3(2d Cir. 1976), cert. denied, 430 U.S. 907(1977).

2) 當事者가 計劃的으로 開示事項에 관하여 訴訟代理人인 辯護士를 속인 결과 法院까지 속게 된 사실을 抗訴審 法院이 확인하고 原告의 訴를 却下한 事例: Independent Investor Protective League v. Touche Ross Co., 607 F.2d 530 (2d Cir. 1978); 反獨占 訴訟에서 原告와 그 代理人이 고의로 不法的인 리베이트 지급사실을 부인하고 그 로펌에서 文書提出 開示命令에 대하여 積極的인 妨害活動을 벌인 사실이 밝혀져서 原告의 訴가 却下된 事例: Wyle v. R. J. Reynolds Indus., Inc., 709 F.2d 585(9th Cir. 1983); 原告의 文書提出要求에 대하여 被告가 위조된 文書를 提出하자 原告 勝訴의 懈怠 判決을 宣告한 事例: Professional Seminar Consultants, Inc. v. Sino Am. Tech. Exch. Council, Inc., 727 F.2d 1470(9th Cir. 1984).

에는 法廷侮辱에 따른 制裁를 가할 수 있는데, 이는 法院의 命令에 따를 때까지 命令에 불응한 자를 拘禁하거나 罰金을 부과하는 方法으로 행하여진다(F.R.C.P. 제37조 (b)(2)(D)). 단, 身體鑑定을 명하는 開示命令에 불응한다는 이유로 구금을 명할 수는 없다(F.R.C.P. 제37조 (b)(2)(D), (E)).

이 方法은 매우 가혹할 뿐만 아니라 유효한 開示命令을 위반하였는지의 여부에 관하여 다툼이 있는 경우 별도의 證據聽聞節次(evidentiary hearing)를 거쳐야 하는 경우가 있기 때문에 法院에 의해 자주 使用되지는 않으며, 法院으로서는 상술한 訴 却下判決이나 懈怠 判決을 선호하는 경향이 있다.[1]

그러므로 결국 이 方法은 다른 制裁方法을 適用하기가 어려울 뿐만 아니라 그것으로는 실효성이 적은 경우에 使用되는데, 예컨대 訴訟當事者가 아닌 第 3 者는 상술한 바와 같은 判決內容에서의 不利益이나 후술하는 主張 및 立證上의 不利益에 의해 영향받지 않으므로 이 方法을 사용할 可能性이 높아지는 것이다.

⑶ **主張, 抗辯이나 立證의 排斥**(排除命令: preclusion order)

法院은 證言調書 作成의 通知를 받고도 출석하지 아니한 자나 質問書에 대하여 答辯하지 아니한 자에 대하여는 그의 主張이나 抗辯을 이유 없다고 받아들이지 않을 수도 있고, 法廷에 현출하려는 證據方法을 制限할 수도 있다(F.R.C.P. 제37조 (b)(2)(A)-(C)).

이 方法은 法院의 開示命令을 악의적이거나 반복적으로 거부한 경우에 한하지 않고 단순히 開示命令에 따르지 않았거나, 적기에 開示하지 않은 경우 및 補充·訂正 義務를 다하지 않은 경우

---

1) Haydock et. al., op. cit. at 8:14.

등에도 適用되고 있다.[1]

이 方法도 그 배척된 證據가 유일하거나 반드시 필요한 證據라면 상당히 치명적일 수 있으므로,[2] 法院에서는 그 適用을 위한 客觀的 基準을 설정하려는 시도를 게을리하지 않고 있는데 그 참작사유로 거론되는 것은 첫째 相對方 當事者에게 손해를 입혔는가 여부, 둘째 그 손해가 치유 불가능한 것인가 여부, 셋째 배제하려는 證據의 실질적 중요성, 넷째 開示를 해태한 것이 고의적인 것인지 여부, 다섯째 證據가 배제되지 않을 경우의 濫用될 可能性 등이다.[3]

本案에서의 證據提出을 배척하는 이외에 더 이상 開示節次를 進行시키지 않는 制裁方法도 있다. 즉, 相對方의 적법한 開示要求에 불응하는 자는 자신의 開示要求도 할 수 없게 함으로써 開示를

---

1) 質問書에 대한 答辯에서 신원을 밝히지 않았던 證人의 證言이 허용되지 않은 事例: Admiral Theatre Corp. v. Douglas Theater Co., 585 F.2d 877, 897(8th Cir. 1978); 立證事項과 관련된 실험결과를 事前開示하지 않았다고 하여 그 專門家의 證言을 배척한 事例: Melendez v. Illinois Bell Tel. Co., 79 F. 3d 661(7th Cir. 1996); 質問書 作成 당시까지는 아직 고용되지 않았으나 후에 고용된 專門家의 신원을 補充的으로 통보할 義務를 懈怠하였다고 하여 그 專門家 證言을 배척한 事例: Weiss v. Chrysler Motors Corp., 515 F.2d 449(2d Cir. 1975).

2) 이 證據排除命令(preclusion order)에 이어 事實審省略裁判(summary judgement)決定이 내려진 事例: Riverside Memorial Mausoleum, Inc. v. Sonnenblick-Goldman Corp., 80 F.R.D. 433, 437(E.D.Pa. 1978).

3) 이것은 聯邦 第5抗訴法院이 Lewis v. Darce Towing Co., 94 F.R.D. 262 (W.D.La. 1982)와 Murphy v. Magnolia Elec. Power Assn., 639 F.2d 232 (5th Cir. 1981)에 適用한 原則인바, 그 이후에 聯邦 第3抗訴法院은 Elf Atochem N. Am., Inc. v. United States, 882 F.Supp. 1497(E.D.Pa. 1995)에 다음과 같은 4가지 基準을 適用하여 뒤늦은 專門家 證言을 배척하였다. 첫째 相對方 當事者에 대한 損害와 당해 證據의 의외성, 둘째 손해가 치유될 可能性, 셋째 規則의 엄격한 適用을 자제함으로써 效率的이고 질서정연한 사건 進行이 방해를 받는 정도, 넷째 當事者가 開示를 해태한 것이 악의 혹은 고의에 의한 것인지 여부.

강제하는 方法이다(F.R.C.P. 제37조 (b)(2)(C)).[1]

(4) 辯護士 報酬(attorney's fee) 등 訴訟費用의 負擔

가. 申請費用의 부담

開示要求에 적절한 事由 없이 불응한 자 또는 特權·免責事由에 해당하는 事項에 대한 開示를 要求하는 등 부적절한 開示要求를 한 자에 대하여는 이를 시정하기 위하여 法院에 申請을 제기하는 데 소요된 費用을 부담하라는 制裁를 가해야 한다('shall' require to pay the reasonable expenses)(F.R.C.P. 제37조 (a)(4), (b)(2), (c)(2), (d)). 이 方法은 본질적으로 懲罰的이라기보다는 補償的인 性格이며, 開示要求에 늦게라도 응한다고 해서 면제되는 것은 아니기 때문에 當事者가 적절한 事由 없이 불응하다가 뒤늦게 開示要求에 응하여 사실상 開示申請의 의미가 감소한 상태에서도 費用負擔을 명한 事例가 많다.[2] 이 方法의 사용빈도는 증가 추세에 있다.[3]

나. 辯護士에 대한 制裁

F.R.C.P. 제37조의 (b)(2)와 (d)는 "法院은 當事者나 그 訴訟代理人 또는 兩者 모두에게 적절한 費用의 지급을 要求해야 한다" (The court shall require the party failing to act or the attorney advising that party or both to pay the reasonable expenses.)고 명

---

1) 原告가 訴訟代理人 없이 進行하는 事件에서 相對方의 證言調書 開示要求에 불응하는 데 대한 制裁로 더 이상의 節次進行을 制限한 事例: Griffin v. Aluminum Co. of Am., 564 F.2d 1171, 1173(5th Cir. 1977).

2) Haydock et. al., op. cit. at 8:19~20.

3) Perkinson v. Gilbert/Robinson, Inc., 821 F.2d 686(D.C.Cir. 1987), Stengel v. Kawasaki Heavy Indus., Ltd., 116 F.R.D. 263(N.D.Tex. 1987), Litton Systems, Inc. v. American Tel. & Tel. Co., 91 F.R.D. 574, 578(S.D.N.Y. 1981).

시적으로 規定하고 있고, 이 規定에 따라 辯護士의 행동에 責任이 있다는 사실이 밝혀지는 경우에는 직접 辯護士에게 制裁를 가하는 경우가 증가하고 있다.[1] 특히 當事者가 開示節次에서 최선을 다하여 협조하려고 努力했다는 사실이 정황상 추측되는 경우에는 當事者가 아닌 辯護士에게 制裁를 가하고 있는데,[2] 심지어는 양측 代理人이 開示節次를 방해했다는 사실이 밝혀지자 양측 代理人에게 각자 相對方의 辯護士費用을 부담하라고 決定하면서 특별히 양 當事者가 각자의 辯護士에게 그 費用을 변상하는 것을 금하는 조건까지 부가한 경우가 있다.[3]

(5) 自白要求에 불응한 경우 — 自白간주, 辯護士 報酬의 부담 —

自白의 要求에 적절한 事由 없이 불응하는 경우에는 해당 事實關係에 대하여 自白된 것으로 간주하는 것도 가능하나(F.R.C.P. 제36조 (a)), 대부분의 法院에서는 악의가 立證되지 않는 한 自白을 간주하는 경우까지는 드물다. 그러나 自白의 要求에도 불구하고 사실에 반하여 부인한 자는 다음의 4가지 例外 事由에 해당하지 않는 한 그 事項을 立證하기 위하여 지출된 相對方의 辯護士 報酬를 지급하는 制裁를 받게 된다(F.R.C.P. 제37조 (c)). 例外 事由는 첫째 自白의 要求가 F.R.C.P. 제36조의 (a)에 따라 이의 가능한 경우이거나, 둘째 要求받은 自白이 실질적으로 중요한 것이 아니거나, 셋째 自白의 要求에 응하지 않은 자가 자신의 判斷이

---

1) Comment, Sanctions Imposed by Courts on Attorneys Who Abuse the Judicial Process, 44 U. Chi. L. Rev. 619(1977).
2) 質問書의 答辯期限을 도과한 경우: Stanziale v. First National City Bank, 74 F.R.D. 557, 560(S.D.N.Y. 1977); 原告에게 어느 정도의 責任이 있는지 불확실한 경우: Szilvassy v. United States, 71 F.R.D. 589(S.D.N.Y. 1976).
3) Asociated Radio Serv. Co. v. Page Airways, Inc., 73 F.R.D. 633, 636~637(D.Tex. 1977).

설득력 있다고 믿을 만한 合理的인 根據가 있거나, 넷째 그 외에
自白에 불응한 데 합리적인 이유가 있는 경우 등인데, 法院은 이
4가지 例外 事由를 매우 좁게 해석하고 있으며,[1] 이 중 세 번째
例外 事由의 立證이 비교적 쉽고,[2]

둘째와 넷째 事由는 立證이 어려운 것으로 보인다.[3]

그리고 다른 開示要求 方法들과 마찬가지로 명확성을 결여한
自白 要求는 이의 가능한 것으로 判斷될 可能性이 높다.

3. 83년과 93년 改正과 관련된 部分

(1) 義務的 開示情報의 交換을 懈怠한 경우

正當한 事由 없이 일정한 事項에 대한 開示情報의 交換 義務
(F.R.C.P. 제26조 (a))나 그 補充・訂正 義務(F.R.C.P. 제26조 (e))
를 다하지 아니한 경우에는, 그것으로 인하여 相對方이 손해를 보
지 않았다는 사실이 전제되지 않는 한 당해 證據를 法廷에 현출시
키지 못하는 制裁를 반드시 받도록 되어 있다(F.R.C.P. 제37조
(c)(1)).[4]

이 自動的인 制裁(automatic sanction)는 당해 證據를 法廷에
제출하려고 計劃하는 當事者로 하여금 事前開示義務를 준수하도

---

1) Haydock et. al., op. cit. at 8:21.

2) 예컨대 Security-First Natl. Bank of Los Angeles v. Lutz, 297 F.2d 159,
   166(9th Cir. 1961).

3) David v. Hooker, Ltd., 560 F.2d 412, 419(9th Cir. 1977): Boyle v.
   Leviton Mfg. Co., 94 F.R.D. 33(S.D.Ind. 1981).

4) 事前開示가 늦었다는 이유로 證言이 배척된 事例: Finley v. Marathon Oil
   Co., 75 F.3d 1225(7th Cir.1996), Smith v. Union Pac. R.R. Co., 168 F.R.
   D. 626(N.D. Ill., 1996); 裁判期日 이전에 交換된 報告書에서 명시적으로 開
   示된 事項에 한정해서 證言하라는 證據決定을 받은 事例: Greguski v. Long
   Island R.R. Co., 163 F.R.D. 221(S.D.N.Y. 1995).

록 유인하는 데 큰 몫을 할 것이라는 公式的인 說明[1]이 있는 반면에 이 制裁方法의 實效性에 관하여 의문을 제기하는 견해가 있는데, 이는 당해 證據에 대하여 開示를 원치 않는 當事者는 그 證據를 法廷에 현출시키는 것에 소극적인 입장일 可能性이 높고, 그렇다면 그 證據를 이용하지 못하게 하는 것은 制裁로서의 의미가 없을 것이라는 이유 때문이다.[2]

또, 法院은 이 制裁에 더하여 혹은 이 制裁에 갈음하여 다른 적절한 制裁를 가할 수도 있는데, 여기에서의 다른 적절한 制裁에는 전술한 主張과 抗辯의 排斥은 물론 判決 結果에서의 不利益, 그리고 訴訟費用의 負擔이 모두 포함된다(F.R.C.P. 제37조 (c)(1)). 이외에도 法院은 一方 當事者가 開示 情報의 交換을 게을리했다는 사실을 陪審員에게 알릴 수도 있는데(F.R.C.P. 제37조 (c)(1)), 이로 인하여 陪審員은 當事者가 무엇인가를 숨기려했다는 점을 事實判斷에 참작할 수 있어 사실상의 불이익을 당할 수 있다.

(2) 署名義務를 懈怠한 경우

가. 義務的 開示情報의 交換을 이행하는 경우에 本人 訴訟일 경우에는 본인이, 代理人이 있는 경우에는 최소한 1인 이상의 辯護士가 그 書面에 署名하고 이름과 주소를 밝혀야 한다. 이 署名은 그 開示內容이 署名者의 합리적인 調査를 거쳐서 얻어진 최선의 知識과 情報, 信賴를 바탕으로 한 것임을 보증하며, 作成時點에서는 더 이상 완벽하고 정확할 수 없다는 의미이다(F.R.C.P. 제26조 (g)(1)).[3]

---

1) F.R.C.P. 37(c)에 관한 93년 改正 advisory committee notes.
2) Mullenix, op. cit. at 342.
3) 93년 개정시 삽입된 規定임.

나. 또, 開示를 要求하거나 이에 答辯하는 書面, 그리고 異議를 하는 書面에도 동일한 形態의 署名이 있어야 한다. 이 署名 역시 그 內容이 署名者의 합리적인 調査를 거쳐서 얻어진 최선의 知識과 情報, 信賴를 바탕으로 한 것임을 保證하는 동시에 첫째, 現行法規나 法律 變化에 대한 선의의 確信에 어긋나지 않고 둘째, 相對方을 괴롭히거나 訴訟 遲延, 기타 불필요한 費用 增加 등의 부적절한 目的을 위한 것이 아니며 셋째, 당해 訴訟節次 내에서 이미 이루어진 開示, 紛爭 規模, 그 爭點이 차지하는 重要度 등 주어진 狀況을 감안할 때 비합리적이거나 지나치게 부담스럽지 않고 비싸지도 않다는 事實을 보증한다는 의미이다.

開示要求書, 答辯書, 異議 書面에 署名이 빠진 경우에 그 누락사실을 통보 받고서도 지체없이 署名을 補充하지 않으면 그 書面은 각하되며, 署名이 補充될 때까지 相對方 當事者는 그 書面에 부응하는 節次를 취하지 않아도 된다(F.R.C.P. 제26조 (8)(2)).[1]

다. 상술한 바와 같이 署名으로 보증한 內容이 사실이 아님이 밝혀진 경우에 法院은 그 書面을 作成한 辯護士나 當事者 혹은 兩者 모두에게 적절한 制裁를 가해야만 하는데, 여기의 적절한 制裁에는 辯護士 費用을 포함하여 그 不法的 保證으로 인하여 증가된 訴訟費用의 負擔을 명하는 것도 포함된다(F.R.C.P. 제26조 (8)(3)).[2]

---

1) 83년 改正에서 導入되어 93년 개정시 자구의 修正만 이루어진 부분.
2) 83년 改正에서 명시된 必要的 制裁가 93년에도 그대로 유지됨.

제 2 절 辯論前 會合節次(pretrial conference)

제 1 항 槪 觀

1. 意義와 制度改善 過程

'辯論前 會合'(pretrial conference)[1]은 法院이 本案審理를 準備함과 동시에 辯論前 節次의 效率的인 管理를 위하여 訴訟代理人 혹은 양 當事者와 가지는 會合을 말한다. 短期間에 集中的으로 進行되는 辯論期日의 원활한 進行을 위해서는 提出될 主張과 證據를 미리 정리해 두어야 할 必要性이 절실한바, 이러한 機能을 바로 이 辯論前 會合이 담당하는 것이다. 더욱이 訴訟에의 접근을 용이하게 하려는 목적으로 지나치게 단순화된 訴答節次(pleading), 각종 規制裝置에도 불구하고 訴訟遲延의 주요한 원인으로 지목되는 開示節次(discovery), 訴答과 開示節次 진행중에 발생하는 當事者간의 크고 작은 紛爭을 해결하기 위한 각종 申請(motion)의 남발, 多數當事者 訴訟 및 請求併合(joinder of parties, claims)의 急增 등으로 인하여 점차 복잡해져 가는 訴訟의 추세에 맞추어 效率的인 事件管理(case management)가 필수적인 課題로 등장하게 된 상황에서 이 辯論前 會合의 重要性은 날로 증가하고 있다.

---

1) 'pretrial'은 '審理前'(정동윤, 민사소송법, 53(1998)), '公判前'(이시윤, 민사소송법, 22(1999)) , '本案審理前'(김홍규, 민사소송법, 607(1999)) 혹은 '裁判前'(백현기, 재판전 회합절차, 재판자료 제58집, 545(1992))이라고 번역되었으나, 우리 民事訴訟法 改正案이 '辯論準備', '辯論期日'이라는 표현을 사용하는 것에 맞추어 이 글에서는 '辯論前'으로 통일하고자 한다. 'conference' 역시 '會議', '協議' 등으로 번역될 수도 있으나, '會合'으로 통일하고자 한다.

원래 辯論前 會合制度는 普通法(common law)上 인정되지 않았다.[1] 그러던 중, 현재의 辯論前 會合과 가장 유사한 制度가 영국에서 시행된 것은 1883년 法院法(The Judicature Act)에 '指示를 위한 召喚制度'(summons for directions)가 도입된 이후이다.[2] 訴訟當事者는 이 節次를 통하여 法院으로부터 召喚狀을 발부받아 그 召喚 期日에서 앞으로 진행될 節次에 관한 지시를 받음으로써 訴答을 補充하고 爭點을 形成해 나갈 수 있었다. 1893년에는 소환이 義務化되었으나 召喚狀의 발부가 當事者의 응소 이후 訴答節次 이전에 이루어지는 까닭에 다소 의례적인 節次로 전락하여 그 實效性이 문제되자 1933년 訴答 이후에 소환하는 것으로 개정되었고, 이를 계기로 法院의 지시가 명확해지고 당해 事件의 具體的인 狀況에 부응할 수 있게 되었다.[3]

美國에서의 辯論前 節次(pretrial procedure)의 효시는 1932년 디트로이트시에서 비롯된다. 당시 디트로이트시를 관할하던 미시간주의 웨인 카운티 巡廻法院은 訴訟積滯에 직면하여 義務的으로 辯論前 聽聞節次(pretrial hearing procedure)를 거치도록 하는 制度를 입안하여 시행하였는데, 그 결과가 매우 성공적으로 評價되자 클리블랜드, 보스턴, 로스앤젤레스 등 事件積滯에 시달리던 주요 도시지역의 法院에서도 이를 도입하였고 결국 1938년 F.R.C.P. 제정시 제16조에 명시하기에 이르렀다.[4] 당시의 規定에 의하면 辯論前 會合의 개최 여부는 法院의 裁量에 맡겨져 있었는

---

1) Friedental et. al., op. cit. at 427.
2) F.R.C.P. 제16조에 대한 'committee note of 1937' 참조.
3) Wright et. al., op. cit. at s 1521.
4) Ibid; James WM. Moore, Moore's Federal Pratice 2nd ed. Vol. 3(Matthew Bender & Co., Inc., 1996) 16-35, 36.

데,[1] 이후 이를 義務化하기 위한 시도가 계속되었으나 採擇되지는 않았다. 1944년 美 聯邦 司法評議會(The Judicial Conference of the United States)는 "爭點이 있는 모든 民事裁判은 辯論前 會合이 불필요·부적절한 特別한 事情이 없는 한 반드시 本案審理 전에 會合을 거쳐야 한다"는 辯論前 節次小委員會(the committee on pretrial procedure)의 결론에 同意하였고, 1956년 동 小委員會는 司法行政 小委員會(the committee on court administration)의 同意를 받아 과도한 費用 기타 적절한 事由(excessive expense or other good cause)를 근거로 각 法院의 司法委員會(the judicial council of the circuit)가 예외를 인정하지 않는 한 辯論前 會合을 반드시 거치도록 하는 內容의 제16조 改正案을 司法評議會가 聯邦 大法院에 추천할 것을 제안하였으나, 司法評議會는 "地方法院 判事가 명시적으로 달리 명하는 特別한 例外를 제외하고는 辯論前 會合은 반드시 열려야 한다"고 勸告하는 선에서 그쳤다. 그 후 1962년 辯論前 節次 小委는 "辯論前 會合制度 使用이 지속적으로 증가하는 추세이며, 새로 임명된 地方法院의 判事들 대부

---

1) 제정 당시 제16조는 '辯論前 節次: 爭點 整理'(pre-trial procedure; formulating issues)라는 제하에 "法院은 自由裁量으로 ① 爭點의 單純化, ② 訴答 修正의 必要性과 妥當性, ③ 事實關係와 文書의 認否 可能性, ④ 專門家證人 숫자의 制限問題, ⑤ 사실인정에 관한 判斷을 陪審員이 하게 될 경우 證據關係의 정리를 매스터(master)에게 맡기는 것이 바람직한지 여부, ⑥ 기타 判決에 도움이 되는 事項 등을 검토하기 위하여 本案審理 이전에 訴訟代理人과 會合을 가질 수 있다"고 전제하고, "그와 관련된 몇 가지 事項, 즉 會合에서 이루어진 行爲, 訴答의 修正事項, 會合에서 합의된 事項, 다툼 없는 事實로 정리되어 本案 審理에서 배제될 事項 등에 대하여 명시한 命令을 내려야 하며, 이러한 命令은 本案에서 명백한 不正義(manifest injustice)를 방지하기 위하여 修正되지 않는 한 후속적인 辯論前 節次를 規律해 나아가게 된다. 상술한 事項들을 반영한 辯論前 日程表(pretrial calendar)를 規則으로써 설정하는 것은 法院의 自由裁量인데, 그 日程表는 陪審 裁判이나 非陪審 裁判에만 한정해서 適用할 수도 있고 두 種類의 訴訟에 모두 適用할 수도 있다"고 規定하고 있었다.

분이 이 節次를 매우 積極的으로 活用하고 있다"고 보고한 바 있다.[1]

F.R.C.P. 제16조는 1983년에 이르러 '辯論前 事件管理'(pre-trial management)라는 現代 訴訟의 必要性에 부응하여 日程配置 (scheduling) 및 事件管理(case management)를 辯論前 節次의 명시적인 目標로 설정하기 위하여 대폭적으로 增補 改正되었다. 이 改正으로 명실상부하게 이 制度의 중점이 '本案審理 準備' 機能에서 '司法的 事件管理' 機能으로 옮겨 가게 되었다. 동 개정에서는 이를 위하여 日程配置命令制度(pretrial scheduling order)가 신설되었을 뿐만 아니라 辯論前 會合에서의 論議 對象이 추가되었으며, 制度의 效率性을 극대화하기 위하여 최종 辯論前 會合(final pretrial conference)의 開催 時點이 명시되고, 상술한 法院의 제반 努力에 부응하지 않는 當事者에게 가해질 制裁에 관한 規定도 신설되었다.[2]

그 후 1987년의 改正은 內容의 실질적인 變化를 수반하지 않는 기술적인 것이었고,[3] 1993년에 다시 한번 동 조 (b)항과 (c)항에 대한 改正이 있었다. (b)항에 대한 改正은 최초의 日程配置命令의 적절한 마감期限을 설정함과 동시에 전술한 事前開示制度의 改正에 발맞추어 日程配置命令에 포함될 事項의 範圍를 확장하는 內容이었고, (c)항은 當事者간의 '辯論前 和解' 혹은 '效率的이고 經濟的인 本案審理'를 도모함과 아울러 F.R.C.P. 제42조, 제50조, 제52조 規定과의 조화를 이루기 위하여 法院이 적절한 命令을 발

---

1) Moore, op. at 16~36, 37.
2) Wright et. al., op. cit. at s 1521: F.R.C.P. 1983년 改正에 대한 advisory committee notes.
3) F.R.C.P. 1987년 改正에 대한 advisory committee notes.

할 수 있는 權限에 관한 의문점을 해소할 目的으로 辯論前 會合에서 論議될 事項을 추가하는 內容으로 改正되었다.[1]

이하에서는 辯論前 會合에 관한 F.R.C.P. 제16조의 規定 순서에 따라 辯論前 會合의 目的, 日程配置命令, 辯論前 會合의 運用 및 論議 事項, 辯論前 命令, 辯論前 命令의 違反에 대한 制裁의 순서로 살피고자 한다.

2. 辯論前 會合의 目的

(1) 規   定

F.R.C.P. 제16조 (a)항은 辯論前 會合을 거치는 目的을 다음과 같이 다섯 가지로 명시하고 있다.

첫째, 事件處理의 促進.

둘째, 事件進行 초기부터 持續的인 統制를 함으로써 管理不足으로 인한 遲延을 방지함.

셋째, 불필요한 辯論前 節次의 抑制.

넷째, 철저한 事前準備를 통한 裁判의 質 제고.

다섯째, 和解의 促進.

(2) 目的의 중점 이동

가. 상술한 바와 같이 이 制度의 시행 目的은 1983년의 改正으로 '本案審理의 準備'에서 '司法的 事件管理'로 옮겨 가게 되었는데,[2] 이렇게 됨으로써 辯論前 會合節次는 F.R.C.P. 제 1 조가

---

1) Wright et. al., op. cit. at s 1521 97년도 추록: F.R.C.P. 1993년 改正에 대한 advisory committee notes.

2) 이는 規定이 선행한 것이 아니라, 이미 現實的으로 實務에서 행하여지던 것을 制度化한 것에 지나지 않는다: F.R.C.P. 제16조 (a)에 대한 advisory committee notes 참조.

規定하는 '公正하고도 迅速・經濟的인 裁判'의 理想 實現에 큰 기
여를 하게 되었다.[1]

나. F.R.C.P. 제정 당시 제16조의 制度的 目標는 辯論前 節次
를 통하여 訴訟當事者와 法院이 미리 爭點을 파악함으로써 當事
者는 자신의 강・약점을 정확히 숙지함과 동시에 相對方의 기습적
인 主張에 당황하지 않도록 미리 대비할 수 있게 되고, 이로써 事
案의 實體보다는 節次的 戰略이나 技術的 優位에 의해 결론이 달
라질 위험성을 배제하는 機能을 수행함에 있었다. 이와 더불어 이
節次는 F.R.C.P.의 當事者 및 請求의 倂合(joinder)規定과 訴答
(pleading)規定, 그리고 開示制度를 補充하는 機能도 하는데, 현실
적으로 F.R.C.P. 제13조, 제14조, 제18조 내지 제28조에 의해 거
의 無制限的으로 허용되는 事件의 倂合이 가능한 것은 法院이 이
節次를 통하여 裁判을 統制할 수 있기 때문이고, 과도하게 단순화
된 訴答이나 우리 입장에서 볼 때 매우 광범위하여 때로는 統制가
불가능해 보이는 開示節次 역시 當事者들로 하여금 爭點이 과연
무엇인지 파악하도록 돕는 이 節次가 있기 때문에 管理가 가능해
지는 것이다.[2] 이와 같이 訴答과 開示節次가 進行됨에 있어 이
節次를 통하여 불필요하고 비본질적인 論議가 배제됨과 동시에
事案의 實體에 부응하는 시의적절한 決定이 내려짐으로써 爭點의
形成과 把握이 쉽게 이루어지며, 그 결과 訴訟當事者의 時間과 費

---

1) Moore, op. cit. at 16~26.
2) 이러한 이유로 辯論前 節次에 기하여 발하여진 辯論前 命令이 訴答을 대신
   하여 本案에서 고려될 爭點을 설정하는 것으로 간주되기도 한다. 하도급업자
   의 免責主張이 제기된 事件에서, 原告가 訴答節次에서 하도급업자의 詐欺 主
   張을 명시적으로 하지는 않았지만 辯論前 命令에서 그 詐欺 主張이 명시되었
   음을 이유로 主張이 있었던 것으로 취급된 事例: Lane v. Geiger-Berger
   Assocs., C.A. 8th, 1979, 608 F.2d 1148, 1152.

用이 절감됨과 아울러 事件積滯가 해소되어 法院의 事件負擔 역시 감소되는 것인바, 이러한 傳統的인 機能은 지금도 결코 過小評價될 수 없는 것이다.[1]

다. 1983년의 全面 改正은 訴訟이 점차 대형화·세분화·복잡화되어 가는 현대적 필요에 대응하기 위하여 상술한 傳統的 目的에 더하여 '司法的 事件管理'(judicial management)라는 目的을 추가 설정하였고, 이를 위하여 '事件處理의 促進', '裁判의 質 제고', '事件의 조기·지속적 統制를 통한 裁判遲延의 防止'와 '불필요한 辯論前 節次의 抑制'를 명시한 후 마지막으로 '和解의 促進'을 명시하였다.

여기에서 '和解의 促進'을 추가한 데 주목할 필요가 있다.

이 改正 이전에도 法院은 辯論前 會合이 和解의 基盤을 제공하는 면이 있다는 사실을 인식은 하고 있었으나, 辯論前 會合節次에서 和解에 초점을 두는 정도는 담당 判事의 입장에 따라 많은 차이가 있었다. 상당수의 判事들은 和解를 促進하는 것이 제16조의 目的이라고 받아들이고 있었으나 이견도 없지 않았다. 判事중 일부는 和解가 促進되는 것은 辯論前 會合의 자연스러운 결과물 내지 부산물일 뿐이고 이를 辯論前 節次의 目的으로까지 명시하게 되면 그 순간부터 制度의 중점이 和解의 促進으로 옮겨감으로써 자칫 辯論前 會合이 和解를 강요하는 手段으로 전락하는 副作用이 발생할 수도 있다는 논거로 和解에 관한 한 수동적이고 소극적인 자세로 임하는 것이 바람직하다는 견해를 가지고 있었다.

그러나 1983년의 改正은 '和解의 促進'이 辯論前 會合의 目的임을 명시하기에 이르렀으므로, 이제 辯論前 會合의 다른 目的이

---

1) Wright et. al., op. cit. at s 1522.

어떻게 이 和解의 促進이라는 目的과 조화를 이룰 것인지 그리고
和解의 促進은 언제, 어느 정도로 강제되어야 할 것인지에 대한
論議는 있을 수 있겠지만 이것이 辯論前 節次의 한 가지 目的임은
의심의 여지가 없게 되었다. 다만, 동 改正의 目的과 관련하여 諮
問委員會가 "본 改正은 法院이 이미 전제하고 있는 辯論前 會合
의 몇 가지 目的과 權限을 명시적으로 인정한 것이며, 이는 이미
현실적으로 행하여지는 裁判 樣態를 좀더 정확히 반영한 것이다"
고 굳이 명시한 것은 상술한 부정적 우려를 의식하여 法院에게 더
이상의 司法的 權限을 부여한 것이 아님을 분명히 한 것으로 보
인다.[1)]

제 2 항   日程配置命令(scheduling orders)

1. 意　　義

原則的으로 判事 혹은 매지스트리트 判事는 양 當事者측과
접촉 후 일정 期間 내에 訴答의 修正, 申請의 提起, 각종 開示의
進行 등을 비롯한 제 辯論前 節次의 마감 期限과 辯論前 會合의
日時 기타 당해 事件의 狀況에 걸맞는 적절한 事項들을 명시한 日
程配置命令을 발해야 하며, 이 命令은 예외적인 경우를 제외하고
는 변경될 수 없다(F.R.C.P. 제16조 (b)).

전술한 바와 같이 1983년의 改正으로 辯論前 會合의 制度的
重點이 '本案審理 準備' 機能에서 '司法的 事件管理' 機能으로 옮
겨 갔는데, 이를 가장 잘 반영하는 것이 이 '日程配置命令의 義務
化'이다. 즉, 1983년 改正 이전까지 '辯論前 日程表(pretrial calen-

---

1) Ibid.

dar)의 設定'은 法院의 自由裁量에 따랐으나,[1] 改正 이후로 日程配置命令을 반드시 발하도록 강제되었으며, 이로써 法院이 事件 초기부터 積極的으로 事件을 統制·管理할 수 있는 手段이 제공된 것이다.

다만, 굳이 상당한 정도의 司法的 事件管理가 없어도 되는 種類의 事件도 있으므로 聯邦地方法院은 個別 州의 訴訟規則으로써 日程配置命令이 강제되지 않는 事件 類型을 規定할 수 있는데, 그 基準은 일반적으로 日程配置命令으로 인한 부담이 그로 인하여 얻을 수 있는 效率性을 상회하는가의 여부가 될 것이다.[2]

그러나 日程配置命令이 면제되는 유형의 事件이라고 하여 法院이 발하는 다른 辯論前 命令에서까지 자유로운 것은 아니다.[3]

2. 發令 期限

1983년의 개정시에는 日程配置命令이 발령되어야 하는 시한으로 訴狀 접수 이후 120일 이내라고 規定하고 있었으나, 1993년 개정시에 '현실적으로 가능한 한 조속히, 그러나 최소한 被告의 應訴 이후 90일 혹은 訴狀 送達 後 120일 이내'로 변경되었다. 이

---

1) 전술한 F.R.C.P. 제정 당시의 제16조 조문 참조.

2) F.R.C.P. 제16조 (b)의 1983년 改正에 대한 advisory committee notes: 일례로 캘리포니아 南部 地方法院은 Local Rule(주 소송규칙) 235-3(c)에서 人身保護律請願 事件, 雇傭差別 事件, 流質 事件, 土地收用 事件, 海事 事件, 學資金 融資 事件, 破産 事件, 訴訟代理人이 없는 當事者 本人 請求 事件, 상당한 숫자의 被告가 응소하지 않는 事件 등을 日程配置命令이 강제되지 않는 例外的인 事件으로 規定하고 있다.

3) Brinkmann v. Abner, 813 F.2d 744(5th Cir. 1987): 訴訟 代理人이 없는 原告 本人 訴訟이라는 이유로 州의 訴訟規則에 의하여 日程配置命令은 면제되었지만, 裁判에서 證言할 證人目錄을 提出하라는 辯論前 命令에는 따라야 할 義務가 있다고 判示.

改正은 期限을 확장하려는 취지가 아니라, 原告의 訴狀 송달이 訴狀 접수 후 120일 이내에 이루어지도록 規定되어 있기 때문에[1] 被告가 다수인 경우에는 미처 송달받지 못한 被告가 있음에도 불구하고 日程配置命令이 발하여지는 경우가 발생하여, 이러한 부조화를 방지하기 위하여 改正된 것이다.[2] 동 조항은 이 期限의 연장에 대하여는 언급하고 있지 않으나 F.R.C.P. 제 6 조 (b)의 期限 延長에 관한 일반조항의 취지에 비추어 가능하다고 보며,[3] 다만 가능한 한 迅速히 事件을 處理하기 위하여 事件의 早期 管理를 規定한 취지를 존중하여 극히 예외적인 경우에 한하여 연장이 인정되이야 한다.[4] 또한, 法院은 너무 일찍 日程配置命令을 발하지 않도록 경계할 필요도 있다. 被告가 당해 事件에 대하여 숙지하기도 전에 열리는 日程配置會合은 F.R.C.P. 제26조의 (f)가 規定하는 事前準備會合의 效率性과 각 當事者가 제안하는 開示日程, 나아가 日程配置會合 그 자체의 유용성을 감소시킨다. 결국 當事者에게는 事件을 숙지하고 日程配置會合 이전의 事前準備會合을 가지는 데 필요한 시간 정도만을 허용하면 가장 바람직하다는 결론

---

1) F.R.C.P. 제 4 조의 (m)은 訴狀의 송달을 原告측이 직접 訴狀 접수 후 120일 이내에 행하도록 規定하면서, 原告가 이를 이행하지 않는 경우에 法院은 ① 당해 被告에 대한 訴狀을 却下하거나(이 경우 訴狀의 재접수는 가능), ② 原告에게 正當한 事由가 있는 경우에 한하여 期間을 연장해 줄 수 있다고 規定하고 있다.

2) F.R.C.P. 제16조 (b)의 1993년 改正에 대한 advisory committee notes.

3) 日程配置命令이 F.R.C.P. 제16조 (b)가 規定하는 마감期限인 訴狀 접수 후 120일을 도과하여 126일만에 발령되었으므로 無效라는 主張이 原告로부터 제기되었으나, 이 期限은 訴訟의 進行 速度를 합리적으로 규율하기 위한 手段일 뿐이며 配置命令이 遲延되어 발령되었다는 이유만으로 無效로 볼 수는 없다고 판시한 事例: Johnson v. Mammoth Recreations, Inc., C.A. 9th, 1992, 975 F.2d 604, 609.

4) Wright et. al., op. cit. at s 1522.

이 된다.[1]

3. 日程配置會合(scheduling conference)과의 관계

日程配置會合은 양 當事者의 要求나 法院의 判斷에 의해 열릴 수 있으며, 반드시 열려야 하는 것은 아니다. 法院은 전술한 F.R.C.P. 제26조 (f) 規定에 의하여 作成·提出된 書面 報告書를 받은 후 혹은 양 當事者측과 日程配置會合, 전화, 우편, 기타 적절한 方法의 개별접촉을 통하여 意見을 교환한 후 이를 참고하여 日程配置命令을 발하면 되는 것이므로 日程配置會合의 개최는 法院의 自由裁量에 달린 것이다. 日程配置會合이 열리게 되는 경우 이는 法院이 양 當事者측과 만나게 되는 첫 기회가 될 것인데, 法院과 양 當事者는 통상의 辯論前 會合과는 달리 이 會合은 실질적인 爭點이 부각되기 전에 개최되는 것이라는 점 및 이를 통하여 다양한 辯論前 節次의 마감期限을 설정함으로써 裁判節次를 구성해 나가는 데 이 會合의 制度的 意義가 있다는 점을 인식하여[2] 會合이 形式的인 節次에 머무르지 않도록 상호 협조해야 한다. 생산적인 會合이 되기 위하여 辯護士는 準備에 만전을 기해야 할 뿐만 아니라 가능한 한 호전적인 자세는 삼가야 하고, 法院은 시의적절한 判斷으로 會合에 대처할 수 있도록 準備되어 있어야 한다. 결국, 會合의 성공 여부는 法院과 양 當事者 사이의 效率的인 意思 交換 및 相互 協助가 가능한가에 달려있는데, 이러한 관점에서 이 日程配置會合은 申請의 提起와 같은 적대적인 訴訟行爲가 발생하기

---

1) Charles R. Richey, Rule 16 Revised, and Related Rules: Analysis of Recent Developments for The Benefit of Bench and Bar, 157 F.R.D. 73 (1994).

2) Wright et. al., op. cit. at s 1522.

이전에 개최하는 것이 바람직하며, 이 會合의 개최를 통보할 때에
미리 그러한 訴訟行爲의 연기를 명하는 것이 바람직하다.[1]

4. 日程配置命令의 內容 및 效力

F.R.C.P. 제16조 (b)는 日程配置命令에 포함될 內容에 관하여
두 種類로 나누어 規定하고 있다.

첫째는, 반드시 포함되어야 할 事項으로서

1) 共同訴訟人의 追加와 訴答의 修正 期限

2) 각종 申請의 提起 期限

3) 開示의 終結 時點 등을 명시하고 있으며

둘째는, 法院의 裁量으로 포함시킬 수 있는 事項으로서

4) F.R.C.P. 제26조 (a)와 (e)(1)에 의한 義務的 開示情報의
交換 및 그 補充·訂正의 時點과 허용되는 開示의 範圍

5) 辯論前 會合日字, 최종 辯論前 會合日字 및 本案 裁判
日字

6) 기타 당해 事件의 전후사정에 비추어 적절하다고 判斷
되는 事項 등으로 구분하여 명시하고 있다.

이렇게 각종 마감기한을 명시하는 것은 當事者로 하여금 자
신들이 진정으로 必要性을 느끼는 事項에 한하여 辯論 및 開示要
求를 하도록 하여 訴訟에 투여하는 時間과 資料의 量을 농축시키
고 當事者들이 우선순위를 부여하여 중요도 순으로 開示要求를
하도록 하는 效果를 거두는 한편[2] 法院 스스로 事件의 進行을 지
지부진한 상태로 방치하지 못하게 함으로써 事件管理에 만전을

1) Federal Judicial Center, Manual for Complex Litigation. 3rd ed. 37, 41
(West Publishing Co. 1995).

2) F.R.C.P. 제16조 (b)의 1983년 改正에 관한 advisory committee notes.

기할 수 있도록 하는 役割을 수행한다.[1] 그리고 日程配置命令에
포함될 事項의 範圍를 어디까지로 할 것인가 및 어느 정도로 세밀
하게 規定할 것인가하는 문제에 대하여는 일률적인 基準 提示가
不可能하므로, 결국 事件의 內容과 難易度 그리고 양 當事者측 訴
訟代理人의 쟈세 등을 참조하여 法院이 재량에 의해 당해 訴訟에
맞추어 決定해야 한다.

日程配置命令과 이에 기초한 日程表는 法院에 의하여 그 內
容이 修正되지 않는 한 이후의 節次를 규율하는 拘束力을 가진다.
다만, 修正은 이를 구하는 當事者가 '正當한 事由'(good cause)를
소명해야 비로소 허용되는데, 여기에서의 '正當한 事由'란 當事者
가 최선을 다하였음에도 불구하고 期間을 준수하는 것이 不可能
했던 경우를 말한다. 이는 최종 辯論前 會合에 의해 발령된 命令
의 경우에는 '명백한 權利侵害'(manifest injustice)를 방지하기 위
해서만 修正될 수 있는 것에 비하여 상당히 완화된 基準인데, 그
이유는 첫째, 日程配置命令은 訴訟 초기의 유동적인 狀況에서 이
루어지기 때문에 사후에 대비하여 탄력성이 있어야 할 뿐만 아니
라 둘째, 이렇게 修正을 용이하게 허용하지 않으면 當事者는 각종
期限을 가능한 한 여유있게 확보하려고 시도할 것이므로 오히려
迅速한 進行이 저해될 可能性이 높아질 것이기 때문이다.[2] 그러
나 基準이 상대적으로 엄격하지 않다고 하여 단순한 當事者의 要
求에 의하여 修正될 수도 있음을 의미하는 것은 물론 아니다.[3]

---

1) Federal Judicial Center, op. cit. at 43.
2) F.R.C.P. 제16조 (b)의 1983년 改正에 관한 advisory committee notes.
3) 正當한 事由가 없다고 판시한 事例: Johnson v. Mammoth Recreations,
   Inc., C.A. 9th, 1992, 975 F.2d 604, 609: 부상당한 스키어가 스키리조트를
   상대로 제기한 訴訟에서 스키리조트 회사가 아닌 스키리조트의 제조회사를 상
   대로 訴訟이 제기되어 있다는 法院의 명시적이고 반복적인 고지를 原告가 무

法院이 日程配置命令에 따라 事件을 統制·管理해 나갈 수 있는 것은 이 '正當한 事由'라고 하는 基準의 適用 權限뿐만 아니라 F.R.C.P. 제16조 (f)를 근거로 이 命令에 따르는 것을 게을리 하는 當事者를 制裁할 수 있기 때문인데, Richey 判事는 현실적으로 이 조항 신설 이후로 當事者에게 의존하지 않고도 訴訟의 초기부터 事件管理에 힘을 가할 수 있게 되었다고 評價하고 있다.[1]

제 3 항 辯論前 會合의 運用

1. 탄력적 運用

辯論前 會合의 運用을 지배하는 大原則이 있다면 그것은 '自由裁量性'(discretion) 내지 '融通性'(flexibility)이다. 즉, 節次의 運

시했다면, 스키리조트회사를 被告로 추가하려고 日程配置命令의 修正을 구하는 뒤늦은 申請은 正當한 이유를 구비하였다고 볼 수 없다고 판시(이 裁判에서는 日程配置命令이 당시의 F.R.C.P. 제16조 (b)가 規定하는 訴狀 접수 후 120일을 도과한 126일만에 발령되었으므로 무효라는 主張도 제기되었으나 기각되었을 뿐만 아니라, 訴答의 자유로운 修正을 보장하는 F.R.C.P. 제15조의 취지를 거론하는 原告의 主張에 대하여도 F.R.C.P. 제16조 (b)는 동 조항에 의해 영향받지 않음을 분명히 했다).

正當한 事由가 있다고 판시한 事例: Deghand v. Wal-Mart Stores, Inc., D.C. Kan. 1995, 904 F. Supp. 1218: 피용자가 사용자를 상대로 訴訟함에 있어서 訴答의 修正 마감期限을 12주 도과했어도 사용자가 피용자를 좌천시키기로 決定하는 데 중요한 영향을 미친 편지의 존재를 마감期限 도과 후 10주만에 알게 된 것이 사실이라면 訴狀의 修正을 허용할 수 있다고 판시; Reynolds v. Borough of Avalon, D.C.N.J. 1992, 799 F. Supp. 442: 自治市의 피용자가 市를 상대로 하는 訴訟에서, 동료로부터 성폭행을 당했다는 사실을 형사 고소하는 過程에 이를 주변에 알렸다는 이유로 보복해고를 당했다는 主張을 추가하려고 日程配置命令 마감期限 延長申請을 제기하였는데, 市長에 대한 證言調書가 訴答 修正 마감期限 전 한 달 남짓한 時點에서 作成되었다면 마감期限의 延長決定에 正當한 事由가 있는 경우에 해당한다고 판시.

1) Charles R. Richey, Rule 16 Revisited: Reflections for the Benefit of the Bench and Bar, 139 F.R.D. 529(1991).

用에 관한 一般化된 原則의 설정을 경계하고,[1] 事件마다 또 각 法院과 判事마다 辯論前 會合의 運用方式을 달리하는 것을 불가 피할 뿐만 아니라 오히려 바람직하게 여기는 것이다.[2] 이러한 融 通性은 辯論前 會合의 개최 여부에 관해서부터 適用되기 시작 한다.

즉, F.R.C.P. 제16조 (a)는 "法院은 辯論前 會合의 개최를 위 하여 양 當事者나 그 訴訟代理人의 출석을 명할 수 있으며 …"라 고 명시하여, 一般 原則으로서뿐만 아니라 개개의 事件과 관련하 여 辯論前 會合의 사용이 法院의 裁量에 달려 있음을 명백히 하고 있다. 그 결과 訴訟의 種類에 따라 辯論前 會合이 개최되는지의 여부에 관한 구분이 있을 수 없으며, 法院이 당해 事件에 관하여 辯論前 會合이 적합하다고 判斷하는가에 따라 그 개최 여부가 決 定되는데, 이는 모든 訴訟의 사정이 다를 수밖에 없으므로 각각의 사정에 부응한 융통성 있는 대응이 필요하다는 現實 認識에 터잡 은 것이다. 그러나 일부 聯邦 第 1 審 法院에서는 個別 州의 訴訟 規則으로써 辯論前 會合의 개최를 강제하여 모든 事件에서 일률 적으로 辯論前 會合이 열리고 있는데[3] 이에 대하여는 정책적인 면에서 의문이 제기되고 있는데, 당해 事件의 고유한 必要性과 判 事의 이에 대한 判斷을 무시한 채 辯論前 會合이 강제되면 節次가 形式化하여 결국에는 時間과 費用만 낭비하게 될 뿐만 아니라 그

---

1) Moore, op. cit. at 16~42.
2) Friedental et. al., op. cit. at 429; Michael E. Tigar, Pretrial Case Man-agement under the Amended Rules: Too Many Words for a Good Idea, 14 Rev. Litig. 149(1994).
3) District of Maine Local Rule 21, Western District of Michigan Local Rule 45, Eastern District of Washington Local Rule 12(f): Wright et. al., op. cit. at s 1523 note 3)에서 재인용.

效果도 기대하기 어려울 것이라는 이유 때문이다.[1]

彈力的 運用이 가능하도록 하겠다는 立法者의 의지는 規定을 최소화한 데서도 드러나는바, F.R.C.P. 제16조는 (c)항에 辯論前 會合에서 論議될 事項과 참석 辯護士의 資格을 명시하는 외에 (d)항에 최종 辯論前 會合에 관한 몇 가지를 規定할 뿐 辯論前 會合 節次의 運用方式에 대하여 별다른 지침을 담고 있지 않다. 따라서 辯論前 會合을 몇 차례 열 것인지, 언제 열 것인지, 法廷에서 열 것인지 判事의 집무실을 이용할 것인지, 공식적으로 열 것인지 비공식적으로 열 것인지, 會合에서의 論議 內容을 기록할 것인지 아닌지 그리고 當事者는 참석시킬 것인지 등 會合의 運用과 관련된 거의 모든 事項이 判事의 재량에 달려 있다.

실제로 判事 중에는 會合을 매우 積極的으로 주도하는 타입이 있는가 하면, 가능한 한 소극적인 입장을 견지하면서 양측 代理人의 자발적 협조에만 의존하는 타입도 있어서 辯論前 會合에 관한 判事의 관여 정도는 천차만별인데, 辯論前 會合의 運用을 대하는 判事의 자세에 관한 클라크(Charles E. Clark) 判事의 다음과 같은 언급은 음미해 볼 가치가 있다.

"훌륭하게 管理된 辯論前 節次로부터 法院과 當事者가 얻을 수 있는 이익은 이제 새삼 언급할 필요조차 없지만, 그것은 저절로 얻어지는 것이 아니라 공동의 目標를 달성하기 위하여 法院과 양측 辯護士가 성실하게 努力함으로써 비로소 얻어지는 것이다. 성공 여부는 判事의 지도력(leadership)과 방향제시(direction) 그

---

1) Pollack, Pretrial Conference, 1970, 50 F.R.D. 451; Comment, The Local Rules of Civil Procedure in the Federal District Courts-A Survey, 1966 Duke L.J. 1011, 1055.

리고 격려(stimulus)가 좌우한다. 실로 當事者의 이해관계에 동화
되어 있는 양 代理人의 적대감을 무마시켜가면서 양측으로부터
자발적이고도 솔직한 협조를 이끌어 내기 위해서는 지금까지 우
리가 경험하지 못한 참으로 비범한 감각(tact)과 집요함(persist-
ence) 그리고 인내심(patience)이 반드시 필요하다. 만약 이러한
성공을 위하여 時間과 努力을 기울일 준비가 되어 있지 않은 判事
라면, 차라리 주어진 재량으로 辯論前 會合을 거치지 않는 편이
나을 것이다. 그러나 만약 그것을 하기로 한다면, 우리가 경험적
으로 아는 바와 같이 聯邦 判事로서 바랄 수 있는 최상의 대가,
즉 성취감을 맛볼 수 있을 것이다. 그는 공무를 效率的으로 완
수한 데 대하여 공중의 찬사를 받을 것이고, 또 받을 자격이 있
다 …."[1]

2. 運用 方式

(1) 當事者의 責任

상술한 바와 같이 運用方式과 관련하여 일반적으로 法院의
裁量이 전제되고 있는 반면에 當事者로서는 반드시 준수해야 하
는 事項이 많다. 즉, 일단 辯論前 會合이 열리게 되면 辯護士는 참
석이 강제되며,[2] 이에 참석하는 각 當事者측 辯護士 중에서 최소
한 한 명은 論議가 예상되는 事項에 관하여 自白, 約定, 和解 등의

---

1) Padovani v. Bruchhausen C.A. 2d, 1961, 293 F.2d 546, 550.

2) 이에 따르지 않는 경우 F.R.C.P. 제16조 (f)에 의한 制裁를 받는다. 辯論前
會合에 被告의 首席 辯護士는 불참하였고, 그를 대리하여 참석한 辯護士는 事
件을 숙지하지 못한 상태였기 때문에 論議가 不可能하여 會合이 무산되었다는
이유로 被告의 代理人에게 原告의 辯護士費用 150불을 지급하라는 制裁가 가
해진 事例: Ha-Lo Indus., Inc. v. Your Favorite Producers, Inc., D.C. Ill.
1995, 164 F.R.D. 233.

의사표시를 할 수 있는 權限(authority)을 가지고 있어야 한다.[1]

또, 최종 辯論前 會合의 경우 本案 節次에 출석할 代理人 중 적어도 한 명의 辯護士나 當事者(本人 訴訟의 경우)는 반드시 會合에 참석하여야 하며, 참석자는 證據의 인부를 용이하게 하기 위하여 證據 目錄이 포함된 裁判 計劃을 수립해야만 한다(F.R.C.P. 제16조 (d)).

F.R.C.P. 제16조에 명시되어 있지는 않지만, 대부분의 法院에서는 辯論前 會合 이전에 양 當事者측 代理人에게 準備書面(memorandum or statement)의 提出을 명하는데, 양 당사자는 재판에서 자신이 제출한 準備書面에 기재된 내용에 빈하는 주장을 할 수 없게 된다. 이는 또 代理人으로 하여금 爭點을 정리하게 함으로써 法院이 會合에서 論議를 進行시켜야 할 事項이 무엇인지 事前에 파악할 수 있도록 돕는 機能을 한다. 상당수의 法院에서는 判事에게 辯論前 會合의 效果的인 수행을 위한 기본구조를 제공하는 이 節次의 중요성을 인식하고, 이에 따르지 않는 代理人에 대하여 制裁를 가하고 있다.[2]

(2) 開催 時期

辯論前 會合을 어느 단계에서 시작할 것인가, 몇 차례 열 것인가, 정기적으로 개최할 것인가 등에 대한 決定은 事件의 質에

---

1) F.R.C.P. 제16조 (c): 이 조항에 대한 1983년 改正의 advisory committee notes는 이렇게 일정한 '權限'(authority)을 가진 자의 참석을 要求하는 것은 결코 當事者가 원치 않는 約定이나 和解를 강제하려는 의도가 아니라 當事者가 미처 예기치 못했던 狀況이 會合에서 벌어지는 경우에 대비하고, 미리 當事者 본인과 의논하거나 승인을 받아 두었어야 하는 事項에 적절히 대처할 수 있도록 함으로써 會合이 공전되거나 형식적이고 의례적인 것으로 흐르는 것을 막기 위한 것이라고 說明하고 있다.

2) Wright et. al., op. cit. at s 1524.

따라 유동적으로 대처할 문제인데, 실무상 會合의 實效性과 관련
하여 매우 신중히 決定되고 있다.

　만약 한 번만 개최하기로 한다면 本案審理를 위한 準備가 완
료된 후에 개최되는 것이 바람직한데, 이는 양 當事者가 辯論을
통하여 決定되어야 할 爭點이 무엇인지 완전히 숙지한 상태에서
會合이 進行되어야 생산적이기 때문이다. 대다수의 法院은 判決
로 혹은 州의 訴訟規則으로써 開示節次가 마무리된 후에야 辯論
前 會合을 개최하겠다는 의지를 표명하고 있다. 이러한 관점에서
'最終 辯論前 會合'은 가능하면 本案審理期日에 근접한 時點에 개
최되어야 한다고 規定하고 있는 것이다(F.R.C.P. 제16조 (d)).

　그러나 복잡하고 쟁점이 많아서 辯論前 會合을 여러 차례 개
최해야 할 事件의 경우에는 순차적으로 開示와 申請 處理 등을 위
한 計劃을 세우고 訴答節次를 통하여 爭點을 정리한 후 이러한 爭
點의 분리·병합 여부를 決定하는 등 事件을 管理해 나갈 필요가
있으므로, 節次가 當事者의 判斷에 의하여 독자적으로 進行되도
록 방치하는 것보다는 法院이 이를 주도해 나가는 것이 훨씬 效果
的이고, 따라서 辯論前 會合의 조기 개최가 바람직할 것이다.[1]

　會合을 수차례 여는 경우에도 定期的인 개최가 유용할 때가
있다. 정기적으로 개최하게 되면 申請의 處理 등 必要性이 제기될
때마다 여는 것보다 進行을 監視·統制하는 데 용이할 뿐만 아니
라 代理人의 철저한 準備를 유도하여 效率的인 會合이 될 수 있
다. 여기에 상술한 會合前 準備書面의 提出이 결합되면 當事者의
형식적인 출석을 방지하고 보다 완벽한 進行을 도모할 수 있다.[2]

---

1) Wright et. al., op. cit. at s 1524; Moore, op. cit. at 16~64.
2) Federal Judicial Center, op. cit. at 45.

⑶ 會合의 主宰者

辯論前 會合에서 論議될 事項이 후술하는 바와 같이 매우 광범위한데다가 그 節次의 運用에 관한 判事의 裁量權까지 절대적이기 때문에, 辯論前 會合을 主宰하는 判事가 本案審理까지 進行할 수 있도록 하는 것이 과연 바람직한가에 대하여 論議가 제기되었다.

이에 대하여는 辯論前 會合의 目標를 어디에 두느냐에 따라 결론을 달리한다. 먼저 會合을 주로 和解를 유도하는 도구로 생각한다면 양 節次를 다른 判事가 主宰하는 것이 바람직하다고 보는데, 이는 判事가 和解를 강제할 可能性을 감소시킴과 동시에 辯論前 會合에서 和解에 소극적이었던 當事者가 혹시 本案에서 불이익을 받게 되지 않을까 하는 두려움을 가지게 될 可能性까지 덜어주기 때문이다. 반면에 本案審理의 準備에 중점을 둔다면 동일한 判事가 양 節次를 進行하는 것이 바람직한데, 이는 당연히 會合을 통하여 事件을 숙지한 判事가 審理를 主宰하는 것이 效率的일 것이라는 믿음 때문이다. 그래서 일부 주, 예컨대 캘리포니아주에서는 양 節次를 동일한 判事가 進行하되 和解를 위한 會合만을 분리하여 다른 判事가 進行하도록 하고 있다.[1] 그런데 현실적으로 양 節次를 동일한 判事가 進行할 수 있는가 여부는 각 法院의 가용 判事의 數와 裁判 日程 등 法院 事情에 의해서도 영향을 받게 되는데, 當事者가 각 단계마다 차례를 기다려야 할 정도라면 동일한 判事가 進行하는 것이 오히려 비생산적일 수도 있다.[2]

---

1) Friedental et. al., op. cit. at 432, 433.
2) Wright et. al., op. cit. at s 1524.

(4) 會合의 參席者 및 記錄 여부

가. 會合의 參席者

代理人과 本人 訴訟의 當事者는 첫 辯論前 會合에는 반드시 참석해야 하며, 그 이후의 會合은 당해 會合이 열리는 目的에 따라 法院이 참석 여부를 決定할 수 있다. 法院은 當事者의 辯護士 費用 절감을 위하여, 반드시 필요한 狀況이 아니라면 辯護士의 參席을 면제할 수 있는 것이다. 그리고 法院은 和解 모색을 위하여 적절하다고 判斷될 경우에 辯論前 會合에 當事者나 그 代表者가 참석하도록 하거나 전화로 연결할 것을 要求할 수 있다.[1] 이것은 會合에서의 토의가 生產的이고 迅速하게 이루어질 수 있도록 하기 위한 것인데, 이 規定을 근거로 法院이 當事者의 참석을 명할 것인지는 첫째 和解의 可能性, 둘째 當事者의 참석이 과연 和解에 도움이 될 것인지 아니면 오히려 방해가 될 것인지에 대한 判斷, 셋째 참석시키는 것이 當事者에게 줄 수 있는 부담의 정도, 넷째 이전에 辯護士들간에 이루어진 和解 試圖의 成果, 다섯째 當事者 측의 내부 意思決定이나 決裁가 필요한지 여부, 여섯째 當事者들이 辯護士에게 어느 정도의 裁量權을 부여하고 있는지 등의 요소를 고려하여 신중히 決定되어야 할 것이다.[2]

만약 當事者를 참석시켰으나 협조적인 분위기를 해칠 수 있다고 判斷되는 경우에는 會合의 進行 도중 잠시 양 當事者 혹은

---

1) F.R.C.P. 제16조 (c): 이 規定은 1993년 개정시에 삽입된 것인데, 그 이전에는 과연 法院이 和解를 위하여 개최되는 辯論前 會合에 當事者 本人의 출석을 강제할 수 있는가에 대하여 논란이 있었고, 이에 대하여 聯邦 第7 抗訴法院은 原則的으로 이에 찬성하면서 다만 當事者에게 부당한 부담을 강제하지 않도록 세심한 주의를 요한다고 總 審理(en banc)로 판시한 바 있었다: G. Heileman Brewing Co. v. Joseph Oat Corp., C.A. 7th, 1989, 871 F.2d 648, 653.

2) Moore, op. cit. at 16~66, 67.

일방의 當事者와 그 代理人을 함께 퇴장시키고 論議를 계속하는
것도 한 가지 方法이지만, 자칫 法院이나 代理人에 대한 신뢰감을
떨어뜨릴 염려도 있으므로 주의를 요한다는 지적이 있다.[1]

나. 會合의 記錄

'오프 더 레코드'로 열리는 會合은 양 當事者의 솔직한 입장
표명을 유도하는 장점이 있는 반면에, '온 더 레코드'는 論議 事項
에 대한 사후의 紛爭을 예방할 수 있게 해 준다. 특히 참석 辯護
士의 숫자가 많은 경우에는 가능한 기록을 남기는 것이 선호된다.
그러나 判事 개인의 취향이나 당해 事件의 전후사정에 따라 判事
의 집무실에서 오프 더 레코드로 열리는 非公式的인 會合이 더욱
생산적일 수 있다.[2]

⑸ 會合의 濫用 制限

辯論前 會合과 관련하여 當事者와 法院이 자제해야 할 몇 가
지 事項이 지적되고 있다. 양 當事者측은 辯論前 會合을 相對方의
裁判準備 狀況을 탐지할 目的으로 이용하려고 해서는 안 되며, 辯
護士는 辯論前 會合을 開示의 한 가지 方法이나 立證方法을 모색
하는 手段으로 간주해서는 안 된다. 나아가 會合은 裁判期日의 대
용물이 아니므로, 裁判期日에 다루어질 사실상의 爭點이 더 이상
없다는 이유로 事實審省略裁判에 회부하려는 경우에도 判事는 사
실에 관한 爭點을 決定할 權限이 없다. 會合에서의 상호 협조는
자발적인 의사표시에 한정되어야 하며, 當事者의 의사에 반하는
讓步나 和解가 강제되어서는 안 된다.[3] 이와 관련하여 法院이 當

---

1) Federal Judicial Center, op. cit. at 46.
2) Ibid. at 45.
3) Friedental et. al., op. cit. at 432; Wright et. al., op. cit. at s 1525.

事者들에게 일정한 事實關係에 대하여 다툼이 없는 사실로 합의
할 것을 요청하는 것을 넘어서서 命令의 形態로 강제할 수 있는가
에 대하여 논란이 있는데, 60년대 이전의 判例 중에는 이를 긍정
한 것이 많았으나 70년대 들어서 聯邦 第7抗訴法院은 이를 부정
하였다.[1]

제 4 항 辯論前 會合의 論議事項

1. 論議事項의 擴大

F.R.C.P. 제정 당시 辯論前 會合에서 論議될 수 있는 事項으
로 명시된 것은 '① 爭點의 單純化, ② 訴答 修正의 必要性과 妥
當性, ③ 불필요한 立證의 排除를 위한 事實關係와 文書의 認否
可能性, ④ 專門家 證人 숫자의 制限 問題, ⑤ 事實認定에 관한
判斷을 배심원에 의할 경우 證據關係의 정리를 매스터에게 맡기
는 것이 바람직한지 여부, ⑥ 기타 判決에 도움이 되는 事項' 등
6개 항에 불과하였는데, 그 후 1983년 改正에서 5개 항이 추가되
었고,[2] 1993년의 改正으로 또 다시 5개 항이 추가되어[3] 현재는

---

1) 긍정한 判例: Berger v. brannan, C.A. 10th, 1949, 172 F.2d 241, 243,
certiorari denied 69 S. Ct. 1595, 337 U.S. 941, 93 L.Ed. 1746; Holcomb
v. Aetna Life Ins. Co., C.A. 10th, 1958, 255 F.2d 577, 580, certiorari de-
nied 79 S.Ct. 118, 358 U.S. 879, 3 L.Ed. 2d 110; Brinn v. Bull Insular
Lines, Inc., D.C.Pa. 1961, 28 F.R.D. 578. 부정한 判例: J. F. Edwards
Constr. Co. v. Anderson Safeway Guard Rail Corp., C.A. 7th, 1976, 542
F.2d 1318, 1323; Wright et. al., op. cit. at s 1525.1에서 재인용.

2) 추가한 의도는 訴訟을 더욱 잘 計劃하고 管理하는 데 있으며, 이렇게 辯論前
節次에서의 증가된 司法的 統制가 節次의 進行과 事件終結을 가속화할 것이라
고 1983년 改正에 관한 advisory committee notes는 명시하고 있다.

3) 當事者간의 '辯論前 和解' 혹은 '效率的이고 經濟的인 審理'를 도모함과 아울
러 F.R.C.P. 제42조, 제50조, 제52조 規定과의 조화를 이루기 위하여 法院이

후술하는 15개의 例示規定에 1개의 包括規定을 포함하여 모두 16개 항으로 論議對象을 명시하고 있다.

1) 불필요한 主張과 抗辯의 배제를 포함하는, 爭點의 形成 및 單純化

2) 訴答 修正의 必要性 및 妥當性

3) 다툼 없는 事實의 정리, 文書의 眞正性(authenticity)에 관한 약정, 그리고 證據의 許容性(admissibility)에 관한 法院의 事前決定

4) 불필요한 證據와 중복적인 證據의 배제, 그리고 聯邦證據規則 제702조에 의해 이루어지는 專門家 證言의 制限

5) F.R.C.P. 제56조에 의하여 이루어지는 事實審省略裁判(summary adjudication)의 適切性과 時點

6) F.R.C.P. 제26조와 제29~37조에 따른 開示節次에 관한 命令을 포함하여, 모든 開示節次에 관한 統制 및 日程配置

7) 證人의 人的事項 및 書證의 구분, 辯論前 準備書面의 提出・交換의 必要性과 日程, 이후의 辯論前 會合과 裁判期日의 日程

8) 일정한 權限을 매지스트리트 判事와 매스터에게 委任하는 方案의 妥當性

9) 법령과 個別 州의 訴訟規則에 의하여 인정되는 代替紛爭解決節次의 이용

10) 辯論前 命令의 形式과 內容

11) 현안 申請의 決定

_____

적절한 命令을 발할 수 있는 權限에 관한 의문점을 해소할 目的으로 추가한 것이다: 1993년 改正에 관한 advisory committee notes.

12) 복잡한 爭點, 多數 當事者, 난해한 法的 問題, 특이한 立證 問題 등이 관련된 어렵고 오래 끌 可能性이 있는 事件을 管理하기 위하여 特別한 節次를 採擇할 必要性이 있는지 여부

13) 當事者가 複數인 경우나 특정한 爭點에 관하여 F.R.C.P. 제42조 (b)에 따라 審理을 분리하는 命令

14) F.R.C.P. 제50조 (a)와 제52조 (c)에 의하여 내려지는 一部 判決[1]의 기초를 이루는 爭點과 관련하여 當事者에게 동 판결을 위한 證據를 審理 初期段階에서 提出하도록 하는 命令

15) 證據調査 소요시한에 대하여 合理的인 制限을 설정하는 命令

16) 기타 裁判의 公正・迅速・經濟的인 處理에 도움이 되는 諸般 事項

특히 1993년의 改正에서는 '當事者의 異議에도 불구하고 辯論前 會合에 관한 적절한 命令을 발할 수 있는 法院의 權限을 명확히 하기 위하여'[2] 동 조항의 서문이 "會合의 參席者는 … 事項 등에 관하여 論議하고 措置를 취할 수 있다"(The participants at any conference under this rule may consider and take action with respect to …)고 規定되었던 것을 "會合에서는 … 事項 등에 관하여 論議될 수 있고, 法院은 적절한 措置를 취할 수 있다"(At any conference under this rule consideration may be given, and the court may take appropriate action, with respect to …)로 문구를 修正하였다.

---

1) 특정한 爭點에 대하여 충분한 審理가 이루어졌다고 판단되는 등 일정한 경우에 그에 관한 더 이상의 主張과 抗辯을 禁止하거나 기타 적절한 지침을 내리는 中間判決.

2) 1993년 改正에 관한 advisory committee notes.

2. 爭點의 形成 및 單純化

F.R.C.P. 제16조의 (c)(1) 規定 內容이 '爭點의 單純化'(simplification of the issues)에서 '불필요한 主張이나 抗辯의 배제를 포함하는(including the elimination of frivolous claims or defences) 爭點의 形成(formulation) 및 單純化'로 改正된 것은 1983년 改正에서의 일이다.

'形成'(formulation)이라는 문구가 삽입된 것은 訴訟上의 爭點을 구분·확인할 수 있는 法院의 權限을 명확히 승인하기 위한 것이고, 이로써 辯論前에 진정한 爭點을 확정함으로써 時間과 費用을 절감시켜 訴訟의 效率性을 높이게 된다. 이것은 法院에 '불필요한 主張이나 抗辯을 배제'할 수 있는 權限을 부여함으로써 더욱 명확해지는데, 이제 군이 事實審省略裁判의 공식적인 申請을 기다릴 필요가 없을 뿐만 아니라 當事者가 이 조항을 근거로 節次를 주도할 때까지 기다릴 필요 역시 없어지게 되었음을 의미한다.[1] 그러나 그렇다고 하여 爭點의 形成에 양 當事者가 협조할 實質的인 責任이 감소하는 것은 아니므로 양측 辯護士는 이를 위한 努力을 게을리하지 말아야 하며, 따라서 만약 爭點을 제시하지 못할 경우에는 그 爭點에 대하여 裁判받을 權利를 포기한 것으로 취급되기도 한다.[2] 이렇게 本案에서 다루어질 爭點들을 명시한

---

1) F.R.C.P. 제16조 (c)(1)의 1983년 改正에 관한 advisory committee notes; Richey判事는 이러한 개정 배경에 관한 언급을 논거로 '불필요한(frivolous) 主張이나 抗辯의 배제'라는 표현을 擴大解釋하여 訴訟 자체가 불필요하고 하찮은 경우에는 이 規定을 근거로 本案審理에 이르지 않고 訴를 却下(dismissal)하는 것도 가능하다고 主張한다: Charles R. Richey, Rule 16: A Survey and Some Considerations for The Bench and Bar, 126 F.R.D. 606, 607(1989).

2) Burton v. Weyerhaeuser Timber Co., F.R.D. 571(D.Ore. 1941): 辯論前

法院의 命令은 後續節次를 統制해 나아가게 되며, 이것은 當事者들이 本案節次에 대비하여 準備하는 데 크게 도움이 된다. 왜냐하면 當事者들이 비록 事前開示節次를 통하여 爭點을 그들 스스로 파악할 수는 있지만, 爭點에 관한 法院의 權威있는 命令은 當事者로 하여금 立證이 필요한 爭點에 대하여 확신을 가지게 해 주기 때문이다. 이러한 의미에서 辯論前 節次는 當事者들로 하여금 그들이 爭點에 대하여 가지게 되는 막연한 느낌과 의견을 法院이 발하는 命令을 통하여 실제로 裁判에서 다루어질 것이 예정된 具體的 形態의 爭點으로 인식할 수 있게 해 주는 편리한 制度이다. 그러나 이렇게 辯論前 命令에서 명시된 爭點에 이후의 節次를 규율하는 拘束力이 인정된다고 하더라도, 이 命令이 발하여진 이후에 비로소 밝혀지는 追加的인 爭點의 부상까지 막는 것은 불합리하므로 새로운 爭點이 진정한 것이고 當事者 一方에 불이익이 되는 奇襲的인 主張이 아닌 한 이를 허용하여 辯論前 命令을 적절히 修正해야 할 것이다.[1]

3. 訴答의 修正

과거 裁判 遲延의 큰 原因 중의 하나는 訴答의 修正 요청이

會合에서는 제시하지 않다가 裁判節次에 이르러서야 제시한 抗辯을 근거로 被告勝訴의 判決을 한 데 대하여 法院이 再審理(new trial)를 받아들인 事例. 이 判決에서 法院은 "과거의 慣行에 익숙한 辯護士들이 裁判期日이 상당히 進行될 時點까지 극적인 爭點을 감춰 두고 싶어하는 심정에는 공감할 수 있지만, 本案 審理期日에 이르러서야 奇襲的인 攻擊·防禦 方法을 동원하는 것은 이제 더 이상 새로 제정된 F.R.C.P.하에서는 허용되지 않는다는 점을 분명히 해 둔다. 當事者들은 本案에서의 提出을 위해서는 特權·免責 事項과 彈劾 事項을 제외한 모든 法律上, 事實上의 爭點을 미리 辯論前에 제시하여야 하며, 이 두 가지 例外的인 事項들도 辯論前 節次를 進行하는 判事에게만은 제시되어 그 規律을 받아야 한다"고 설시하였다; Moore, op. cit. at 16~50에서 재인용.

1) Moore, op. cit. at 16~49, 50.

裁判期日에 이르러서야 이루어지는 병폐적인 관행이었는데, 이렇
게 뒤늦은 요청이 제기되면 相對方 當事者가 奇襲的인 主張임을
들어 異議하게 되고 결국 裁判期日이 후일로 연기되곤 했다. 그러
나 訴答 修正의 必要性과 妥當性을 辯論前 會合에서 검토하도록
F.R.C.P. 제정 당시에 명시함으로써 辯論前에 訴答의 修正이 이루
어지는 데 큰 기여를 하게 되었다. 즉, 辯論前 會合을 거친 경우에
는 裁判期日에서 修正을 요청할 수 없게 되었고, 결국 辯論前 會
合 이후에 비로소 提起된 문제나 會合시에 이미 존재하고 있기는
했으나 辯護士가 그 情報를 미리 입수하는 데 과실이 없었다는 등
의 예외적인 사정이 있는 경우를 제외하고는 裁判의 遲延을 초래
하는 수정 요청은 받아들여지지 않게 된 것이다.[1] 그러나 辯論前
命令이 그 이후의 節次를 지배하기 때문에, 그 命令에 명시된 爭
點을 반영하기 위하여 행하는 訴答의 修正을 게을리하다가 裁判
에 이르러서 그 修正을 요청하더라도 수정이 불허되는 것은 아
니다.[2]

---

1) Ibid. at 16~50, 51.

2) 결함이 있는 병(瓶)으로 인하여 상처를 입은 原告가 생산자를 상대로 過失
에 의한 損害賠償을 請求한 事例에서, 擔保責任에 관하여 辯論前 會合에서 論
議되었음에도 불구하고 原告가 裁判이 시작된 이후에야 擔保責任 주장을 포함
하는 訴狀의 修正을 申請하자 그 申請은 기각되었다. 抗訴審에서는 原告가 擔
保責任 主張을 할 수 있도록 事件을 1審 法院으로 환송(remand)하면서 辯論
前 會合에서의 爭點의 提起는 被告에 대한 通知를 의미하고(訴答의 補充的 變
更은 F.R.C.P. 제15조 (d)에 의하여 相對方에 대한 通知를 要件으로 함) 聯邦
第 1 審 法院이 辯論前 命令에 그 爭點을 삽입한 것은 承認을 의미하며 辯論前
命令은 넓게 해석되어야 하기 때문에, 訴答의 修正은 辯論前 節次혹은 修正 申
請의 許可를 통하여 許可되었어야 마땅하다고 판시하였다: Howard v. Kerr
Glass Mfg. Co., 699 F.2d 330(6th Cir. 1983) Moore, op. cit. at 16~51에
서 재인용.

4. 事實關係와 證據에 관한 事前 整理

辯論前 會合을 거치면서 立證이 필요한 事實關係를 최소화함과 동시에 그 立證을 위하여 반드시 필요한 證據가 무엇인지를 일목요연하게 정리할 수 있게 되어 결국 裁判에서의 事實確定 및 證據調査節次를 效率的으로 進行할 수 있게 된다(F.R.C.P. 제16조(c)의 (3)(4)).

우선 法院은 辯論前 會合에서 事實關係에 관하여 當事者의 自白을 받음으로써 다툼 없는 사실을 가려낼 수 있고,[1] 提出 예정인 書證의 '眞正性'(authenticity)에 대하여 當事者 사이의 약정을 유도함으로써 文書의 眞正性에 대한 立證을 위하여 소요되는 時間과 努力을 절약할 수 있다.[2] 또, 證據의 '許容性'(admissibility)[3]에 대하여 事前에 決定하여 둠으로써 이와 연관된 開示要求를 抑制하는 등 審理의 效率을 기할 수 있다. 당초 F.R.C.P. 제16조 (c)의 (3)에는 '事實關係와 書證의 인부'에 관한 논의만 언급하고 있었으나, 1983년 개정시 法院에서 사실상 행하여지고 있던 實務를

---

1) 辯論前 會合에서 다툼이 없는 事實로 정리된 사실에 대하여는 당연히 裁判期日에서의 立證이 필요 없게 되지만, 辯論前 準備書面(memorandum)에는 언급되었으나 辯論前 會合에서 論議되지도 않았고 辯論前 命令에도 삽입되지 않은 內容은 自白되었다고 볼 수 없으며 相對方 當事者는 이를 證據로 使用할 수도 없다고 판시한 事例: Taylor v. Allis-Chalmers Mfg. Co., 320 F. Supp. 1381(E.D.Pa. 1969), aff'd, 436 F.2d 416(3d Cir. 1970); Moore, op. cit. at 16~57에서 재인용.

2) 이 조항이 法院에 事實에 관한 約定을 강제할 權限까지 부여한 것은 아니며, 그러한 約定을 要求하는 辯論前 命令은 무효라고 판시한 事例: J.F. Edwards Constr. Co. v. Anderson Safeway Guard Rail Corp., 542 F.2d 1318(7th Cir. 1976); Moore, op. cit. at 16~57에서 재인용.

3) Federal Rules of Evidence 제402조에 의하면 '許容性'(admissibility)은 요증사실과의 '關聯性'(relevance)이 있는 경우에만 인정된다.

반영하여 '書證의 眞正性에 대한 約定' 및 '證據의 許容性에 대한 法院의 事前 決定'이 추가된 것이다.

그리고 辯論前 會合을 통하여 불필요한 證據나 중복적인 證據를 미리 가려 내는 것이 가능한데, 특히 중복적인 證言의 경우에는 F.R.C.P. 제16조 (c)(15)에 의하여 證據調査 소요시한을 설정하는 命令을 발함으로써 制限하는 것이 가능하다. 이러한 命令은 물론 當事者로부터 證言의 內容 및 그 소요 時間에 관한 說明을 듣고 이를 종합하여 내려진다.

專門家 證言의 制限에 관하여는 원래 F.R.C.P. 제정 당시에 規定이 있었으나, 1983년의 改正에서 이것이 삭제된 후에는 重複 證據의 배제 規定을 근거로 불필요한 專門家 證言을 制限할 수 있다고 해석하였는데, 專門家 證言의 弊害가 심각한 정도에 이르자 1993년 개정 시 F.R.C.P. 제26조의 (a)(2)에 裁判期日에 證言할 專門家 證人의 人的事項을 相對方에게 義務的으로 開示하고 그가 署名한 書面報告書를 제공하도록 規定함과 동시에 辯論前 會合에서 그 制限에 관하여 論議할 수 있도록 제16조 (c)(4)에 다시 명시하기에 이르렀다. 그리하여 證據法上의 原則에 의하여 허용 가능한 專門家 證言도 당해 事件의 事情에 비추어 과도하게 많은 費用이 소요되거나 다른 證據로 代替할 수 있는 경우에는 불허할 수 있음이 명백하게 되었다.[1]

5. 後續 節次의 準備

F.R.C.P. 제16조 (c)(5)는 F.R.C.P. 제56조에 의하여 이루어지는 事實審省略裁判(summary adjudication)을 活用함으로써 本案

---

1) F.R.C.P. 제16조 (c)(4)의 1993년 改正에 관한 advisory committee notes.

審理의 부담을 줄일 수 있다는 인식하에 事實審省略裁判이 적절한지 그리고 동 節次를 이용한다면 적절한 時點은 언제인지에 대하여 논의하도록 명시하였으며, 이미 決定을 내릴 수 있을 정도로 여건이 성숙한 경우라면 法院은 제16조의 (c)(11)에 의하여 辯論前 會合시에 事實審省略裁判 申請에 대한 決定을 내릴 수도 있다. 辯論前 會合에서의 論議중에 事實審省略裁判의 必要性이 부각되는 경우 法院은 當事者에게 동 申請의 제기를 권유할 수 있다.[1]

　F.R.C.P. 제16조의 (c)(6)은 'F.R.C.P. 제26조와 제29~37조에 따른 開示節次에 관한 命令을 포함하여 모든 開示節次에 관한 統制 및 日程配置'를 명시하고 있는데, 이는 1993년 개정시에 開示節次의 使用 範圍 및 時點에 관한 적절한 統制를 論議하는 것이 辯論前 會合의 주요 目的이라는 사실을 강조하기 위하여 삽입된 것이다. 많은 事件의 辯論前 會合에서 法院은 F.R.C.P. 제26조 (a)(2)(B)에 의하여 강제된 專門家 證人의 書面 報告書가 相對方에게 제공되어야 할 時點 및 後續 節次를 특정하거나 동 專門家를 교체할 것을 지시할 수 있고, F.R.C.P. 제26조 (a)(3)에 의하여 辯論前 公開(pretrial disclosure)가 강제되고 있는 證人과 書證의 目錄을 提出할 時期와 提出 形態를 變更할 것인지 여부도 검토할 수 있을 것이다.[2]

　F.R.C.P. 제16조 (c)(7)은 辯論前 會合에서 '證人의 人的事項 및 書證의 區分 明示, 辯論前 準備書面의 提出·交換의 必要性과 日程, 이후의 辯論前 會合과 裁判期日의 日程' 등에 대하여 論議할 수 있다고 規定하고 있는데, 이는 1983년 개정시에 삽입된 內

---

1) F.R.C.P. 제16조 (c)(5)의 1993년 改正에 관한 advisory committee notes.
2) F.R.C.P. 제16조 (c)(6)의 1993년 改正에 관한 advisory committee notes.

容으로서 일견 서로 무관해 보이지만, 특히 裁判期日에서의 奇襲的인 主張・立證을 배제함과 동시에 裁判期日을 향하여 進行되어 나가는 後續節次를 準備하는 데 도움이 되는 事項을 명시한 것이다.[1]

6. 일정한 權限의 매지스트리트 判事 및 매스터에의 위임

辯論前 會合에서는 일정한 事項의 處理 權限을 '매스터'(master)나 '매지스트리트 判事'(magistrate judge)에게 부여하는 것이 필요한가를 論議할 수 있다. 원래 F.R.C.P. 제정시에는 權限 부여의 對象이 '매스터'뿐이었고 그나마 裁判이 陪審員에 의한 경우에 證據 蒐集을 위해서만 가능한 것으로 한정하고 있었으나, 1983년 개정시에 實務를 반영하여 現在의 形態로 適用 對象을 확장한 것이다.[2]

'매스터'란 法院에 의하여 선임되어 裁判을 보조하는 業務를 수행하는 者를 말하는데, 그 수행하는 業務의 範圍는 매우 광범위하여 레프리(referee: 證言과 當事者의 陳述을 청취하여 그 결과를 法院에 提出하는 法院 公務員), 오디터(auditor: 주로 財産關係가 爭點이 되는 事件에서 부채와 신용 등을 評價하는 法院 公務員), 이그재미너(examiner: 일정 事項에 대한 檢査나 證言 聽取를 업무로 하는 法院 公務員), 어세서(assessor: 財産의 評價 기타 특정한 과학적 지식을 바탕으로 裁判을 보조하는 法院 公務員), 트라이얼 플래너(trial planner)로서의 業務 기타 法院이 보조를 원하는 業務를 모두 처리하며, 報酬는 法院이 決定하여 當事者에게 支給을 명할 수도 있

---

1) Moore, op. cit. at 16~58.
2) Wright et. al., op. cit. at s 1525.

다(F.R.C.P. 제53조 (a)). 陪審員 裁判의 경우에는 爭點이 복잡한 경우에만, 그리고 非陪審員 裁判인 경우에는 예외적인 狀況 때문에 반드시 필요하다고 判斷될 때만 매스터에게 업무를 위임할 수 있고, 當事者의 同意가 있으면 매지스트리트 判事도 매스터로 지명될 수 있다(F.R.C.P. 제53조 (b)). 매스터를 지정할 경우에 法院은 매스터의 權限 및 業務의 範圍와 性格을 한정하여 이를 명시한 委任命令(order of reference)을 발해야 한다(F.R.C.P. 제53조 (c)). 매스터는 業務 範圍 내의 사실과 관련된 證據의 提出을 要求할 수 있고, 證據의 許容性(admissibility)을 決定할 수 있으며, 當事者와 證人을 선서하에 訊問할 수 있을 뿐만 아니라 이러한 업무들을 效率的으로 수행하기 위한 제반 조치를 취할 權限도 가진다(F.R.C.P. 제53조 (c)). 매스터는 업무를 처리한 후 報告書를 作成하여 法院에 提出함과 동시에 양 當事者에게도 이를 교부해야 하는데, 이 報告書의 效力은 陪審員 裁判인지의 여부에 따라 달라진다. 즉, 陪審員 裁判이 아닌 경우에 法院은 보고서에 명백한 오류가 없는 한 그 事實關係를 받아들여야 하며, 當事者에 의하여 書面 異議가 제기되면 法院은 청문회를 열어 그 결과에 따라 보고서를 採擇하든가, 棄却하든가, 지침을 주어 修正과 補充을 명할 수 있다. 陪審 裁判의 경우에는 보고서를 證據로 採擇하여 陪審員 앞에서 낭독할 수 있다. 만약 當事者들이 그 보고서에서 적시한 事實關係를 받아들이기로 약정하게 되면 이는 최종적인 것으로 확정되며, 이후로는 法律的인 論議만이 허용된다(F.R.C.P. 제53조 (e)).

'매지스트리트 判事'[1] 역시 裁判을 보조하기 위하여 광범위

---

1) 聯邦地方法院 判事에 의하여 임명되는 司法官吏(judicial officer)로서 full-time magistrate와 part-time magistrate로 나뉘는데, 이들은 28 U.S.C. §636에 의하여 訴訟進行 과정에서 여러 가지 制限된 權限을 행사한다.

한 業務를 수행하는데, 當事者가 同意하는 경우에는 陪審·非陪審을 막론하고 民事 裁判까지 進行할 수 있으며, 開示節次를 統制하고 辯論前 申請에 대하여 決定을 내리는 등 法院에 의하여 위임된 範圍 내에서 判事에 준하는 權限을 행사할 수 있다(F.R.C.P. 제72~76조 참조).[1] 원래 '1968년의 聯邦 매지스트리트 法'이 제정되면서 制度化하였으며, 1990년 이 法이 개정되면서 '美合中國 聯邦 매지스트리트 判事'로 지칭되기에 이르렀다.[2] 상술한 매스터에 관한 F.R.C.P. 제53조의 規定 內容은 委任命令(order of reference)이 동 規定에 의한다고 명시하는 경우 매지스트리트 判事에게도 適用된다(F.R.C.P. 제53조 (f)).

7. 代替紛爭解決節次의 利用

1983년 개정시 辯論前 會合의 目的의 중점이 '本案 審理의 準備'에서 '司法的 事件管理'로 이동하게 되면서 目的의 하나로 '和解의 促進'이 명시되었다는 事實 및 그것이 가지는 意味에 대하여는 전술하였다. 이에 따라 '和解 및 紛爭解決을 위한 裁判外的 節次의 使用 可能性'(the possibility of settlement or the use of extrajudicial procedures to resolve the dispute)이 辯論前 會合의 論議 對象에 포함되었다.

이것은 당시 辯論前 會合에서 和解 可能性을 토의하는 것은 이미 관행화되어 있다는 사실을 인식하고 이를 반영한 결과였으며, 그런 토의가 事件 積滯를 해소하고 法院과 當事者의 費用을 감소시키는 것은 명백하므로 가능하면 費用과 時間이 소비되기

---

1) Title 28 U.S.C. §§ 631~639.
2) Mullenix. op. cit. at 374.

이전인 訴訟의 初期段階에서 토의가 이루어질 것을 勸告하는 의미였다.[1] 또, 비록 이 條項의 目的이 和解의 의사가 없는 當事者에게 협상을 강요하는 데 있지는 않았으나, 和解에 관하여 허심탄회하게 토의할 수 있는 중립적인 자리가 마련된다는 사실 자체가 和解를 促進시킨다는 점에 대하여는 이론이 없었다. 그러나 和解를 위한 會合을 일률적으로 강제하지는 않았는데, 이는 그 非效率性을 인식했기 때문이다. 그리고 和解를 위한 會合은 가능하면 辯論前 會合 혹은 開示會合과 연계하여 개최되어야 하지만, 裁判의 準備 등 辯論前 會合의 다른 目的이 和解의 協商과 반드시 양립 가능한 것은 아니기 때문에 會合을 분리해서 여는 것이 바람직할 수도 있다고 勸告되고 있다.[2]

이 規定은 달라진 裁判 現實을 감안하여 1993년 改正에서 일부 수정되었다. 즉, '和解, 그리고 法令이나 個別 州의 訴訟規則에 의하여 허용된 紛爭解決에 도움이 되는 特別한 節次의 使用'(settlement and the use of special procedures to assist in resolving the dispute when authorized by statute or local rule)으로 字句가 수정되었는데, '裁判外的'(extrajudicial) 節次라는 용어를 '特別'(special) 節次로 변경한 것은 代替紛爭解決制度가 이미 정착되었음을 반영한 것이다. 또, '法令이나 個別 州의 訴訟規則에 의하여 허용된'이라는 制限을 둔 것은 그 使用을 制限하기 위한 것이 아니라, '民事司法改革法'(The Civil Justice Reform Act of 1990)이 聯邦

---

1) F.R.C.P. 제16조 (c)의 1983년 改正에 대한 advisory committee notes; 그러나 의미 있는 협상이 이루어지려면 開示節次가 어느 정도 진행되어 양 當事者가 自身 또는 相對方의 강점과 약점을 잘 파악하고 있어야 하므로 반드시 초기의 토의가 바람직한 것은 아니라는 지적도 있다: Federal Judicial Center, op. cit. at 45.

2) F.R.C.P. 제16조 (c)의 1983년 改正에 대한 advisory committee notes.

제 1 심 法院으로 하여금 代替紛爭解決 프로그램을 포함하는 '費用 및 遲延 減少 計劃'을 수립하여 시행하도록 義務化한 결과 각 法院이 個別 州의 訴訟規則으로써 當事者의 意思와 무관하게 시행할 수 있는 각종 代替紛爭解決方法을 고안하여 시행중에 있다는 사실을 반영한 것이다.[1] 그리고 이 論議事項이 실효성 있게 토의되게 하기 위하여 "法院은 和解 摸索을 위하여 적절하다고 判斷될 경우에 辯論前 會合에 當事者나 그 代表者가 참석하도록 하거나 전화로 연결할 것을 要求할 수 있다"고 하는 F.R.C.P. 제 16조 (c)의 마지막 문구가 1993년 개정시 삽입되었다고 함은 전술하였다.

8. 特別한 節次의 採擇

複雜한 爭點, 多數 當事者, 難解한 法的 問題, 특이한 立證 問題 등이 관련된 어렵고 오래 끌게 될 可能性이 있는 事件을 管理하기 위하여 特別한 節次를 채택할 必要性이 있는지 여부도 論議 對象이다. 規定은 特別한 節次에 과연 어떤 것이 있는지 具體的으로 例示를 하지 않고 있어서 결국 判事의 裁量에 맡겨져 있는 셈이지만, 과학·기술적인 지식이나 기타 특별한 지식이 필요한 경우 當事者가 선임하는 專門家 외에 法院이 專門家를 선임하여 裁判에 도움을 받는 '法院 選任 專門家(court-appointed expert) 制度'나 '專門家 諮問 陪審(advisory jury of expert) 制度'를 運用하는 方法 등이 이에 해당할 것이다. 이러한 制度를 채택하는 경우에는 時間과 費用이 증가하고 法院의 中立性이 훼손되는 경우가 발생하는 등의 短點과, 判事의 부족한 전문지식을 補充하고 양 當

---

1) Moore, op. cit. at 16~69, 70.

事者가 선임한 적대적인 專門家 사이의 의견을 調停하는 것이 가
능하게 되는 등의 長點을 비교형량하여 具體的인 事情에 맞추어
채택 여부를 決定해야 한다.[1]

9. 기   타

이외에 '辯論前 命令의 形態와 內容'도 論議 事項에 포함되어
있으나 이는 굳이 명시하지 않아도 당연히 論議되어야 할 事項이
며, '현안 申請에 대한 決定'은 원래 訴答節次나 開示節次를 거치
면서 발생하는 當事者 사이의 크고 작은 節次上의 紛爭을 統制·
調停해 나가는 것이 法院의 임무이므로 반드시 論議되어야 할 事
項 중의 하나가 될 것이다. 이 두 事項은 1983년 改正시에 삽입된
것이다.

또, '當事者가 복수인 경우나 爭點이 복수인 경우에 그 일부
에 대하여 F.R.C.P. 제42조 (b)에 따라 審理를 분리하는 命令을
할 것인지' 그리고 'F.R.C.P. 제50조 (a)와 제52조 (c)에 의하여 내
려지는 一部判決(특정한 爭點에 대하여 충분한 審理가 이루어졌다고
判斷되는 등 일정한 경우에 그에 관한 더 이상의 主張과 抗辯을 禁止
하거나 기타 적절한 지침을 내리는 中間 判決)의 기초를 이루는 爭
點과 관련하여 當事者에게 동 判決을 위한 證據를 審理 초기단계
에서 提出하도록 하는 命令을 내릴 것인지' 여부도 論議 對象인
데, 이는 이들 節次의 活用 可能性에 대한 주의를 환기하는 의미
에서 1993년 개정시 추가된 것이다.[2]

---

1) Federal Judicial Center, op. cit. at 109, 110, 115.
2) F.R.C.P. 제16조 (c)의 1993년 改正에 대한 advisory committee notes.

10. 포괄조항

1983년 改正까지는 제정 당시에 規定되었던 '기타 訴訟의 處理에 도움이 되는 諸般 事項'이라는 문구가 그대로 유지되었으나, 1993년 개정시 '기타 裁判의 公正·迅速·經濟的인 處理에 도움이 되는 諸般 事項'으로 修正되었다. 法院은 그 동안 이 조항을 광범위한 裁量權을 행사하는 근거로 삼아 왔는데, 예컨대 訴訟의 進行을 一定 期間 정지한다거나, 특정 爭點을 分離·併合하는 데 이 規定을 활용해 왔다. 또, 當事者의 입장에서도 辯論前 會合을 訴訟節次에 관하여 새로운 提案을 할 수 있는 기회로 활용하는 것이 가능하다. 原則的으로 辯論前 會合을 어떻게 運用할 것인지는 判事의 裁量에 달려 있는 문제이므로, 辯論前 會合에서 무엇이 다루어질지도 역시 裁量事項이고, 그 결과 訴訟代理人은 訴訟의 準備에 만전을 기해야 할 필요가 있게 된다.[1]

제 5 항 辯論前 命令(pretrial order)

1. 意義와 作成方法

辯論前 會合이 이루어지고 난 후 法院은 그 會合에서 논의된 事項을 담은 辯論前 命令을 발해야 하는데, 여기에는 會合에서 허용된 訴答의 修正, 當事者 사이에서 합의된 事項, 다툼 없는 事實로 정리된 爭點, 提出 예정인 證據目錄, 證據의 眞正性 및 許容性, 會合에서 처리되지 못하여 결국 裁判期日에서 다루어야 할 爭點 및 證據 등이 명시된다. 이 辯論前 命令은 특히 辯論前 會合과 裁

---

1) Wright et. al., op. cit. at s 1525.

判期日을 進行하는 判事가 다른 경우에 效率的인 進行을 보장해 준다.[1]

F.R.C.P.는 그 作成方法에 대하여는 아무런 언급도 하지 않음으로써 法院의 裁量에 맡겨 놓고 있는데, 각 法院은 個別 州의 訴訟規則으로써 여러 가지 方法을 規定하고 있다. 대별해 보면, 첫째 會合 전에 일방의 代理人에게 '辯論前 命令 提案書'를 作成해 오도록 한 후 이를 기초로 會合을 進行하면서 修正해 나가는 方法, 둘째 會合의 進行과 동시에 命令을 구술하여 기록한 후 이 기록을 그대로 命令으로 採擇하는 方法, 셋째 會合이 끝난 후 양측 代理人에게 합의하에 命令의 草稿를 作成하도록 한 후 이를 提出받는 方法, 넷째 거꾸로 判事가 作成하여 양측 代理人에게 異議는 없는지 확인받는 方法 등이 있는데, 일반적으로 가장 많이 使用되는 方法은 세 번째 方法이다.[2] 그러나 어떤 方法을 使用하더라도 양 代理人이 합의에 이르지 못하면 그 作成과 發令의 최종적인 責任은 判事가 부담할 수밖에 없을 것이다.[3] 辯論前 命令은 會合이 이루어진 후 합리적인 期間 내에 作成되어야 하지만, 一方 當事者에게 해가 되는 경우가 아니라면 그 발령이 遲延되었다는 이유만으로 그 效力에 영향을 받는 것은 아니다. 그리고 비록 規定의 形式이 반드시 命令을 내리도록 되어 있지만(… an order shall be entered …), 양측의 의견에 현격한 차이가 있어 辯論前 命令을 내리는 것이 비생산적일 정도로 法院에 부담이 되는 경우라면 命令을 내리지 않았더라도 후속 裁判節次가 무효로 되는 것은 아니다.

---

1) Wright et. al., op. cit. at s 1526; Friedental et. al., op. cit. at 433.
2) Wright et. al., op. cit. at s 1526.
3) Moore, op. cit. at 16~76.

또한, 辯論前 命令은 없었지만 當事者의 特定 爭點에 대한 意見이 辯論前 準備書面에 명시되어 있었다면 그 준비서면에 拘束力이 인정된다는 判例도 있다.[1]

2. 辯論前 命令의 效力

辯論前 命令의 가장 중요한 의미는 사후에 수정되지 않는 한 '後續 節次를 統制하는'(control the subsequent course of the action) 拘束力에 있다. 그 결과 辯論前 會合에서 다툼이 없는 사실로 정리되어 命令에 포함된 사실에 대하여는 마치 裁判을 거쳐 決定된 것과 같은 效果가 있으므로 立證이 필요 없으며, 法院도 事實審理를 進行할 필요가 없다.

當事者들 스스로도 命令에 포함된 自白과 合意에 구속되어 그에 반하는 主張을 할 수 없고,[2] 裁判에서 命令에 포함되지 않은 새로운 爭點을 제기할 수 없다.[3] 또, 辯論前 命令에 포함된 證據方法에도 구속되어 새로운 證據方法을 申請할 수 없게 되고,[4]

---

1) Moore, op. cit. at 16~75.

2) Shell Oil Co. v. M/T Gilda, 790 F.2d 1209(5th Cir. 1986): 辯論前 命令에 被告의 保險會社가 운송인인 被告의 損害賠償責任을 항상 인수하기로 約定되어 있다는 사실이 명시되어 있는 반면에 이 事件의 경우에 損害額이 保險處理되는가에 대하여 다툼이 있다는 사실이 정리되어 있지 않다면, 原告는 損害額이 保險에 의해 보상되는지를 立證할 필요가 없다고 判示한 事例.

3) Phoenix Canada Oil Co. v. Texaco, Inc., 842 F. 2d 1466(3rd Cir. 1988): 法廷에서 辯論前 命令에 포함되지 않은 間接損害(consequential damage)主張을 제기하자 기각한 事例; Heiar v. Crawford County, 746 F.2d 1190(7th Cir. 1984), cert. denied, 472 U.S. 1027, 105 S. Ct. 3500, 87 L. Ed. 2d 631(1985): 抗訴審에서 被告가 辯論前 命令에 포함되어 있지 않은 '2년간의 出訴期間이 도과하였다는 主張'을 비로소 提起하자, 辯論前 命令이 이후의 裁判節次를 지배한다는 이유를 설시하며 기각한 事例.

4) Sexton v. Gulf Oil Corp., 809 F.2d 167(1st Cir. 1987): 雇傭差別事件에서 原告가 辯論前 命令이 발하여진 時點에서 5개월이 지난 후에야 專門家 證

法院도 命令에 반하거나 논리적으로 양립할 수 없는 指針을 내릴 수 없다.[1] 그리고 辯論前 命令이 訴訟日程을 담고 있다면 그 이행 또한 강제된다.[2]

한편 法院은 이러한 拘束力을 지나치게 엄격히 해석함으로써 빚어질 수도 있는 가혹한 결과를 피하기 위하여 여러 가지 方案을 모색하고 있는데, 이는 결국 辯論前 命令의 시행에 대하여 法院에 광범위한 裁量權을 인정하는 형태로 나타나고 있다. 그래서 辯論前 會合에서 이루어진 當事者의 陳述은 그 當事者의 입장에서 그에게 유리한 방향으로 해석하며,[3] 辯論前 命令에 의하여 명시적으로 배제된 爭點이나 證據라도 相對方 當事者측이 그 提出에 대하여 즉시 異議하지 않을 뿐만 아니라 奇襲的인 攻擊方法으로서

人을 추가하기 위한 辯論前 命令 修正 申請을 제기하자, 遲延에 대한 이유도 제시하지 못하고 그 실질적인 必要性에 대한 소명도 없다는 이유로 申請을 기각한 事例.

1) Trinity Carton Co. v. Falstaff Brewing Co., 767 F.2d 184(5th Cir. 1985), cert. denied, 475 U.S. 1017, 106 S. Ct. 1202, 89 L. Ed. 2d 315 (1986): 被告가 法廷에서 일정한 內容을 陪審員에게 說明해 달라고 요청하자, 判事는 그 요청된 內容이 辯論前 會合에서 약정된 바 없기 때문에 法廷에서 主張할 수 없는 抗辯과 內容이 동일하고 辯論前 命令에도 裁判에서 다루어질 內容으로 명시되어 있지 않다는 이유를 들어 그 요청을 기각하였고 抗訴審에서도 이를 지지한 事例; Serna v. Cunningham, C.A. 1st, 1993, 9 F.3d 168, 171: 當事者가 證據調査가 마무리될 무렵에 '陪審員에 대한 說示 事項'(instruction)을 提出하자 1심 法院이 그 採擇을 거부하였는데, 辯論前 命令으로 裁判期日 20일 전까지 說示 事項을 提出해 달라고 要求하였으나 이에 응하는 것이 늦었을 뿐만 아니라 法院이 설정한 提出時限 무렵에 그 說示 事項을 미리 예상하는 것이 불가능했다는 사실에 대한 소명이 없는 한 받아들이지 않은 것은 裁量權의 濫用이 아니라고 判示한 事例.

2) Gaylord Shops, Inc. v. Southhills Shoppers' City, Inc., D.C.Pa. 1963, 33 F.R.D. 303): 辯論前 命令이 訴答의 修正期限을 提出 후 5일 내로 한정하고 있음에도 이 期限 안에 提出하지 않으면서 늦은 데 대하여 正當한 事由를 소명하지도 못했다면 法院은 그 修正을 받아들이지 않을 수 있다고 판시한 事例.

3) Osborn v. Boeing Airplane Co., 309 F.2d 99(9th Cir. 1962); Conlon v. Tennant, 289 F.2d 881(D.C.Cir. 1961): Moore, op. cit. at 16～92에서 재인용.

불리하다는 소명이 없는 한 그 主張 또는 立證이 法廷에 提出되었
다는 사실이 裁判을 뒤집을 수 있는 근거는 되지 못한다고 판시
하고 있다.[1] 또, 辯論前 命令에 爭點이 있는 것으로 명시되어 있
더라도 法院이 후에 이르러 진정한 爭點이 없다고 決定하였다면
當事者의 事實審省略裁判(summary judgement) 申請을 인용할 수
있다는 判決도 있고,[2] 제 1 심 法院이 訴訟進行중 辯論前 命令에
포함된 爭點에 관하여 견해를 바꾸어 陪審員에게 辯論前 命令과
배치되는 지침을 주었더라도 이는 부적법한 裁判進行이 아니며
그 이유는 實體的 眞實發見이 우선하기 때문이라고 판시한 抗訴
審 判例도 있다.[3]

이러한 정신은 한 判決[4]에 적시된 다음과 같은 文句가 잘 나
타내고 있다.

"辯論前 節次를 規定하는 F.R.C.P. 제16조가 正義의 實現을
질적으로 향상시킨다는 고유의 目的을 제대로 성취할 수 있는지
여부는 法廷에서 判事가 당해 事件에 특유한 모든 狀況을 참작하
여 얼마나 융통성 있게 辯論前 命令을 적용해 나갈 수 있는가 하

---

1) MacCuish v. United States, 844 F.2d 733(10th Cir. 1988) : 被告가 辯論
   前 命令에 명시되지 않은 專門家 證言을 통하여 외과수술의 결과를 立證하려
   하는데 原告가 裁判에서 불이익을 主張하며 異議하지도 않고 자신에게 불리한
   奇襲的인 攻擊方法이라고 소명하지도 않았다면 이는 허용할 수 있다고 판시한
   事例; Hull v. Chevron U.S.A., Inc., 812 F.2d 584(10th Cir. 1987) : 한 被
   告가 冒頭陳述에서 辯論前 命令에 포함되지 않은 爭點을 제기하자 다른 被告
   가 이를 지적하며 不適法한 主張이라는 申請을 제기했는데, 法院이 그 主張은
   예상 가능한 主張으로서 奇襲的인 主張에 해당하지 않는다고 판시한 事例.
2) Irving Trust Co. v. United States, 221 F. 2d 303(2d Cir.) cert. denied,
   350 U.S. 828, 76 S. Ct. 59, 100 L. Ed. 740(1955).
3) Lumbermens Mut. Cas. Co. v. Rhodes, 403 F.2d 2(10th Cir. 1968),
   cert. denied, 394 U.S. 965, 89 S.Ct. 1319,22 L. Ed. 2d 567(1969).
4) Davis v. Duplantis, 448 F.2d 918, 921(5th Cir. 1971).

는 데 달려 있다고 해도 과언이 아니다. 裁判을 進行하는 判事는 그 事件의 進行에 대하여 광범위한 裁量權을 부여받아야만 한다. 辯論 전에 決定된 事項이 法廷에서의 적절한 主張이나 관련 證據의 提出을 抑制하는 정도에 관한 判事의 決定權은, 判事가 제16조에 의하여 부여된 광범위한 裁量權을 濫用하는 것이 명백하지 않은 한 절대로 무시되어서는 안 된다."

3. 辯論前 命令의 修正

辯論前 命令은 후속 命令에 의하여 修正될 수 있으며, 다만 最終 辯論前 會合에 의한 命令은 明白한 權利侵害(injustice)를 방지하기 위해서만 修正될 수 있다.

원래 辯論前 命令의 修正에 관하여는 "裁判에 이르러 明白한 權利侵害를 방지하기 위하여만 修正할 수 있다"고 規定되어 있었으나 1983년 改正에서 現在의 形態로 바뀐 것인데, 이는 83년의 改正으로 辯論前 事件管理가 강조된 결과 會合이 수차례 열릴 可能性이 높아지자 먼저 열린 會合에서 決定된 事項이 후속 會合에서 변경될 可能性도 따라서 높아지게 되었고 이러한 現實을 반영하여 이같이 規定한 것이며, 따라서 최종 辯論前 會合의 경우만큼은 기존의 規定을 그대로 유지하여 그 拘束性을 유지시킨 것이다. 이렇게 최종 辯論前 命令의 修正에 대하여 엄격한 制限을 가하고 있는 F.R.C.P.의 입장을 한 마디로 정리하면 "한번 발령된 辯論前 命令은 쉽게 변경되어서는 안 된다는 原則은 강조되어야 하지만, 반면에 이를 너무 엄격히 관철시키는 것은 바람직하지 않다"는 것이다.[1] 이는 修正을 너무 쉽게 허용하는 것은 當事者로 하여금

---

1) F.R.C.P. 제16조 (e)에 관한 advisory committee notes.

會合의 準備와 論議에 너무 안이하게 대처하도록 만들 뿐 아니라 동 命令의 裁判 進行에 대한 拘束力을 경시하게 만들 것이고, 또 반대로 새로 形成된 전후사정을 무시하고 修正에 대하여 지나치게 인색하면 當事者에 대하여 심각한 權利侵害를 야기하고 그러한 양상이 반복되면 當事者들이 辯論前 合意를 꺼리게 되는 등의 副作用이 발생하여 當事者의 積極的 參與를 전제로 하는 辯論前 會合의 당초 취지가 훼손될 우려가 있다는 現實에 입각한 것이다. 결국, 法院은 訴訟代理人의 잘못된 判斷이나 실수에도 불구하고 당해 事件에서 正義를 實現시켜야 한다는 본연의 課題와 裁判節次상의 秩序와 效率을 유시해야 하는 必要性 사이에서 적설한 均衡을 유지해야만 한다.[1]

그래서 '明白한 權利侵害를 방지하기 위해서'라는 비교적 엄격해 보이는 修正 基準의 適用이 現實的으로는 매우 탄력적으로 運用되고 있다. 이것은 辯論前 命令의 修正에 관한 規定을 訴答의 修正과 補充에 관한 F.R.C.P. 제15조 (b)와 연결시켜 해석함으로써 가능해지는데, 동 조항은 "訴答에서 다루어지지 않은 爭點이라 하더라도 當事者의 명시 혹은 묵시적인 同意하에 裁判節次에서 다루어졌다면 실질적으로 訴答에서 다루어졌던 것으로 취급되어야 한다"고 規定하고 있다. 이러한 원리를 辯論前 命令에 適用하면, 辯論前 命令에 포함되어 있지 않은 爭點이 裁判節次에서 실제로 審理되었고 이에 대하여 當事者의 異議가 없었다면 法院은 그 爭點에 대한 訴答의 修正에 대하여 묵시적 同意가 이루어진 것으로 보아 判決의 基礎로 삼을 수 있게 되는 것이다.[2] 예컨대, 身體

---

1) Moore, op. cit. at 16~103.
2) Teply et. al., op. cit. at 774.

傷害에 의한 損害賠償請求訴訟에서 法院이 '聯邦車輛運送人規則'
에 근거한 '하루당 運送時間'에 관하여 陪審員들에게 說明하였는
데, 이것이 辯論前 命令에서 언급되지 않은 事項이라는 異議가 제
기되자 法院은 F.R.C.P. 제15조 (b)에 의하여 그것을 裁判에서 다
루는 데 대하여 묵시적인 同意가 있었다고 볼 수 있기 때문에 辯
論前 命令은 修正된 것이라고 판시한 事例가 있다.[1] 결국, 辯論前
命令의 修正은 명시적으로뿐만 아니라 묵시적·사후적으로도 이
루어지는 셈이다.

이러한 해석의 연장선상에서, 法院은 辯論前 命令의 證人 目
錄에 포함되지 않은 證人의 證言이라도 그것이 有用하고 裁判에
임박하여 發見된 것이라면 證據調査를 허용하고 있고,[2] 또 새로
이 發見된 事實이나 爭點, 證據 등을 陪審員들에게 說明하고 있다.[3]

4. 辯論前 命令에 대한 不服

辯論前 命令에 대하여 직접 抗訴할 수 있는 경우는 매우 드물
다. 왜냐하면 극히 예외적인 경우를 제외하고는 抗訴는 종국적인
命令에 대해서만 가능한데 대개의 辯論前 命令은 종국적이지 않
을 뿐만 아니라 예외에 해당하지도 않기 때문이다.[4] 그렇다고 하
여 當事者가 반드시 終局判決이 이루어질 때까지 기다릴 필요는
없으며, 不服이 있는 命令 部分에 대하여는 裁判 초기에 異議를
제기해야 한다. 만약 그렇게 하지 않으면 辯論前 命令과 裁判 記

---

1) Gorby v. Schneider Tank Lines, Inc., 741 F.2d 1015(7th Cir. 1984).
2) Dabney v. Montgomery Ward & Co., 692 F.2d 49(8th Cir. 1982), cert.
   denied, 103 S. Ct. 2429, 77 L. Ed. 2d 1316(1983).
3) Pope v. Savings Bank of Puget Sound, 850 F.2d 1345(9th Cir. 1988).
4) Moore, op. cit. at 16~119.

錄이 抗訴에 영향을 미치게 되어 결국 抗訴審에 이르러 異議를 제기하는 것은 不可能해지기 때문이다.[1]

그런데 辯論前 命令에 대한 異議가 1 심이 종료된 후의 抗訴審에서 審理될 수 있다고 해도 原判決이 취소될 可能性은 희박하다. 그것은 기본적으로 두 가지 이유 때문인데, 첫째는 辯論前 命令은 當事者간의 합의를 반영하는 것이고, 둘째로 辯論前 命令의 內容 決定 및 그 修正은 1 심 法院의 裁量에 달려 있는 것이므로 抗訴法院은 裁量이 濫用되었다는 特別한 事情이 없는 한 이에 대한 介入을 가능한 한 자제하려 하기 때문이다.[2] 이렇게 抗訴審의 관여를 최소화하는 것이 辯論前 命令制度의 效率性을 보장하는 가장 좋은 方法이라는 공감대가 形成되어 있는 것이다.[3]

---

1) Hodgson v. Humphries, C.A. 10th, 1972, 454 F.2d 1279: 公正한 勞動 基準을 다투는 事件에서, 辯論前 會合에서 다루어지지 않은 사실상 및 법률상의 爭點을 辯論前 命令이 裁判期日에서 審理될 事項으로 포함하고 있는 사실에 대하여 異議 提起나 修正 申請이 없었다면 被告는 抗訴審에서 辯論前 命令이 訴答의 範圍를 넘어선 內容을 담고 있다는 異議를 제기할 수 없다고 판시한 事例; Community Nat. Life Ins. Co. v. Parker Square Sav. & Loan Ass'n, C.A. 10th, 1969, 406 F.2d 603: 裁判期日이 두 차례에 걸쳐 열렸음에도 被告가 辯論前 會合에서 다루어지지 않은 事項이라는 異議를 한 번도 제기하지 않았다면, 辯論前 節次를 거치지 않았다는 異議를 抗訴審에서 비로소 提起하는 것은 不可能하다고 판시한 事例.

2) Moore v. Sylvania Elec. Prods., Inc., C.A.3d, 1972, 454 F.2d 81, 84: 辯論前 會合에서 開示되지 않은 證據에 대한 調査를 裁判에서 허용할지 여부에 대한 決定權은 전적으로 1 심 法院의 裁量에 속하는 문제라고 판시한 事例. 이외에도 多數의 判例가 있다.

3) Wright et. al., op. cit. at s 1526.

제 6 항 制 裁

1. 制裁의 對象

1983년 改正으로 신설된 F.R.C.P. 제16조 (f)는 法院의 辯論前 命令이나 辯論前 節次와 관련된 規定에 위반하는 當事者와 代理人에게 가하여질 制裁에 관하여 規定하고 있다. 물론, 이 規定이 신설되기 이전에도 法院은 訴訟을 지휘하는 固有의 權限이나 訴 却下(dismissal)의 근거 規定인 F.R.C.P. 제41조 (b) 등에 기하여 적절한 制裁를 가하여 왔었는데, 이렇게 明示的인 規定을 신설함으로써 강력한 事件管理(forceful judicial management)의 增進에 관한 의지를 천명하게 된 것이다.[1) 동 조항이 制裁의 對象으로 적시한 것은 다음의 네 가지인데,

첫째, 當事者 혹은 그 訴訟代理人이 日程配置命令이나 辯論前 命令에 위배한 때

둘째, 日程配置會合을 비롯한 辯論前 會合에 當事者를 위한 出席이 없을 때

셋째, 當事者 혹은 그 訴訟代理人이 辯論前 會合에 참여하기 위한 實質的인 準備가 되어 있지 않을 때

넷째, 當事者 혹은 그 訴訟代理人이 辯論前 會合에 성실하게 임하지 않을 때 등에 法院은 當事者의 申請에 따라 혹은 判事의 判斷에 기하여 制裁를 가할 수 있다(F.R.C.P. 제16조 (f)).

---

1) F.R.C.P. 제16조 (f)의 1983년 改正에 관한 advisory committee notes.

2. 制裁의 種類

먼저 동 조항은 制裁의 方法으로 開示節次 違反에 관한 規定
인 F.R.C.P. 제37조 (b)(2)의 (B)(C)(D)에 명시된 方法, 즉 (B)의 主張·
抗辯이나 立證의 排斥, (C)의 訴答의 却下나 裁判進行의 中斷, 判
決 結果에서의 不利益, (D)의 法廷侮辱 등의 制裁를 가할 수 있다
고 規定하고 있는데, 이러한 制裁에 대하여는 法院과 當事者가 이
미 1983년 改正 이전부터 F.R.C.P. 제37조의 適用으로 익숙한 상
태였으므로 그 適用이 용이한 상태였다.[1] 또한, 동 조항은 違反이
正當化될 수 있는 事由가 없는 한 상술한 制裁에 갈음하여 또는
이에 더하여 위반한 當事者 또는 그 訴訟代理人 혹은 兩者 모두에
게 위반으로 인하여 발생한 辯護士 費用 등의 적절한 費用을 지불
하도록 명할 수 있다고 規定하고 있는데, 이러한 制裁方法들은 例
示的인 方法에 불과하므로 法院은 이러한 制裁方法 외에도 違反
內容에 상응하는 적절한 制裁를 가할 수 있다.[2]

상술한 바와 같이 當事者의 申請 없이 職權으로도 制裁를 가
할 수 있을 뿐만 아니라 制裁方法의 선택 역시 判事의 裁量에 맡
겨져 있지만, 制裁를 가하기 위해서는 가능한 한 制裁를 받을 當
事者에게 事前 通知를 하여야 하고 意見 陳述의 기회도 주어야 한
다.[3] 이하에서는 制裁의 강도를 基準으로 각종 制裁가 가하여진

---

1) Ibid.
2) Ibid.
3) Wright et. al., op. cit. at s 1531; 그러나 原告 代理人이 수차례의 會合에
   계속 불참하며 裁判을 연기시키자 訴訟할 의사가 없는 것으로 간주하여 직권
   으로 訴 却下를 宣告하면서 이 경우 事前의 通知가 필요 없다고 판시한 事例
   도 있다: Link v. Wabash Ry., 370 U.S. 626, 82 S. Ct. 1386, 8 L. Ed. 2d
   734(1962).

事例를 순차적으로 살필 것인데, 다만 開示節次에 관한 制裁에서 이미 언급하였듯이 '法廷侮辱'에 의한 制裁는 너무 가혹하여 適用된 事例를 거의 찾아볼 수 없었다.

(1) 判決結果에서의 不利益

이미 開示節次에서 살핀 바와 같이 가장 강력한 制裁手段은 原告의 경우에는 訴 却下判決(dismissal)이고, 被告의 경우에는 더 이상의 本案審理를 거치지 않고 原告勝訴의 宣告를 하는 懈怠判決(default judgement)이다. 이렇게 判決 結果에 있어 불이익을 보게 하는 制裁方法은 주로 辯論前 會合의 불참이나 辯論前 命令의 불이행 등의 행위가 裁判의 고의적인 遲延策으로 判斷될 때나 法院의 權威에 대한 도전으로 비쳐질 때 허용되고 있으며, 단순한 不注意나 이에 상응하는 정도의 行爲에 대한 訴 却下나 懈怠判決의 宣告는 裁量權의 濫用에 해당한다.

가. 訴 却下判決

原告가 기본권 침해로 인한 訴를 제기한 事案에서 그 訴訟代理人이 辯論前 命令의 초안을 作成하여 提出하라는 法院의 命令에 불응하여 裁判節次를 중단시키고 10여 개월이 지나도록 法院의 命令과 訴訟規則을 준수하려는 努力을 보이지 않았을 뿐만 아니라 訴訟節次가 재개된 후에도 辯論前 會合에 나타나지 않았는데, 비록 이러한 일련의 행위가 原告 자신의 過失로 인하여 발생한 것이 아니며 訴訟의 遲延이 被告에게 전혀 불이익을 가한 것이 없더라도 訴訟을 계속할 의지가 없는 것으로 간주하여 訴 却下를 宣告한 聯邦 제 1 심 判決에 裁量權의 濫用은 없다고 판시한 事例가 있는가 하면,[1] 原告 訴訟代理人이 3차례에 걸친 辯論前 會合

---

1) Price v. McGlathery, C.A. 5th, 1986, 792 F.2d 472.

에 불참한 후 4번째 會合의 날짜는 자기 스스로 정하였음에도 또
다시 불참하였다면 이것은 法院의 權威에 도전하는 故意的인 裁
判 遲延行爲로서 裁判規則의 고의적인 위반이므로 裁判을 계속할
의사가 없는 것으로 보아 訴 却下를 宣告하는 것 이외에 다른 方
法이 없다고 판시한 事例도 있다.[1] 基本權 侵害를 주장하는 原告
本人 訴訟에서 原告가 開示節次에 협조하지 않으면 訴가 却下될
수도 있다는 수차례의 경고와 裁判을 準備하려는 法院 및 被告의
努力에도 불구하고 지속적으로 비협조적이었을 뿐만 아니라 抗訴
審에서도 "더 이상 提出할 것이 없다"고 主張하여 고의적인 비협
조였음이 드러났다면 訴 却下 判決은 正當히디고 판시한 事例도
있고,[2] 原告 訴訟代理人이 辯論前 會合에 불참했을 뿐만 아니라
거의 9개월이 넘도록 法院의 指針대로 訴狀을 수정하지 아니하였
다면 訴訟을 계속할 의사가 없는 것으로 보아 訴 却下判決을 하여
도 裁量權의 濫用이 아니라는 판시도 있다.[3]

　나. 懈怠判決

　被告가 辯論前 命令의 초안 作成에 협조하지 않으면서 중요
한 辯論前 會合에도 불참했고, 懈怠判決을 경고했음에도 명백한
裁判 遲延行爲를 했을 뿐만 아니라 일응 합의된 和解條項조차도
이행하지 않으면서 和解될 것이라는 막연한 생각만으로 辯論前
會合에 대한 準備를 하지 않았다면 이에 대하여 내려진 懈怠判決
은 온당하다고 판시한 事例가 있고,[4] 被告가 3년 정도 裁判을 遲

---

1) Titus v. Mercedes Benz of N. America, D.C.N.J. 1982 96 F.R.D. 404.
2) Tyler v. Iowa State Trooper Badge No. 297 D.C. Iowa 1994, 158 F.R.D.
632.
3) Hyler v. Reynolds Metal Co., C.A. 5th, 1970, 434 F.2d 1064, certiorari de-
nied 91 S.Ct. 2219, 403 U.S. 912, 29 L.Ed.2d 689.
4) American Electronics Labs., Inc. v. Dopp, D.C.Del. 1974, 369 F.supp. 1245.

延시켜 일정한 制裁가 가하여진 사실이 있는데다가 필히 참석하라는 경고를 무시하고 辯論前 會合에 불참하는 등 줄곧 法院의 訴訟指揮를 무시하는 행동을 하였다면 懈怠判決은 正當하다고 판시한 事例도 있다.[1]

다. 制裁가 裁量權의 濫用이라고 판시된 事例

懈怠判決에 대하여는, 製造物責任訴訟에서 被告가 비록 日程配置命令을 위반했다고 하더라도 위반한 부분을 특정한 補充的 履行命令도 없었고 정도가 약한 制裁도 선행되지 않았을 뿐만 아니라 懈怠判決의 可能性에 대한 事前告知도 없었으며, 被告의 日程配置命令 위반으로 原告가 제공받지 못 한 開示情報의 일부에 대하여 原告가 이미 알고 있었던 狀況이라면 懈怠判決의 宣告는 裁量權을 濫用한 것이라고 판시한 事例[2]와 被告가 비록 최종 辯論前 會合에 불참하였으나 代理人 없이 訴訟을 직접 進行하던 被告가 會合의 續行 申請을 제기해 놓고 이로써 출석이 면제되는 것으로 믿고 있었던 狀況이라면 懈怠判決은 지나친 制裁라고 판시한 事例[3]가 있다.

訴 却下判決에 대하여는, 피용자가 노동조합과 고용자를 상대로 제기한 訴訟에서 代理人을 事件 初期에 선임하지 못하여 會合이 연기되었고 辯護士 선임 후 會合이 1개월간 또 연기되었으며 그 연기된 會合에 동 訴訟代理人이 불출석한 경우 그 불출석이 비록 용납될 수 없는 부주의로 인한 것이라고 하더라도 訴를 却下한 것은 지나친 制裁로서 裁量權을 濫用한 것이라고 판시한 事例

---

1) Hal Commodity Cycles Management Co. v. Kirsh, C.A.7th, 1987, 825 F. 2d 1136.
2) Hathcock v. Navistar Int'l Transp. Corp., C.A.4th, 1995, 53 F.3d 36.
3) U.S. v. Dimmit, D.C. Kan. 1991, 137 F.R.D. 677.

가 있다.[1]

(2) **主張·抗辯이나 立證의 排斥**(排除命令: preclusion order)

法院이 訴訟代理人에게 準備書面이나 證人 명단 기타 證據目錄의 提出을 명하였음에도 이에 응하지 않은 경우나 義務的 開示事項의 開示를 懈怠한 경우에는 그 證據의 提出을 배제하거나 主張을 排斥(strike)할 수 있다.

主張을 배척한 事例로는 辯論前 命令에 포함되지 않은 抗辯을 最終準備書面에서 비로소 提起하자 이를 배척한 것[2]과 '3배賠償(treble damage) 反獨占 訴訟'의 진행중 被告가 경제적 강박(economic coercion)의 抗辯을 제기하자 法院이 강박의 事實關係를 상세히 적시한 準備書面을 提出하라는 辯論前 命令을 발하였음에도 被告가 이에 응하지 않은 경우에 그 抗辯을 배척하는 制裁를 가한 事例가 있다.[3]

또, 證據의 提出을 불허한 최근의 事例로는 다음과 같은 것이 있다.

身體傷害로 인한 損害賠償請求訴訟의 抗訴審에서 聯邦 第8抗訴法院은 原告가 被告측 專門家 證人의 證言調書를 陪審員 앞에서 낭독하는 것을 허용하지 않은 1심 判決에 裁量權의 濫用이 없다고 판시하였는데, 그 이유는 原告가 被告 提出의 證人目錄에 포함된 證人들에 대한 證言調書를 낭독할 예정임을 被告에게 밝

---

1) Velazquez-Rivera v. Sea*a*-Land Serv., Inc., C.A. 1st, 1990, 920 F.2d 1072, 1077.

2) G & R Co. v. American Sec. & Trust Co., C.A.D.C. 1975, 523 F.2d 1164.

3) In Commonwealth Edison Co. v. Allis-Chalmers Mfg. Co., D.C. Ill. 1965, 245 F.Supp. 889.

힌 적이 있을 뿐 辯論前 節次에서 그 證人을 專門家 證人으로 지정하지도 않았고 그 證人이 언급할 爭點을 미리 제기한 바도 없었다는 것이었다.[1]

또, 자동차회사를 상대로 한 製造物責任訴訟에서 原告가 裁判期日 100일 전까지 專門家 證人에 대하여 事前開示를 하라는 日程配置命令을 이행하지 않은 것이 고의적이었거나 용납될 수 없는 부주의에 기한 것이라면 法院이 被告에게 실질적인 불이익이 있는 것으로 보아 그 자동차 專門家의 證言을 허용하지 않은 것은 正當하다고 판시한 事例가 있는데, 이 事例에서 原告의 그 專門家 證人의 人的事項에 대한 開示는 마감기한 6주 후에 이루어졌을 뿐만 아니라 그나마 그 內容은 證人의 이름만 밝히는 수준이었고, 거듭되는 法院의 命令에도 불구하고 證人의 이력서만 提出하였을 뿐 F.R.C.P. 제26조 (a)(2)가 規定하고 있는 지난 10년간 그 證人이 간행한 著作物 目錄, 동 證人에게 지급될 反對給付, 그 證人이 과거 4년간 專門家 證言을 행한 事件目錄 등은 물론 그가 證言할 內容에 대하여도 밝힌 것이 전혀 없었다. 그런데 이 訴訟에서 동 專門家 證人의 證言은 主張事實을 立證하는 데 일응 반드시 필요한 立證方法이었고, 이 證言의 排斥은 原告에게 결정적으로 불리하였다.[2]

(3) 訴訟費用 負擔 및 罰金

상술한 制裁에 비하여 조금 완화된 種類로 辯護士 費用을 포함한 訴訟費用을 부담시키거나 罰金을 부과하는 方法이 있다. 訴

---

1) Boardman v. National Medical Enterprises, C.A. 8th, 1997, 106 F.3d 840.
2) Robinson v. Ford Motor Co., D.C. Ala. 1997, 967 F. Supp. 482.

訟費用의 부담에 관하여는, 一方 當事者의 辯論前 準備書面의 提出이 늦어져서 裁判이 10개월 정도 지연되자 그것이 지각 提出됨으로 인하여 발생한 相對方 當事者의 辯護士 費用 등 기타 訴訟費用을 부담하도록 한 事例[1]도 있고, 原告의 訴訟代理人이 辯論前 會合에 참여할 準備가 실질적으로 되어 있지 않았다는 이유로 매지스트리트 判事가 原告 代理人에게 被告의 辯護士 費用 등 기타 訴訟費用을 부담하도록 명한 事例도 있다.[2]

罰金(monetary penalty)에 관하여는, 미리 예정된 최종 辯論前 會合에 불참한 정부측 訴訟代理人에게 100달러의 벌금을 부과한 事例[3]와 法院이 설정한 여러 가지 辯論前 마감시한을 도과한 양측 訴訟代理人에게 각 500달러의 벌금을 부과함과 동시에 용납될 수 없는 事由로 辯護士 선임을 3개월 동안 遲延하면서 적절한 主張을 提出하지 않은 被告에게 1,000달러의 벌금을 부과한 事例[4]가 있다.

---

1) Gamble v. Pope & Talbot, Inc., D.C.Pa. 1961, 191 F. Supp. 763, reversed in part on other grounds C.A. 3d, 1962, 307 F.2d 729, certiorari denied 83 S.Ct. 187, 371 U.S. 888, 9 L.Ed. 2d 123.
2) Flaherty v. Dayton Elec. Mfg. Co., 109 F.R.D. 617(D. Mass. 1986).
3) Harrell v. United States, 117 F.R.D. 86(E.D.N.C. 1987).
4) Roy v. American Professional Mktg., Inc., 117 F.R.D. 687(W.D. Okla. 1987).

제 3 절   代替紛爭解決節次

제 1 항   意義와 發展過程

원래 英美法系 國家에서는 紛爭을 解決함에 있어서 裁判이라는 傳統的이고도 公式的인 節次를 통하지 아니하고 裁判 외의 代案的 節次를 이용하는 것을 통칭하여 A.D.R.(alternative dispute resolution), 즉 代替紛爭解決節次로 통칭하여 왔는데, 이것은 法院 밖에서 사적인 紛爭解決節次를 이용하는 것을 전제로 발달된 용어이나 오늘날에 이르러서는 法院에서의 訴訟節次에 편입되어 이루어지는 仲裁, 調停 기타 각종 和解節次까지를 포함하는 의미로도 사용되며, 이렇게 法院의 裁判節次와 연계되어 이루어지는 紛爭解決節次를 특별히 '法院 連繫型 代替紛爭解決節次'(court-annexed A.D.R., court-connected A.D.R.)라고 구분해서 부르기도 한다.[1]

이외에도 학자에 따라서 '紛爭解決'(dispute settlement) 혹은 '和解'(settlement) 등 다양한 용어를 사용하고 있는데, 이러한 用語 使用의 多樣性은 그 사용자의 의도에 따라 독특한 意味를 살리기 위한 目的에서 비롯되는 것으로 보인다. 이 글에서는 이른바 '법원연계형 A.D.R.'에 초점을 맞추어 살펴 나갈 예정이며, 가장

---

1) 이를 F.R.C.P.에서는 1983년 개정시 '紛爭解決을 위한 裁判外的 節次'(extrajudicial procedures to resolve the dispute)라고 표현하였다가 그 制度가 이미 訴訟節次 내로 편입되었음을 반영하는 의미에서 1993년 개정시 '紛爭解決을 돕는 特別한 節次'(special procedures to assist in resolving the dispute)로 변경하였음은 전술한 바 있다.

普遍的으로 使用되는 'A.D.R.'이라는 용어로 통일하여 사용하기로 한다.[1]

이렇게 용어의 발달과정에서도 드러나는 바와 같이 이 A.D.R. 은 歷史的으로 法廷 밖에서 裁判을 대신하는 制度로서 등장한 것이다. 즉, 소규모의 지역, 종교, 민족 단위의 폐쇄적인 사회[2] 내 에서 그 構成員 상호간의 紛爭에 그 특유의 價値觀과 倫理規範을 적용하여 紛爭을 解決거나, 특정한 업종 내 商人들간의 紛爭에 일반적인 法規보다는 그 업종 상인들의 商慣行을 우선 적용하여 自體的으로 紛爭을 解決해 온 것이 그 자연스러운 발단이었다. 그 러다가 1930·40년대에 들이시면시 점증하는 勞使間의 紛糾에 效 率的으로 대처하기 위하여 調停制度가 導入되었고, 2차 대전을 거치면서 政府의 介入이 적극화되어 1947년 美 議會는 勞使紛爭 의 解決을 主目的으로 하는 '聯邦 調停廳'(The Federal Mediation and Conciliation Service)을 신설하기에 이른다. 이렇게 노사간의 분쟁에서 주로 活用되기 시작한 調停制度는 50·60년대를 거치면

---

1) 우리 나라에서는 최근 '調停'으로 사건을 종결하는 비율이 급증하고 있는데, 이는 1990년에 제정된 '民事調停法'을 활용하기 시작한 이후의 일이다. 변론이 진행되면서 事實關係와 法的 爭點이 어느 정도 정리된 후 사건을 調停擔當判 事나 調停委員會의 調停에 회부하여 當事者 사이의 合意를 유도하고, 合意가 이루어져 그 내용이 조서에 기재됨으로써 調停이 성립하면 裁判上의 和解와 동일한 효력을 가진다. 당사자 사이의 합의에 실패하면 調停長은 직권으로 모 든 사정을 참작하여 調停에 갈음하는 決定을 할 수 있는데(強制 調停), 당사 자가 이에 대하여 異議申請을 하면 사건은 다시 원래의 절차로 돌아가게 된다.
　우리 나라에서는 '仲裁'가 명실공히 소송을 대체하는 분쟁해결절차임에 반 하여, 이 '法院에 의한 調停'은 '訴訟上의 和解'와 더불어 이른바 '法院連繫型 A.D.R.'이라 할 수 있다.
2) 대표적인 것으로는 미국 이민 초기의 퓨리턴 사회, 맨하탄 동부의 쥬이시 사 회, 서부 연안의 화교사회 등을 들고 있다: Linda R. Singer, Settling Dis-putes 2nd ed. 5(Westview Press, Inc., 1994).

서 가족, 도시나 농촌의 소규모 지역사회, 교도소, 각종 공립학교 및 대학교 내에서의 小規模 紛爭을 비롯한 민족간·인종간 갈등을 解決하는 機能을 수행했는데, 1964년에는 '基本權法'(Civil Rights Act)에 근거하여 紛爭當事者 사이의 폭력을 방지함과 동시에 건설적인 對話를 모색하도록 돕기 위한 'C.R.S.'(The U.S. Community Relations Service)가 설립되어 이러한 調停業務를 수행하였다. 그러던 중 1969년 L.E.A.A.(The federal Law Assistance Administration)의 재정적인 지원하에 '필라델피아 市立 仲裁 法廷'(The Philadelphia Municipal Court Arbitration Tribunal)이 설립된 것을 시발로 그 이듬해부터 콜롬버스시를 비롯하여 아틀랜타, 캔자스 시티, 로스앤젤레스, 호놀룰루, 휴스턴 등지에 L.E.A.A.의 재정적 지원을 받는 地域社會 紛爭調停센터(community/neighborhood justice center)가 생겨났고, 1980년에는 그 수가 약 80개, 92년에는 약 400여 개에 이르게 되었다. 최근의 추산에 의하면 이 地域社會의 紛爭調停센터에서 연간 수십만 건의 紛爭이 處理되고 있으며, 그 對象이 되는 紛爭도 傳統的인 領域인 개인간의 다툼에서 고속도로나 정신병원 등의 건설을 둘러싼 주민들의 반발이나, 경찰관과 지역주민간의 갈등 등 公共性을 가진 紛爭事件으로 擴大되어 가고 있는 상황이다.[1]

　　한편, 이렇게 法院의 裁判業務와는 무관하게 이루어지는 地域社會의 독자적인 A.D.R. 운동과는 별도로 裁判節次와 연관된 A.D.R.도 꾸준히 發展하여 그 적용의 폭을 넓혀 온 결과 이제는 民事裁判節次의 필수불가결한 構成要素로 자리잡게 되었는데, 이

---

1) Patrick Fn' Piere & Linda Work, On The Growth and Development of Dispute Resolution, 81 Kentucky L.J. 964~965.

러한 움직임에 실질적으로 시동을 건 것은 일반적으로 1976년에 개최된 이른바 '파운드 會議'(Pound Conference)라고 평가되고 있다. 물론, 그 이전인 1950·60년대에 걸쳐 法院의 事件 積滯와 訴訟 遲延이 司法的 正義 實現에 걸림돌이 되는 지경에 이르렀다는 지적이 법무장관 Herbert Bownell(1954년)이나 聯邦大法院長 Earl Warren(1958년) 등에 의하여 산발적으로 제기되었고, 이를 타개하기 위하여 聯邦法院 차원에서 특정한 事件에 필요적 仲裁 節次를 도입하자는 主張을 비롯하여 A.D.R.의 活用을 主張하는 의견들이 제시되었으나 制度化되는 데는 실패하였다. 그러던 중, 1976년 4월 聯邦大法院長 Warren Burger에 의하여 소집된 '司法制度에 대한 국민적 不滿要因에 관한 會議'(National Conference on the Causes of Popular Dissatisfaction with the Administration of Justice)[1]에서 이미 몇 개의 州 法院 차원에서 시행되어 성공적이라고 評價되던 仲裁制度를 聯邦法院에 도입할 것이 제안되는 등 A.D.R.의 導入 必要性이 강력히 제기되었고, 여기에서 Frank E. A. Sander 교수는 '紛爭의 性格, 紛爭 當事者의 關係, 訴訟物 價額, 訴訟費用 및 裁判 速度 등을 감안하여 當事者가 다양한 A.D.R.節次 중 적절한 節次를 선택할 수 있도록 하자'는 '멀티도어 法院'(multi-door courthouse)概念을 주창하여 주목을 받았다. 이 會議는 A.D.R.의 必要性에 대한 論議를 촉발시켜 당시까지 法院 외에서 또는 州 法院 차원에서 행하여지던 A.D.R.이 聯邦法院에

---

1) 1906년 8월 미네소타에서 개최된 全美 辯護士協會(ABA) 연례회의에서 로스코 파운드(Roscoe Pound)가 對立當事者主義를 기반으로 하는 判決 중심의 訴訟節次로는 司法的 正義 實現에 한계가 있다는 내용의, 당시로서는 혁명적으로 신랄한 問題 提起를 행한 정신을 기리기 위하여 'Pound Conference'라 명명되었다.

實驗 導入되기에 이르렀는데, 1978년 펜실베니아 동부 聯邦 제 1 심 法院에서 '仲裁節次'(arbitration)를 채택한 것을 시작으로 3 개의 聯邦 제 1 심 法院이 실험적으로 이를 채택한 이후 聯邦法院 차원에서 '調停節次'(mediation)에 대한 實驗的인 運用도 이루어졌다. 이어 1980년대에는 이에 더하여 '略式陪審裁判'(summary jury trial)과 '早期中立評價'(ENE; early neutral evaluation) 등 현재 聯邦法院에서 積極的으로 活用하고 있는 다양한 形態의 A.D.R.이 개발되었고, 상술한 바와 같이 1983년의 F.R.C.P. 개정시 'A.D.R.의 使用 可能性'이 辯論前 會合의 論議對象에 포함됨으로써 A.D.R.에 의한 事件解決이 訴訟節次 진행중의 자연스런 부산물이나 결과물이 아닌 하나의 공인된 紛爭解決 方式으로 공식화되었다. 1988년에는 '法院連繫仲裁法'(Court-Annexed Arbitration Act)이 제정되어 20개의 聯邦 제 1 심 法院(10개는 强制的 仲裁, 나머지 10개는 當事者 선택에 의한 仲裁)에서 5년 期限의 실험 프로그램이 運用되어 그 이용이 활기를 띠게 되었고, 1990년 '民事司法改革法'(Civil Justice Reform Act)이 제정되면서 聯邦法院 차원의 A.D.R. 導入은 절정을 이루게 되었다. 이 법은 모든 聯邦 제 1 심 法院에 대하여 '民事裁判에서 訴訟遲延과 費用을 감소시키기 위한 計劃'을 자체적으로 마련하도록 要求함과 동시에 그 計劃을 세우는 데 고려하여야 할 6가지 勸告事項 중의 하나로 'A.D.R.의 活用'을 명시하고 있는데, 그 결과 오늘날 대부분의 聯邦 제 1 심 法院은 각종 形態의 A.D.R.을 採擇하고 있다.[1]

---

1) Elizabeth Plapinger & Donna Stienstra, A.D.R. and Settlement in the Federal District Courts, 3(1996): Singer, op. cit. at 165, 166.

제 2 항 A.D.R.에 대한 評價

1. A.D.R.을 둘러싼 論爭

상술한 바와 같이 A.D.R.은 이미 美國 法院의 訴訟 節次와 유기적으로 연계되어 運用되고 있으며, 채택하고 있는 法院의 숫자와 運營 方式 등에 비추어 볼 때 이미 시험 운영 단계를 벗어나 發展期에 접어든 것으로 보인다. 그러나 이러한 發展을 이루기까지 학자들 사이에서는 A.D.R.의 導入 및 效用을 위요하여 상당한 贊反 論爭이 있었으며, 그러한 論爭은 결국 "A.D.R.은 2급 正義의 實現에 불과한가?" "A.D.R.이 法院의 固有 業務와 裁判의 本質的 機能의 抛棄를 의미하는 것은 아닌가?"하는 점에 귀착하고 있다.

이러한 양 진영의 입장을 가장 잘 보여 주는 論爭은 Fiss 교수에 의하여 촉발되었는데, 그 內容을 되짚어 보는 것이 A.D.R. 시행 초기의 우리에게 시사하는 바가 클 것이다.

A.D.R.의 導入에 관하여 대표적인 신중론자인 Fiss 교수는 'Against Settlement'라는 글[1]에서 A.D.R.이 法院의 과중한 부담을 덜기 위하여 이용될 수 있는 效率的인 프로그램임을 인정하면서도 그에 관한 지나친 찬양이나 장려에는 반대하였다. 그는 當事者 사이의 和解로 紛爭을 종결하는 것이 한 차원 높은 解決 方案인 것처럼 주장하는 A.D.R. 옹호론에 대하여 裁判은 단순한 紛爭解決 方法이 아니며 法院 역시 일개 紛爭解決機關만은 아니라고 지적하면서, 當事者 사이에 진정한 和解가 아닌 休戰狀態(truce

---

1) Owen M. Fiss, Against Settlement, 93 Yale L.J. 1073(1984).

more than a true reconciliation)를 가져다 주는 것과 裁判 費用을 줄이는 것만으로 裁判보다 優越한 制度라고 하는 것은 옳지 않다고 主張하였다. 또, 그는 A.D.R.에 의한 和解는 '民事的 플리바게닝의 一種'(civil analogue of plea bargaining)에 불과하다고 비유함으로써 當事者에게 同意를 강요하는 측면이 있음을 부각시켰다. 그는 이어서 當事者 사이의 협상으로 결론을 내는 데 대하여 몇 가지 問題點을 제기했는데, 그 첫째는 '協商力의 不均衡'(the imbalance of power)이다. 經濟的으로 궁핍한 當事者는 訴訟 結果를 예측하는 데 필요한 情報를 종합·분석하는 能力이 부족할 뿐만 아니라 부유한 當事者가 相對方의 경제적 곤란을 이용하여 적당한 合意 條件으로 유혹하는 것이 가능하므로 대등한 입장에서 협상에 임하는 것이 不可能하다는 지적이다. 둘째는 '正當한 權原을 가진 同意의 缺如'(the absence of authoritative consent)인데, 예컨대 株式會社의 최고 경영진은 경영 정책에 관한 비밀 등이 裁判을 통해 公開되는 것을 피하기 위하여 和解를 선호할 수 있지만 그러한 政策의 公開가 주주들에게는 오히려 利益이 되는 경우를 예시하면서 과연 專門經營人의 同意에 의존하는 和解가 진정으로 회사에 도움이 되는 方法인가에 대하여 의문을 제기한다. 셋째는 '持續的인 司法的 關與의 基盤 缺如'(the lack of a foundation for continuing judicial involvement)이다. 일정한 種類의 事件 —— 예컨대, 家事 事件, 학교에서의 人種差別廢止 事件, 反 獨占禁止 事件 등 —— 에서는 정상적인 司法節次가 생략됨으로 인하여 사후에 후속적인 조치가 필요할 때 法的인 關與를 곤란하게 만드는 副作用이 있음을 批判한 것이다. 넷째는 '平和보다는 正義'(justice rather than peace)가 중요하다는 지적이다. 裁判을 단순한 紛爭解決 方

法만으로 본다면 當事者 사이에 紛爭이 解決되면 目的을 달성한
것이 되겠지만, 裁判을 통하여 憲法과 法律에 내재되어 있는 價値
가 비로소 구현되는 것이며 여기에 法院과 裁判의 존재 이유가 있
는 것인데 當事者 사이의 紛爭이 1 회적으로 解決되는 것에만 의
의를 둔다면 이러한 社會的 價値를 국가적으로 정립해 나가는 작
업은 위협받을 수밖에 없다는 것이다.

이러한 Fiss 교수의 主張에 대하여 McThenia와 Shaffer 양
교수는 'For Reconciliation'이라는 글[1]을 통하여 法과 正義는 同
義語가 아니며, '法院만이 正義를 분배해 주는 유일하고도 가장
중요한 기관인 것처럼, 그리고 裁判만이 그런 機能을 하는 것임'
을 전제로 主張을 펴는 데는 同意할 수 없다고 반박하면서, 裁判
이 Fiss 교수의 主張과 같이 가진 자와 못 가진 자의 紛爭 정도로
단순화 할 수 있는 성질도 아니고 A.D.R. Movement 역시 Fiss
교수가 전제하는 것처럼 司法制度의 非效率性에 대한 대중적 불
만에 터잡아 效率性만을 앞세운 움직임이 아니라고 批判하였고,
이에 대하여 Fiss 교수는 다시 'A.D.R.을 고려하기 시작한 것은
솔직히 말해서 法院의 事件 積滯를 해소하기 위한 것 아니었느냐'
고 적시하면서, '물론 사랑과 和解로 紛爭이 解決되는 것이 가장
바람직하나 일단 訴訟을 제기한 當事者는 가능한 모든 方法을 동
원해 본 후에 최후의 手段으로 法院에 호소하는 것이 일반적인데,
그런 當事者에게 司法 시스템이 和解를 강요한다거나 和解에 이
르도록 유인책을 適用한다는 것은 사실 비합리적이지 않는가'라
는 취지의 재반박을 하였다.[2]

1) Andrew W. McThenia & Thomas L. Shaffer, For Reconciliation, 94
   Yale L.J. 1660(1985).
2) Owen M. Fiss, Out of Eden, 94 Yale L.J. 1669(1985).

2. A.D.R.에 대한 찬양론

A.D.R.의 長點에 대한 主張은 여러 가지 形態로 나타나지만, 지엽적인 內容을 생략하고 큰 줄기를 간추리면 결국 한 가지로 정리가 가능하다. 즉, A.D.R.이 등장하게 된 가장 큰 原因은 기존의 '法'과 '法律家' 그리고 '裁判制度'에 관한 실망이다. 그래서 當事者를 승자와 패자로만 구분하는 '法'은 讓步와 和解라는 '共同體的 價値'로, 費用이 많이 소요되는 '法律家의 專門性'은 '平均人의 常識'으로, 그리고 非效率的인 '訴訟節次의 形式性과 嚴格性'은 '탄력적이고 융통성 있는 協商 節次'로 대체하자는 代案이 모색되었다는 것이다.[1] 그래서 Lieberman과 Henry 두 교수는 A.D.R.의 裁判制度에 대한 優越性으로, 첫째 '勝敗判定'이라는 裁判의 생래적 限界를 극복하고 法院이 줄 수 있는 '제로섬 게임'에 입각한 解決方法보다 창의적이고 생산적인 解決方案을 모색할 수 있다는 점, 둘째로 當事者들이(當事者가 法人인 경우에는 그 經營者가) 자신의 이해관계나 업무내용을 法律家보다 더 정확히 파악할 수 있고 相對方의 提案에 보다 신속하게 창의적으로——法律家의 法的 思考로부터 자유롭게——대처할 수 있다는 점, 셋째로 當事者가 직접 협상에 나서면 法律家가 자신의 이익을 앞세움으로써 발생하는 어려움을 제거하거나 최소화할 수 있다는 점, 넷째로 해당 事案에 정통한 專門 法律家를 和解의 中立的인 主宰者로 선택할 수 있다면 스페셜리스트가 아닌 判事나 陪審員의 관여를 피할 수 있고, 또 그 節次의 主宰者를 當事者 스스로 선택하는 경우에

---

1) Paul D. Carrington, Civil Procedure and Alternative Dispute Resolution, 34 J. Legal Educ. 298(1984).

심리적으로 그의 評價나 勸告案을 수용할 可能性이 높아진다는 점 등을 열거하고 있다.[1] 그리고 Resnik 교수 역시 A.D.R.과 裁判制度를 비교하면서 우선 A.D.R.은 事件 積滯와 高額 受任料 등의 問題點이 발견된 裁判制度에 대한 대안으로서 正義 實現을 가능하게 하는 우월한 制度이지 더 이상 '事件의 간편한 解決方法' 정도로 評價되어서는 안 된다고 전제하고, A.D.R.을 裁判과 비교할 때 '보다 適切하고'(more congenial), '效率的이며'(more efficient), '公正한'(fairer) 制度라고 評價하고 있다.[2]

3. A.D.R.의 課題와 展望

이제 더 이상 論爭은 'A.D.R.이 과연 이용될 만한 것인가, 그리고 法院이 當事者들에게 그 使用을 권장하고, 和解를 摸索하도록 적극 나서야 하는가' 하는 수준에 머물고 있지 않다. 그리하여 오늘날 爭點으로 삼는 것은 가장 먼저 '裁判으로 解決해야 할 事件과 A.D.R.로 解決해야 할 事件은 어떻게 구분할 것인가', 'A.D.R.에 의하는 경우 어떤 種類의 紛爭이 어떤 種類의 A.D.R.에 가장 적합한가' 등인데, 이에 대하여는 각 紛爭마다 그 性格을 달리하므로 우선 紛爭의 原因이 어디에 있는가──단순한 피해의 회복, 복수, 분노, 탐욕, 질투 등──를 살피고, 다음으로 紛爭 當事者의 數, 紛爭 當事者간의 관계, 主張의 性格, 證據의 性格과 立證 可能性, 正式 裁判의 豫想 費用, 裁判의 遲延 可能性, 當事者들의 經濟力, 原告의 事件 解決의 緊急性과 必要性, 被告의 遲延策에

---

1) Jethro K. Lieberman & James F. Henry, Lessons From the Alternative Dispute Resolution Movement, 53 U. Chi. L. Rev. 429~431(1986).
2) Judith Resnik, Many Doors? Closing Doors? Alternative Dispute Resolution and Adjudication, 10 Ohio St. J. on Disp. Resol. 211(1995).

관한 예상 선호도 등을 고려해서 決定해야 한다는 主張이 있다.[1] 그 외에도 '어떻게 하면 A.D.R.의 이용을 제고할 수 있는가' 그리고 'A.D.R. 主宰者의 免責 範圍와 管轄 範圍는 어디까지인가' 등이 爭點으로 거론되며, 더 나아가 '和解 摸索을 권장하기 위하여 사용 가능한 誘引策의 許容 範圍——예컨대, 和解案을 거절한 자에 대한 罰則 부과의 정도—— 和解를 促進시키기 위하여 法院의 事前 決定을 무효화하는 措置의 合法性 여부' 등에까지 미치고 있다.[2]

그리고 Carrington 교수는 더욱 細部的인 事項으로 다음과 같은 점들을 研究·檢討 事項으로 제안한 바 있다.[3]

첫째, A.D.R. 主宰者의 자격 조건은 무엇인가, 主宰者는 반드시 中立的이어야 하는가, 그렇다면 어떻게 선정하며 어떻게 해임할 것인가, 그 權限은 다시 委任될 수 있는가, 그가 專門家라면 균형을 맞추기 위하여 一般人을 참여시킬 필요는 없는가, 그 규모는 어느 정도가 바람직한가, 이러한 의문사항들에 관하여 當事者가 합의로 決定하는 것을 어느 정도까지 허용할 것인가.

둘째, 만약 각종의 紛爭에 다른 種類의 中立的 主宰者가 필요하다면, 어떻게 각 紛爭을 다른 種類의 主宰者들에게 배분할 것인가, 涉外 事件의 경우는 어떠한가.

셋째, A.D.R. 主宰者의 준법성을 어떻게 확보할 것인가, 즉 檢證 機能을 어떻게 갖출 수 있는가, A.D.R.로 얻어지는 결과물이 반드시 現行法의 범주 내이어야 하는가, 그리고 만약 一般人의

---

1) Jethro K. Lieberman & James F. Henry, op. cit. at 424.
2) Judith Resnik, op. cit. at. 240, 241.
3) Paul D. Carrington, op. cit. at 303, 305.

참여가 허용되는 경우라면 法律 專門家인 主宰者가 法律의 범주를 벗어나는 決定을 統制하고 制限해야 하는가, 聯邦法과 州法 중 어느 법에 근거해야 하는가, 그리고 그 法을 어떻게 확인할 수 있는가.

넷째, A.D.R.에 반드시 지켜야 할 일정한 節次的 基準이 있는가, 만약 그렇다면 프로그램의 主宰者가 절차적인 오류에 대하여 責任이 있는가, 이와 관련하여 抗訴審의 時點에 관한 검토가 필요할 것인가, 節次基準이 강요됨으로써 초래될 효율성 감소의 副作用은 어떻게 할 것인가.

다섯째, 일정한 A.D.R. 프로그램의 이용을 세안받은 當事者는 그 수용 여부를 어떤 情報에 터잡아 決定해야할지 고민할 것인데, 그런 情報에의 접근을 相對方 當事者의 비공식적인 陳述에 한정할 것인가 아니면 이를 提供하는 節次를 둘 것인가, 情報의 交換이 필요하다면 어떻게 하면 合理的인 費用으로 有用한 情報가 交換되게 할 것인가.

여섯째, A.D.R. 프로그램을 節次의 遲延術 등으로 誤·濫用하는 當事者에 대한 대책은 있는가, A.D.R. 節次중에 일어나는 僞證의 형사적 처벌은 가능한가, A.D.R.의 濫用에 대하여 不法行爲 責任을 묻는 것은 가능한가, 무책임한 法律家에 대하여 전문적인 훈련을 받도록 하는 것은 어떤가, A.D.R.의 遲延에 責任이 있는 當事者에게 費用을 전가시키는 方案은 어떤가.

일곱째, 經濟的으로 어려운 처지에 있는 當事者에게 불리한 결과가 되지 않도록 조치할 制度的 方案은 무엇인가, 辯護士 費用을 비롯한 鑑定, 飜譯, 通譯 등의 諸 費用의 부담을 어떻게 할 것인가.

여덟째, 어느 일방의 사기나 강박 혹은 과실에 의한 意思表示
로 합의가 이루어진 경우에 그 合意의 效力은 어떻게 될 것인가,
A.D.R.에 의하여 얻어지는 合意 內容을 강제할 方法은 있는가, 金
錢의 지급에 관하여는 어떻게 강제할 것인가, A.D.R.의 절차 초
기 단계에서 當事者들에게 A.D.R.로 얻어지는 결론의 이행이 강
제될 수 있다는 점을 확신시킬 수 있는 制度的 裝置는 있는가.

제 3 항 活用 現況

1. 總 論

法院의 裁判節次와 연계되어 행하여지는 A.D.R.로서 94개의
聯邦法院이 채택하고 있는 制度 중 주요한 것으로는, 調停(media-
tion; 51) 略式陪審裁判(summary jury trial; 48) 仲裁(arbitra-
tion; 22) 早期中立評價(early neutral evaluation; 14) 등이 있다.[1]
대부분의 法院이 裁判規則을 통하여 두 개 이상의 裁判連繫型
A.D.R.을 채택하고 있으며, 상술한 네 가지 形態를 모두 채택한 法
院도 6군데나 된다. 調停은 90년대 초반까지도 裁判節次와 연계
된 형태로 運用되는 경우는 드물었는데 지금은 가장 주요한 形態
로 부상했으며, 略式陪審裁判 역시 90년대에 들어서 채택한 聯邦
地方法院의 숫자가 크게 늘었으나 실제로 事件에 適用되는 경우
는 극히 적어서 연간 한두 건 정도에 불과한 것으로 보고되고 있

---

1) Plapinger et. al., op. cit. at 15; 괄호 안의 숫자는 1995년 여름 현재 당해
   制度를 採擇하고 있는 聯邦地方法院의 숫자임. 동 저서에서는 이 외에도 set-
   tlement week(3)와 case valuation(2)을 더 들고 있고, 이 외에도 minitrial이나
   settlement conference를 추가하는 견해도 있으며, 이에 관하여는 후에 간략히
   살피기로 한다.

다. 결국 채택하고 있는 法院의 數와 制度의 使用 빈도를 고려할
때 仲裁를 두 번째로 자리매김할 수 있다. 早期中立評價는 90년에
오직 두 法院에서 채택하고 있었던 것에 비하면 채택한 法院 수가
상당히 증가한 셈이다.

이렇게 聯邦地方法院의 A.D.R. 프로그램 採擇 範圍 및 숫자
와 관련하여서는 그 시기에 주목할 필요가 있다. 비록 상술한 바
와 같이 1970년대부터 활용되어 오던 仲裁와 調停 등의 프로그램
이 있긴 했었고, 또 1983년 聯邦民事訴訟規則 제16조의 改正으로
인하여 根據 規定이 마련되어 있었지만, 이른바 '紛爭解決을 위한
裁判外的 節次'(extra-judicial procedures to resolve the dispute)의
使用은 1990년 이후에 이르러서야 活性化되기 시작한 것이다.

2. A.D.R.로의 回附 形態

(1) 法官의 役割 增大

法院連繫型 A.D.R.의 方法으로서 仲裁가 퇴조함과 동시에 調
停이 부상하면서, 法官의 役割이 증대하고 있는 것이 현실적인 추
세이다.

그 동안 事件을 어떤 方法으로 A.D.R.로 회부할 것인가, 특
히 仲裁를 강제할 것인가 아니면 當事者의 선택에 의할 것인가를
놓고 격심한 의견 대립이 있어 왔고, 또 실제로 일정한 유형의 事
件의 경우에는 자동적으로 A.D.R.에 회부되도록 하는 方法을 비
롯하여 當事者의 의견을 들어 본 후 회부 여부를 決定하는 方法,[1]

---

1) 예컨대, V.T.C.A., Civ.Prac.& Rem.Code § 154.021: "法院은 가장 적절한
A.D.R.節次를 決定하기 위하여 當事者들과 會合을 가져야 한다." 그러나 실제
로 텍사스 法廷에서는 종종 會合 없이 A.D.R. 회부를 決定하며, 當事者로부터
異議가 있을 때에만 會合을 열고 있다.

A.D.R. 회부 후 일정한 異議 期間을 부여하는 方法, A.D.R. 회부 여부를 決定하는 基準을 마련한 후 그 決定을 전담하는 직원을 두는 方法[1] 등 실로 여러 가지 方法이 使用되어 왔으나, 調停이 A.D.R.의 주요 形態로 떠오름과 동시에 強制的인 仲裁 프로그램이 퇴조하면서 그 回附 方法에 많은 變化가 생겼다. 즉, 최근에는 事件 類型에 따른 強制的이거나 自動的인 A.D.R. 回附는 극히 制限的으로 運用되고 있으며, 대부분의 法院에서 事件이 A.D.R.에 적합한지 여부의 判斷을 判事와 當事者에게 맡기고 있는 것이다. 그리하여 비록 當事者의 요청에 의하여 A.D.R. 節次로 이행한다 하더라도 그 事件이 A.D.R.에 적합한 內容인지를 검토하는 일과 이를 當事者와 代理人에게 주지시키고 교육하는 것은 判事의 몫이다. A.D.R.의 발달은 判事를 이렇게 이 制度의 중심에 서도록 要求하고 있다. 그러나 한편으로는 當事者의 意思도 존중하여 이른바 強制的인 仲裁 프로그램을 採擇하고 있는 法院에서조차 當事者의 判斷에 따라 仲裁 節次에서 자유롭게 빠져나갈 수 있는 길을 열어 놓고 있다.

(2) 當事者의 役割 增大

判事의 役割과 責任이 커지는 데 비례하여 代理人에게도 유사한 責任이 부여되고 있는데, 法院은 代理人들에게 A.D.R.에 대한 일반적인 지식에 더하여 그 法院 특유의 A.D.R. 프로그램의 內容도 숙지할 것을 要求하는 동시에 當事者들과 A.D.R.의 사용

---

1) Washington, D.C.의 Multi-Door Dispute Resolution Division of the Superior Court에서는 각각의 事件에 가장 적절한 A.D.R. 形態가 무엇인지를 決定하기 위하여 여러 가지 참작 요소를 종합적으로 評價하는 컴퓨터 프로그램을 使用하고 있다.

여부에 대하여 의논해야 할 義務를 부과하는 경우가 늘고 있다.[1] 그리하여 상당수의 法院은 個別 州의 訴訟規則에 의하여 代理人들에게 자신의 當事者 및 相對方과 당해 事件에 적합한 A.D.R.節次에 대하여 미리 논의하여 事件運用 計劃에 반영할 것과 첫번째로 개최되는 日程配置會合에서 判事와 그에 관하여 協議할 것을 要求하고 있다. 이러한 規則들은 法官이 당해 事件에서 A.D.R.을 이용할 것인지, 이용하는 경우에 어떤 方法을 선택할 것인지를 결정하는 데 代理人이 실질적으로 참여하는 수준까지를 要求하는 것이며, 결국 어떤 A.D.R.을 언제 어떻게 사용할 것인가는 첫번째의 事件管理 會合(case management conference)에서 결정되는데, 바로 여기에서 法官과 代理人의 共同 責任으로 추후의 사건 관리 청사진이 그려지는 것이다.

그러나 아직도 A.D.R. 期日에 當事者의 출석을 요구하는 정도에만 그치고 當事者나 代理人의 A.D.R.에의 참여 정도를 명시하고 있지 않는 法院도 상당수 존재하고 있다.

(3) A.D.R. 期日의 始期와 事件管理와의 調和

A.D.R.의 사건별 적격성 검토가 첫 辯論前 會合期日에서 이루어지기 시작하자, A.D.R. 期日의 始期 선택에도 변화가 초래되었다. 즉, 과거에는 A.D.R. 期日이 裁判準備가 완료된 상태에서라야 비로소 進行되었으나 최근 A.D.R.이 法院의 전반적인 事件管理 프로그램의 하나로 편입되면서 事件의 初期에 고려되는 경우가 증가하게 되었다. 이러한 현상은 早期中立評價에서 두드러지

---

1) The Texas Lawyer's Creed-A Mandate for Professionals, §Ⅱ (11)(1989): "나는 의뢰인에게 調停, 仲裁 기타 A.D.R.의 方法에 관하여 충고를 아끼지 않을 것이다."

게 나타나고 있지만——이는 원래 이 制度가 和解 促進보다는 事件의 유·불리를 早期에 評價하여 當事者에게 제공하기 위하여 고안된 것이기 때문인 것으로 보인다——調停과 같이 事件解決에 중점을 두는 節次에서도 事件 初期에 A.D.R. 期日이 열리고 있다. 일부 法院에서는 상당히 빠르게 A.D.R.에 회부되는데 예컨대, 미주리주 서부 聯邦地方法院의 경우에는 첫 調停 期日이 答辯書 提出 후 30일 내에 열리도록 되어 있으며, 펜실베니아 동부 聯邦地方法院의 경우에는 A.D.R.을 위한 會合이 被告 응소 후 가능한 한 빨리 개최되도록 規定되어 있다. 이제 거의 모든 法院에서 事前開示 日程은 調停節次와 연계되어 있으며, 調停 期日은 事前開示節次가 마무리되기 전에 열리는 것이 당연시되게 되었다. 그리고 事前開示節次의 日程과 마감시한에 관한 法院의 決定이 언제, 어떤 A.D.R.이 사용될 것인가 하는 문제에 의하여 불가피하게 영향받게 되었는데, 예컨대 訴訟 初期에 調停에 회부될 것으로 예정되어 있다면 調停을 위하여 필수불가결하다고 판단되는 핵심적이고도 중요한 證人에 대한 證言調書에 한정하는 등의 方法으로 최소한의 事前開示節次가 進行될 것이다.[1]

3. A.D.R. 節次의 主宰者

(1) 中立的인 地位의 專門家

判事나 매지스트리트 判事가 A.D.R.을 主宰하는 경우도 있지만, 대부분의 法院에서는 司法府 構成員이 아닌 中立的인 인물에

---

1) John S. Murray, Alan Scott Rau & Edward F. Sherman, Processes of Dispute Resolution: The Role of Lawyers 2nd. ed., 483, 484(The Foundation Press, Inc. 1996).

게 A.D.R.의 進行을 의존하고 있는데, 그 중립적인 役割을 하는
調停者나 仲裁人 기타 A.D.R.의 主宰者는 대부분 辯護士이며, 자
격을 인정받은 다른 專門家를 이용하는 경우도 종종 있다. 이렇게
辯護士가 각종 A.D.R. 프로그램의 대들보 役割을 하고 있는데,
거의 대부분의 法院은 자체적으로 辯護士가 포함된 主宰者 명단
을 가지고 있다. 즉, 현재 判事가 아닌 主宰者를 이용하는 43개
聯邦地方法院 가운데, 오직 3개 法院만이 A.D.R.의 운영을 辯護
士 協會 등의 외부 조직에 의존할 뿐이다. 또, 이와는 대조적으로
미주리 서부 聯邦地方法院 한 군데만은 調停에 회부된 事件을 처
리하기 위하여 숙련된 專門家를 고용함으로써 외부의 도움 없이
완전히 法院 내에서 解決하고 있다.

대부분의 法院은 主宰者 명단에 오르기 위한 資格 基準을 설
정해 두고 있는데, 상당수의 法院은 辯護士 協會나 州 法院 制度
상으로 A.D.R.의 主宰者로서 자격을 인정받은 자들을 명단에 포
함시키고 있다. 이러한 方式은 主宰者의 양성훈련에도 그대로 적
용되어 일부 法院은 主宰者 양성 교육의 책임자에 대하여 변협 등
다른 기관의 資格 基準을 그대로 適用하고 있는 반면에, 主宰者의
教育 過程을 法院이 완전히 장악하여 직접 교육하거나 훈련책임
자를 고용하여 교육을 담당하도록 하는 法院들도 있다.

이렇게 司法府 외적인 인적구성으로 A.D.R.을 운영하게 되자
부수적으로 여러 가지 爭點이 부상하게 되었다. 主宰者 教育이 너
무 다양한 형태로 이루어지는 것과 관련하여 事件 當事者들이 法
院의 A.D.R. 進行에 대하여 확신을 가질 수 있겠는가? 국가적으
로 그 훈련에 관한 최소한의 基準이라도 마련되어야 하지 않겠는
가? 그리고 보다 중요한 것은 그 中立的 主宰者들이 司法的 免責

의 保護對象이 되는가? 그리고 A.D.R. 主宰者와 당해 事件의 代
理人의 지위가 충돌하는 경우에는 어떻게 할 것인가? 보다 구체
적으로는 언제 어떤 조건하에서 A.D.R.의 主宰者가 그 事件의 代
理人이 될 자격을 잃게 되는가?[1]

이러한 爭點들의 해결이 시급해짐에 따라 A.D.R. 主宰者에게
適用될 실무적인 지침과 윤리적인 기준을 제정하고 있는 聯邦 및
州 法院(예컨대, 유타주, 오클라호마 북부 聯邦地方法院 등)이 있으
며, 法律家 및 A.D.R. 主宰者들로 구성된 專門家 團體 중에도 이
러한 작업을 진행하는 곳이 있다.[2]

한편, 이러한 爭點들이 부상하자 보다 근본적인 의문이 제기
되기도 하는데, 그것은 '과연 辯護士들이 A.D.R.을 主宰할 최적의
手段인가? 判事를 비롯한 法院 構成員이나 민간 부문의 A.D.R.
제공자들이 대신 그러한 용역을 제공할 수는 없는 것인가?' 하는
의문이다.

(2) 中立的 主宰者의 選擇 方法

그러면 개개의 事件에서는 어떤 方法으로 해당 A.D.R.을 주
재할 中立的인 인물이 決定되는가? 매스터의 선임과 같이 判事의

---

1) 최근 유타 聯邦地方法院은 調停을 主宰했던 辯護士나 그가 소속된 로펌은
   그 調停에 이은 당해 事件의 訴訟節次에서 一方 當事者를 대리할 수 없다는
   決定을 내린 바 있다: Poly Software Int'l, Inc. v. Yu Su, 880 F. Supp.
   1487(D. Utah 1995).
2) 대표적인 것으로는 1994년에 辯護士協會(American Bar Association)와
   仲裁協會(American Arbitration Association) 그리고 S.P.I.D.R.(Society of
   Professionals in Dispute Resolution)이 공동으로 마련한 '調停者 規範'
   (Standards of Conduct for Mediators)이 있고, 1986년에 S.P.I.D.R.이 마련
   한 '專門家의 責任에 관한 倫理 規範'(Ethical Standards of Professional
   Responsibility)은 공정성과 비밀유지, 당사자의 숙지 후 동의, 이익 충돌 회피
   등을 강조하고 있다: Linda R. Singer, op. cit. at 175, 176.

裁量에 의하여 선택되는 경우도 많지만, 상술한 바와 같이 미리 준비된 '主宰者 名單'에서 무작위로 추출되거나 순번대로 선임되는 方法도 사용되고 있다. 전자의 方法에 의하는 경우 특정 裁判部가 특정 主宰者에게 기울어 있다는 인상을 줄 可能性이 있는 반면에 선임에 소요되는 불필요한 行政節次를 간소화하여 裁判의 遲延을 방지할 수 있는 장점이 있고, 후자는 장기적으로 능력 있는 主宰者를 양성하는 效果를 거둘 수 있는 반면에 당해 事件에 가장 적합한 중립적이고도 유능한 主宰者를 선택하는 데 비효율적일 수 있다. 양자를 절충하여 法院이 當事者들에게 主宰者를 물색할 수 있는 適正한 時間(약 10일 정도)을 주되 그 허용 여부의 최종 결정권은 法院이 가지며, 만약 當事者 사이에 합의가 이루어지지 않으면 法院이 미리 준비된 명부(혹은 當事者들에게 미리 同意 받은 명부)에서 고르는 方法이 있다.[1]

(3) A.D.R.의 費用 負擔

현재는 과거와 달리 대다수의 法院이 當事者들에게 A.D.R. 主宰者에 대한 수수료를 부담시키고 있다. 調停 프로그램 시행 초창기에는 조정자들이 일반적으로 그들의 용역을 대가 없이 제공했었다. 그러나 오늘날에는 調停의 主宰者가 辯護士인 41개 聯邦 地方法院 중에서 9개 法院만이 調停 프로그램을 완전히 무료로 제공하고 3개 法院이 特別한 경우에는 費用을 當事者에게 부담시키지만 原則的으로는 무료로 하고 있으며(상술한 바와 같이 法院 자체 내의 인적자원으로 해결하는 곳도 있음), 나머지 3분의 2 이상의 法院이 當事者의 수수료 부담을 原則으로 하고 있다.

---

1) John S. Murray et. al., op. cit. at 496, 497.

法院은 수수료를 決定하기 위하여 4가지 方法 중 한 가지를 使用하고 있는데 그것은 시장 가격에 의한 方法, 法院이 설정한 가격에 의한 方法, 무료, 그리고 일정한 무료 서비스 時間 이후에는 法院이 설정한 가격에 의하는 方法 등이다. 10개 法院은 시장 가격에, 8개 法院은 法院이 설정한 가격(여기에는 時間별로 계산하는 方法과 期日별로 계산하는 方法이 있다)에 의하고 있으며, 5개 法院은 시장가격과 법원설정 가격 중에서 判事가 당해 事件에 적합한 方法을 선택할 수 있도록 하고 있다. 그리고 일정時間 무료로 봉사한 후부터 當事者가 費用을 부담하는 法院이 4군데 있다. 한편, 이러한 費用을 부담할 수 없는 當事者들을 위하여 9군데의 法院에서 저소득층을 위한 特別 規定을 마련해서 무료로 調停 서비스를 제공하고 있다.

흥미로운 것은 수수료의 부과 여부와 A.D.R.로의 이행이 強制的인지 여부 사이에는 아무런 상관관계가 없다는 점이다. A.D.R.로의 이행이 當事者의 選擇에 의하는 경우에도 수수료를 부과하는 경우와 그렇지 않은 경우가 병존하고 있고, A.D.R.이 강제되는 경우에도 수수료의 지불이 요구되는 경우도 있다. 다만, A.D.R.의 主宰者를 결정함에 있어 法院이 當事者의 경제적 사정을 고려하는 것이 바람직하다고 권장되고 있고,[1] 어떤 法院에서는

---

1) 美國 辯護士 協會 民事司法改善委員會가 마련한 표준 '辯論前 和解促進節次'는 다음과 같이 規定하고 있다. "A.D.R. 主宰者와 當事者는 그 수수료에 대하여 決定한다. 양자간에 합의가 이루어지지 못하는 경우에는 다른 主宰者를 선정하는 것도 가능하며, 法院이 主宰者가 주장하는 수수료가 합리적이라고 판단하는 경우에는 그 主宰者의 節次 進行을 강제할 수 있다. 수수료는 특별한 사정이 없는 한 양 當事者가 公平히 분담하는 것을 原則으로 하고, 法院은 當事者의 申請이나 裁量에 따라 수수료를 調停할 수 있다.": Reaching Common Ground: A Summit on Civil Justice Systems Improvements § 14 at 16 (ABA Ad Hoc Committee on Civil justice Improvements, Dec. 1993) 그리

主宰者 명단을 作成하기 전에 미리 主宰 예정자들과 일정시간 무료로 봉사하는 것에 대하여 약정을 하고 있다.[1]

4. A.D.R.의 形式化와 制度化

A.D.R. 시행 초창기에는 그 節次 進行에 判事 개인의 주관적인 判斷이 개입될 여지가 많았으나, 최근에는 民事司法改革法 등의 시행에 힘입어 形式이 갖추어져 가는 추세에 있다. 이는 각 法院에 의해 채택된 '節次에 관한 規則' 등을 보면 쉽게 알 수 있다. 당해 事件이 A.D.R.에 넘겨질 것인지에 대한 판단까지는 判事의 裁量에 달려 있지만, 일단 A.D.R.에 들어가게 되면 그 후속 節次는 그러한 規則에 의해서 규율받게 된다. 이에 더하여 많은 法院이 A.D.R.에 대한 안내책자를 만들어 訴를 제기하는 當事者들에게 배포함으로써 法院의 方針을 홍보하고 있다. 그리고 각종 A.D.R.節次에 관하여 法院의 判例가 집적되고 있는 것도 制度의 안정에 기여하고 있다.

A.D.R.의 制度化는 法院에 특화된 직원들이 등장하는 것에 의해서도 알 수 있다. 거의 열 군데 이상의 法院에서 A.D.R. 프로그램의 管理 監督을 주업무로 하는 A.D.R. 행정 전문인력을 채용하고 있다. 이러한 전문인력의 責任 範圍는 상당히 광범위해서, A.D.R. 主宰者의 채용과 훈련을 비롯하여 A.D.R.에 적합한 事件인지의 여부를 가려 내는 작업 및 A.D.R. 프로그램의 지속적인

고 "이익을 추구하지 않는 主宰者나 공적인 성격의 主宰者가 있을 수 있으므로, 主宰者의 수수료 부담이 當事者에게 문제가 될 수 있는 경우에 法院은 무료로 봉사할 수 있는 主宰者의 선임을 고려해야 한다"고 해설하고 있다: ibid. at 21.

1) John s. Murray et. al., op. cit. at 497, 498.

評價에 이르기까지 다양하다. 이러한 인력의 유지에 드는 費用에 관하여 民事司法改革法에 의해 지원되는 特別 基金에 의존하는 法院도 있지만, 자체 예산에 의하는 곳도 있다. 그리고 이 業務를 위하여 별도의 인력을 配置할 형편이 되지 못하는 경우에는 기존의 직원들에게 업무를 분장시키는 法院들도 있다.[1]

5. 抗訴審의 A.D.R.

抗訴審에서는 事實關係가 어느 정도 정리되어 기록이 남아 있을 뿐만 아니라 일응의 결론까지 난 상태이므로 1심에서의 A. D.R.에 비하여 불확실한 요소가 현저히 적다고 볼 수 있고, 따라서 선택 가능한 결론의 폭이 넓지 않은 까닭에 A.D.R.에보다 적합한 상태에 있다고 볼 수 있는 반면에, 當事者들이 이미 한 차례 法廷 공방을 거침으로써 이미 감정적으로 격앙되어 있을 可能性이 높아 和解가 그만큼 힘든 경향도 있다. 그런 이유로 強制的인 A.D.R. 회부가 오히려 양 當事者의 자존심을 살리면서 효율적인 결론을 얻는 데 기여할 수 있다. A.D.R. 프로그램의 발달에 있어서 抗訴審이 1심보다 뒤쳐진 것은 사실이지만, 최근 몇 년간 상당 수의 聯邦 및 州 抗訴審 法院에서 抗訴審 특유의 A.D.R. 프로그램이 시도되어 새롭게 發展하고 있다. 이제 12개의 聯邦 抗訴審 法院 전부가 和解를 위한 期日(settlement conference)을 전담하는 직원을 두고 있거나 둘 예정이며, 약 25개의 州 抗訴法院은 積極的인 프로그램을 가지고 있다.[2]

---

1) Plapinger et. al., op. cit. at 11, 12.
2) Dick, The Surprising Success of Appellate Mediation, 13 Alternatives to the High Cost of Litigation 41, 48(1995).

抗訴審에서의 A.D.R. 프로그램으로서 모범적인 것으로 꼽히는 것은 1987년에 D.C.의 聯邦 抗訴審法院이 채택한 强制調停이다. 이 프로그램은 다른 抗訴審 法院의 경험을 토대로 4가지 原則을 설정했는데, "첫째, A.D.R. 제 1 의 目標는 和解이며 事件을 정리하는 데 있지 않다. 둘째, 調停의 主宰者는 調停 技術에 대하여 특별히 훈련받은 사람이어야 한다. 셋째, 代理人과 當事者는 최소한 첫 會合에는 반드시 참석하여야 한다. 넷째, 그 會合은 抗訴狀 접수 후 즉시 예정되어야 한다"등이다. 이 프로그램에 의하면 調停의 主宰者는 事件을 배당 받은 후 45일 내에 첫 會合을 가져야 하며, 양측 代理人은 15일 이내에 10페이지를 넘지 않는 분량의 準備書面을 作成하여 事實關係와 法的 爭點을 정리하여 提出해야 하는데, 이 書面은 원칙적으로 相對方에 제공되지 않는다. 첫 會合에는 代理人이나 和解에 관하여 실질적인 決定權을 가진 자가 반드시 참석해야 하며, 當事者의 참석은 勸告 事項일 뿐 강제되지는 않는다. 모든 節次와 그 과정에서의 발언은 免責 事項이고 公開되지 않는다. 調停의 主宰者가 양쪽 입장을 조율한 새로운 제안을 내는 경우 代理人은 반드시 이를 當事者에게 전달해야 하고, 當事者에게 調停의 主宰者가 法院에 의해 선택된 경험 있는 辯護士이고 當事者들의 추가적인 費用과 努力을 감소시키기 위하여 합의를 유도하는 공평무사한 입장에 있음을 알려야 한다. 합의에 도달한 부분이 있으면 문서화되며, 만약 합의에 실패하면 조정자는 法院에 이 사실을 통보해야 하고 事件은 일상적인 절차로 환원된다. 합의에 時間이 필요한 경우에는 연장에 대한 合意 事項을 法院에 提出하고 협상을 계속할 수 있다.[1]

---

1) "Appellate Mediation," 1 BNA A.D.R. Rep. 75(June 11, 1987).

제 4 항 A.D.R.의 제 方式

1. 概 觀

상술한 바와 같이 調停(mediation), 仲裁(arbitration), 略式陪審裁判(summary jury trial), 早期中立評價(early neutral evaluation), 事件評價(case valuation: 일명 '미시간 調停'), 簡易裁判(court minitrial), 判事主宰의 和解期日(judge-hosted settlement conferences) 등 法院連繫型 A.D.R.에는 매우 다양한 種類의 方式들이 혼재하고 있다. 또, 어느 한 가지 制度를 하나의 용어로 통일해서 부르더라도 각 聯邦地方法院에서 實務的으로 행하여지는 업무의 內容은 法院의 方針이나 判事 개개인의 취향에 따라 차이가 있어 이를 통일적으로 說明하기에는 상당한 난점이 있는 것이 현실이다. 이렇게, A.D.R. 자체의 유연성과 한창 진화하는 와중에 있다는 특성 때문에 그 용어조차도 통일적으로 사용되지 않는 시점에서 각 制度의 特徵을 구분하여 설명한다는 것이 현실적으로 무리한 면도 있으나, 일단 주요한 形態들을 골라 지금까지 일반적으로 받아들여지고 있는 용어 표현에 입각하여 살피고자 한다.

다만, 위에 나열한 각종의 A.D.R. 方式의 특성을 여러 가지 基準으로 유형화해 볼 수는 있는데, 먼저 이를 각 A.D.R.의 主宰者가 하는 役割에 초점을 맞추어 '促進型 혹은 助長·造成型'(facilitative)과 '方向提示型'(directive) 내지 '評價型'(evaluative)으로 대별하는 것이 가능하다. 즉, 中立的 主宰者가 하는 役割이 어느 정도 積極的인가, 그 관여의 정도가 어느 정도인가에 따른 분류이다. 예컨대, '調停'이나 '判事主宰의 和解期日'에서는 主宰者의 役割이 다른 方式에 비하여 상대적으로 소극적이며 그 主宰 方式은

화해 분위기를 조성하여 和解를 促進시키는 정도에서 그치게 되
나, '早期中立評價'나 '仲裁'에서는 事實關係와 法的爭點에 대한
評價를 행하여 當事者에게 和解의 방향을 제시하는 등 다소 積極的
인 形態로 나아가며, '略式陪審裁判'에 이르러서는 主宰者의 役割이
방향제시나 평가의 정도를 넘어 거의 決定·判斷型(adjudicative)
에까지 나아가게 된다.

한편, 主宰者의 役割이 어느 정도 정형적인가에 따른 分類 方
式도 있는데, '調停'과 '判事主宰의 和解期日'은 가장 비정형적인
方式으로 분류된다. 즉, 원탁에 둘러앉아 자유로운 분위기에서 양
쪽이 의견을 개진하고 主宰者가 이를 청취하는 등 상대적으로 덜
정형적인 方式이 동원되지만, '早期中立評價'나 '仲裁'에 이르면
서서히 節次的인 形式性이 중시되면서 각 참여 주체의 役割이 분
명해지고 主張을 개진하는 形式이 엄격해지며, '略式陪審裁判'의
경우에는 거의 裁判과 다를 바 없는 形式性을 가지게 된다.

이외에도 節次가 開示되는 時點으로도 유형화가 가능한데,
예컨대 '早期中立評價'는 早期에 실시하여 費用을 절감하려는 의
도로 시행하는 것이므로 당연히 節次의 초기에 개시되며, '法院連
繫型 仲裁'는 통상 事前開示節次가 어느 정도 進行된 후 개시되는
것이 보통이다. 그리고 '簡易裁判'이나 '略式陪審裁判'의 경우는
事前開示節次나 裁判準備가 상당히 진척된 후에야 가능하다. 다
만, '調停'이나 '判事主宰의 和解期日'은 訴訟節次進行의 어느 단
계에서도 개시될 수 있으므로 그 개시 시점으로 구분하는 것이 不
可能하다.[1)]

---

1) John S. Murray et. al., op. cit. at 436~438.

2. 仲   裁

法院連繫型 仲裁는 1인의 仲裁人 또는 3인으로 구성되는 仲裁人團이 양 當事者측의 事實關係와 法的爭點에 관한 主張을 청취한 후 이를 기초로 비구속적인 판정을 내리는 節次이다.[1] 證人訊問까지 이루어지지는 않으나 그 외의 證據資料는 제출될 수 있으며, 仲裁人은 이를 토대로 다투어지는 法律的 爭點을 정리하여 이에 法的인 基準을 適用함으로써 판정을 내린다. 양 當事者는 그 비구속적 판정에 不服할 수 있고, 그렇게 되면 節次는 원래의 裁判節次로 되돌아간다.

다수의 聯邦法院 仲裁 프로그램은 1988년 제정된 '法院連繫仲裁法'(Court-Annexed Arbitration Act) 28 U.S.C. §§ 651~658에 터잡고 있는데, 이는 10개의 法院에 當事者들로 하여금 반드시 仲裁節次를 거치게 하는 '義務的 仲裁' 프로그램을 두도록 함과 동시에 또 다른 10개의 法院에 仲裁節次 이용에 관하여 當事者의 선택에 맡기는 '自律的 仲裁' 프로그램을 설치하도록 할 수 있게 하는 법령이다. 이렇게 法律로써 義務的 仲裁의 설치가 권고되는 10개의 法院 중 미시간 서부 및 미주리 서부 聯邦 地方法院 등 두 군데가 仲裁를 法院에서 제공하는 여러 A.D.R. 중의 하나 정도로 規定하고 있고, 노스캐롤라이나 중부 聯邦地方法院은 그 프로그

---

[1] 법원연계형이 아닌 것으로는 18세기부터 이용되어 온 商事仲裁(commercial arbitration)가 仲裁의 대표적인 이용사례인데, 美國仲裁協會(American Arbitration Association)가 중재인의 명단과 중재절차규정을 마련하여 각종 중재업무를 수행한다. 중재를 규율하는 연방법으로 U.S. Arbitration Act(Title 9, U.S.C.)가 있고, Uniform Arbitration Act를 대부분의 주에서 채택하여 시행하고 있다. 현재 우리 나라에서도 仲裁라 하면 일반적으로 商事仲裁를 말하며, 특히 仲裁法에 기하여 설립된 大韓商事仲裁院에 의한 仲裁를 가리키는 것으로 이해되고 있다.

램의 시행을 중단했다. 그리고 自律的 仲裁 프로그램의 설치 대상
인 캔터키 서부 및 버지니아 서부 聯邦地方法院은 仲裁 프로그램
을 두지 않고 있다. 그 후 1990년에 民事司法改革法이 제정된 이
후 몇 개의 州가 法律과는 무관하게 자체적으로 仲裁 프로그램을
설치했고, 적절한 法律의 제정을 기다려 仲裁 프로그램의 설치를
추진하고 있는 州도 있는데, 이 法律에 의한 仲裁 프로그램의 설
치 강제 여부는 현재 議會에서 계속 논의되고 있다.

　　法律에 기한 仲裁 프로그램은 다른 A.D.R.과 비교하여 정형
적인 형태를 가지고 있는데, 그 節次的 特性은 다음과 같다.

⑴ 仲裁로의 回附

　　義務的 仲裁 節次에서는 法院의 規則에 의하여 일정한 要件
이 갖추어진 事件이라면 예외 없이 訴 提起와 동시에 자동적으로
仲裁에 회부되는 것이 보통이다. 그 要件이란 통상 계약불이행 혹
은 불법행위로 인한 訴價 10만 달러(상한선이 15만 달러인 경우도
있다) 이하의 金錢 請求 事件을 포함하고 있으며, 상당수의 義務
的 仲裁 프로그램을 채택하고 있는 法院에서는 이 밖에 다른 유형
의 事件 當事者들도 當事者간의 合意와 담당 判事의 同意를 전제
로 仲裁節次를 이용하는 것이 허용된다. 단, 재소자 청원 사건
(prisoner petition)이나 集團 訴訟(class action), 여러 州에 걸친
訴訟(multidistrict litigation) 등은 제외 대상이고, 法律的 爭點이
복잡하거나 새로운 事件 그리고 事實關係보다도 法律的 爭點의
영향력이 큰 事件의 경우에는 個別 州의 訴訟規則으로써 仲裁 對
象에서 제외하는 주도 있다.[1] 그리고 어떤 경우에도 仲裁에 회부

---

1) Kim Dayton, The Myth of Alternative Dispute Resolution in the
　 Federal Courts, 76 Iowa L. Rev. 889(1991).

된 事件의 當事者들은 그 節次에서 빠져 나가게 해 줄 것을 요청할 수 있다.

仲裁를 자율적으로 선택할 수 있는 프로그램에서는 일정한 要件을 갖춘 事件의 當事者들이 仲裁 回附를 요청하는 것으로 仲裁가 시작되며, 언제라도 仲裁節次에서 빠져 나갈 수 있다.

(2) 仲 裁 人

仲裁人은 法院이 설정한 基準을 만족시키는 辯護士들이다. 대부분의 法院에서는 當事者가 仲裁를 主宰할 자로서 1인의 仲裁人과 3인으로 구성된 仲裁人團 중에 한 가지를 선택할 수 있도록 하고 있다. '法院連繫仲裁法'에 의하면 仲裁人은 法院으로부터 일정한 報酬를 받는 것으로 되어 있으나, 동 법에 의하지 않는 프로그램에서는 報酬 없이 일하거나 當事者로부터 報酬를 받고 있다.

(3) 聽   聞

聽聞節次는 일반적으로 事前開示節次가 어느 정도 마무리된 이후에 이루어진다. 약 4時間 정도 걸리는 聽聞節次에서는 통상 證據法則이 다소 완화되어 적용되며, 대부분의 法院은 양 當事者의 출석을 강제함과 동시에 이에 불응하는 當事者에 대한 制裁도 規定하고 있다. 장소로는 仲裁人의 사무실(주로 '法律 事務所'; 예컨대 캘리포니아 북부 聯邦地方法院의 경우)과 法廷(예컨대 펜실베니아 동부 聯邦地方法院)을 이용한다.[1]

(4) 決   定

청문을 거친 후 그 결과에 따라 仲裁 判定이 내려지게 되는데, 그 판정은 拘束力을 가지지 않는다. 그 수용이 거절되는 경우

---

1) Ibid.

에는 통상의 裁判 節次로 되돌아가며, 訴訟이 進行되는 동안 仲裁 判定의 결과는 밀봉되어 비밀에 붙여지게 된다. 만약 仲裁 判定이 양 當事者에 의하여 받아들여지게 되면, 그 仲裁 判定은 최종적인 결론으로서 다시 不服하는 것이 불가능하게 된다.

⑸ 裁 判

중재 판정에 대한 이의로 되돌아온 訴訟節次는 마치 仲裁節次에 회부되지 않았던 것처럼 進行된다. 몇몇 法院에서는 중재 판정을 받아들이지 않고 裁判으로의 회부를 要求한 當事者측에게 仲裁人에 대한 報酬에 상응하는 費用의 예치를 명하고, 만약 재판 결과가 이 仲裁人의 판정에 못 미치는 것으로 드러나게 되면 그 예치금을 몰수함으로써 仲裁人의 判定에 따르도록 유도하고 있다.

3. 事件評價(case valuation: michigan mediation)

이 프로그램은 本案裁判의 準備가 거의 마무리된 상태에서 간단한 聽聞을 거친 후 양 當事者에게 事件의 展望에 대하여 구속력이 없는 評價 結果를 書面으로 제공하며, 事件에 대한 評價는 3인의 평가단이 행한다. 仲裁와 마찬가지로 當事者 중에 그 評價 결과에 不服하는 자가 있으면 다시 裁判으로 돌아가게 되는데, 미시간의 聯邦 및 州 法院에서는 이 仲裁와 유사한 制度를 '미시간 調停'이라 부른다.

미시간주 동부 聯邦地方法院에서는 금전의 지급을 구하는 거의 모든 民事 事件이 이 프로그램의 對象이 되며, 주로 계약 위반이나 권리 침해로 인한 소송 및 시민권 소송 등이 이에 포함된다. 미시간주 서부 聯邦地方法院에서는 의료사고를 비롯한 不法行爲 訴訟 등 모든 종류의 民事訴訟이 대상이며, 회부가 强制的이다.

4. 簡易裁判(mini-trial)

簡易裁判은 비정형적이고, 비구속적인 성격의 A.D.R. 節次이다. 聯邦法院 차원에서는 그다지 활발히 이용되는 편은 아니었으나, 지난 십여 년 간 몇몇 聯邦地方法院의 裁判部가 이 프로그램을 나름대로 發展시켜 왔다. 후술하는 略式陪審裁判과 같이 이 프로그램은 상당히 정교한 制度로서, 일반적으로 大型 紛爭을 解決하기 위하여 발전되어 왔다. 이 프로그램은 事前開示節次가 어느 정도 완료된 후 '聽聞'과 '協商'이라는 2단계 節次로 進行된다.

聽聞節次는 양 當事者측이 모두 事件의 處理에 관하여 決定權을 위임받은 각자의 代表者에게 事件의 槪要를 설명함으로써 시작된다. 이 節次는 주로 비즈니스 관계로 인한 訴訟에 사용되므로 그 代表者들은 대개 회사의 고위급 經營陣이 된다. 이 聽聞節次는 證據法則이 엄격히 적용되지 않고 證人도 소환되지 않는 등 비공식적으로 진행되며, 判事나 매지스트리트 判事 혹은 法律家가 아닌 專門人 등이 하루나 이틀 정도의 聽聞節次를 주재한다. 그리고 이 節次는 當事者간의 合意에 따라 비밀에 붙여지기도 하는데, 이것이 자유로운 의견 교환과 솔직한 토론을 가능하게 한다.

聽聞節次에 이어 각 當事者측 대표자들이 회동하여 和解를 위한 協商을 시도하는데, 이 때 當事者의 요청에 따라 그 節次의 중립적 主宰者가 참석하여 조언을 하는 등의 方法으로 協商을 촉진시키기도 한다. 이 協商은 통상의 협상과 비교하여 여러 가지 차이점을 가지는데, 우선 聽聞節次를 거침으로써 紛爭의 군더더기가 제거되고 決定的인 爭點에 協商이 집중될 수 있으며, 협상 대표인 고위급 경영자들은 客觀的인 觀點에서 각자의 유·불리한

점을 숙지한 상태에서 協商에 임한다는 점이다. 또한, 協商이 紛
爭을 발생시킨 實務 擔當者도 아니고 爭點에 관하여 지속적으로
관여해 온 法律家도 아닌 高位 經營者── 이론적으로는 紛爭의 감
정적인 측면에서 한 발 떨어져 있으면서, 실리 확보에 충실한 經
營人── 이므로 보다 냉정하고 客觀的이며 미래지향적인 對話가
가능해진다는 점도 있다.[1]

이 '聽聞 후 協商'이 난관에 봉착하면 當事者들은 중립적 主
宰者의 積極的 調停을 요청할 수 있으며, 그래도 별 성과가 없으
면 節次는 裁判으로 되돌아가는데, 이 경우에도 聽聞과 協商 節次
를 통하여 事件이 정리됨으로써 法廷에서의 裁判이 效率的으로
進行될 수 있다.

'簡易裁判'(mini-trial)이라는 용어가 그 실질적인 內容과는 전
혀 일치하지 않는데, 이는 1977년에 있었던 두 컴퓨터관련 회사
(Telecredit, Inc. v. TRW Inc.)간의 特許權 侵害紛爭에서 비롯된
和解方式에 뉴욕 타임스의 한 저널리스트가 붙인 이름이다.

일반적으로 會社간에 紛爭이 발생하여 訴訟이 제기된 후에는
경영진들이 이후의 解決 過程을 辯護士들에게 일임해 버리기 때
문에 訴訟이 과열되고 장기화되는 측면이 있다. 이러한 관점에서
이 프로그램은 問題의 解決을 다시 경영진에게 되돌려 사업적인
관점에서 경영상의 이해관계를 기초로 和解를 고려하도록 함으로
써 새로운 解決方案을 강구하도록 하는 데에 그 意義가 있다.[2]
이 프로그램은 복잡한 事實關係와 法的爭點이 뒤얽혀 있는 民事

---

1) Jacqueline M. Nolan-Haley, Alternative Dispute Resolution in a nutshell
194, 195(West Publishing Co. 1992).
2) Ronald L. Olson, An Alternative for Large Case Dispute Resolution 6
Litigation 22(Winter 1980).

事件에 效用이 있는 것으로 평가되며, 특히 특허권 침해, 정부 계약, 제조물 책임, 반독점, 건설 계약 등에 터잡은 訴訟에서 성공적으로 運用되었다.[1]

5. 早期中立評價(early neutral evaluation: ENE)

이 프로그램은 예상되는 訴訟 結果를 미리 展望하여 조기에 當事者에게 제공함으로써 訴訟을 準備하고 和解를 摸索하는 데 기여할 수 있도록 디자인된 非拘束的 A.D.R. 節次이다. 주로 유사한 事件에 관하여 풍부한 경험을 지닌 辯護士가 主宰者가 되어 事前開示節次가 깊숙히 진행되기 전의 訴訟 初期에 비공개 期日을 進行하며, 먼저 양측으로부터 主張을 청취하여 爭點과 證據를 파악한 후 양측에 유리한 점과 불리한 점을 정리한다. 그리고 이에 터잡아 拘束力이 없는 評價를 내려 協商의 근거를 마련한 후 和解를 주선함과 동시에 訴訟準備의 基礎資料로 사용될 수 있게 한다. 調停과 마찬가지로 복잡하게 얽힌 紛爭을 비롯한 다양한 民事紛爭에 활용이 가능하다. 원래 이 프로그램은 辯護士의 辯論前 準備節次에 기여하기 위하여 고안되었으며, 실제로 이 制度가 창안된 캘리포니아 북부 聯邦地方法院을 비롯한 여러 法院에서는 訴訟 準備를 충실하게 유도하는 데 주안점을 두고 있는 반면에 버몬트 聯邦地方法院 등지에서는 和解와 調停에 主目的을 두고 개발되었다.

전형적인 특징을 整理해 보면 다음과 같다.[2]

---

1) Nalan-Haley, op. cit. at 195.
2) 자세한 內容은 손수일, 美國 法院에서의 A.D.R.의 發展과 캘리포니아 북부 聯邦地方法院의 Early Neutral Evaluation(ENE), 裁判資料 제73집, 49 (1996).

(1) 節次에의 회부

일정한 범주의 民事紛爭事件은 소 제기와 동시에 自動的으로 이 프로그램에 회부되도록 하고 있는 法院도 있고, 담당 裁判部의 自由裁量으로 회부 여부를 決定하는 法院도 있으며, 이 때 當事者의 同意가 필요한 法院도 있고 그렇지 않은 法院도 있다.

(2) 主宰者(evaluator: 評價人)

중립적인 입장에서 評價를 담당하는 이 프로그램의 主宰者는 해당 분야의 專門家로서 경험이 많은 法律家이다. 法院에 의하여 節次 進行에 관하여 훈련을 받고 자격을 인정받으며, 상당수의 法院에서 無報酬로 봉사하고 있고 최소한 事件의 첫 期日만은 無報酬로 봉사하는 곳도 많지만, 當事者로부터 시장가격이나 法院이 정한 수수료율에 의하여 報酬를 받는 法院도 있다. 이 中立的 評價人의 선정은 當事者에 의하는 경우와 法院 소속의 이 프로그램 담당관에 의하는 경우가 있고, 캘리포니아 남부와 네바다의 聯邦地方法院은 判事가 직접 이 期日을 進行한다. 이 프로그램의 성패는 유능한 主宰者의 선택에 의하여 영향받는 바 크다는 연구 결과가 있다.[1]

(3) 節   次

節次는 크게 當事者에 의한 '事件說明'(presentation)과 主宰

---

1) 캘리포니아 북부 聯邦地方法院 ENE 프로그램 委員會의 고문인 Rosenberg 와 Folberg 양 교수는 1988년 4월부터 1992년 3월까지의 4년간에 걸친 統計 數値를 토대로 분석한 결과 ENE 프로그램에 회부된 事件의 과반수 이상이 費用과 時間 면에서 크게 절약되었다고 결론 짓고, 성공적인 결과의 산출은 中立的 評價人의 태도와 기술에 달려 있음을 지적하면서 그 선정과 교육 등에 관하여 세부적인 方法을 설명하고 있다: Joshua D. Rosenberg & H. Jay Folberg, Alternative Dispute Resolution: An Empirical Analysis 46 Stanford L.R. 1487(1994).

者의 '事件評價'(evaluation) 節次로 2분 할 수 있다.

일반적으로 早期中立評價를 위한 會合을 가지기 전에 양 當事者는 評價人과 相對方 當事者에게 準備書面 및 裁判書類를 제공해야 한다. 會合 期日은 통상 評價人이 그 동안의 경과와 앞으로의 節次를 설명하는 것으로 시작된다. 이어서 양측 代理人이 차례로 事實關係와 法的主張 및 證據關係를 간단히 요약하는 陳述을 하고 다시 評價人이 양쪽에 補充 質問을 함으로써 主張을 명확히 하고 證據關係를 정리한다. 이 過程에서 양쪽의 유리한 점과 불리한 점이 부각되며 이를 통하여 評價人은 양 當事者가 자신의 입장을 客觀的으로 분석하는 데 도움을 줌과 동시에 爭點 중에 다툼이 있는 사실과 없는 사실을 정리하게 된다. 그 다음에 評價人은 서면화된 評價書를 準備하여 當事者에게 제공하는데,[1] 이 때 當事者의 선택에 의하여 그 評價를 제공받지 않을 수 있도록 한 法院도 있다. 그 評價書의 작성을 전후하여 評價人은 和解를 주선하기도 하는데, 이것이 성공적이지 않을 경우에 評價人은 當事者가 다음 단계의 訴訟 準備를 하는 데 조력하기도 한다. 한편 和解를 主目的으로 하는 法院에서는 評價人이 별도로 양 當事者측과 접촉하기도 하지만 이것이 허용되지 않는 法院도 있다. 當事者들이 직접 非公開的으로 열리는 會合에 참석하기도 하며, 보통 한 會合은 3~4時間 소요되고 會合이 수차례 개최되는 경우도 있다. 和解가 불가능한 경우에는 다시 裁判節次로 되돌아간다.

---

1) 다른 A.D.R. 예컨대, 調停과는 달리 當事者의 '說明'과 主宰者의 '評價'는 法的 爭點에 입각하여 이루어지는 경향이 있다: John S. Murray et. al., op. cit. at 439.

(4) 적합한 事件

이 프로그램의 성공적인 運用도 다른 프로그램과 마찬가지로 事件의 적절한 選定에 달려 있는데, 지금까지의 경험에 의하면 양 當事者의 事件 結果에 관한 예측이 크게 다를 수 있는 상업적 계약이나 불법행위에 기초한 訴訟에서 가장 큰 效果를 얻는 것으로 나타났다. 또, 한 가지 訴訟 내에서도 다른 爭點들에 관하여는 調停이나 仲裁 혹은 裁判이 더 效率的이지만 損害額에 관한 다툼에 있어서 만큼은 이 早期中立評價가 적합할 수도 있다.[1]

6. 判事主宰의 和解期日(judge-hosted settlement conferences)

聯邦地方法院 차원에서 和解를 促進하기 위하여 이용되는 가장 보편적인 수단은 判事나 매지스트리트 判事가 主宰하는 和解를 위한 會合期日이다. 聯邦民事訴訟規則 제16조의 1983년 개정시 辯論前 會合의 目的의 중점이 '本案審理의 準備'에서 '司法的 事件管理'로 이동하게 되면서 目的의 하나로 '和解의 促進'이 명시되었으며, 이에 따라 '和解 및 紛爭解決을 위한 裁判外的 節次의 使用 可能性'(the possibility of settlement or the use of extrajudicial procedures to resolve the dispute)이 辯論前 會合의 論議 對象에 포함되었고, 그 후 이 規定이 '和解, 그리고 法令이나 個別州의 訴訟規則에 의하여 허용된 紛爭 解決에 도움이 되는 特別한 節次의 使用'(settlement and the use of special procedures to assist in resolving the dispute when authorized by statute or local rule)으로 자구가 修正되었다. 이렇게 '裁判外的'(extrajudicial) 節次라는 용어를 '特別'(special) 節次로 변경한 것은 A.D.R.이 이미

---

1) Nalan-Haley, op. cit. at 182.

소송절차 내로 편입되었다는 사실을 반영한 것이라 함은 한 차례 상술한 바 있다. 이렇게 法官의 地位가 '消極的 審判者'(passive umpire)에서 和解를 促進하는 積極的인 形態로 변모하였고, 더 나아가 判事에게 當事者와의 和解 協議에 관한 權限을 명시적으로 부여하는 法令을 가진 주도 등장하게 되었다.[1] 그 결과 현재 94개 聯邦地方法院 거의 전부가 이 和解를 위한 會合期日을 運用하기에 이르렀다. 그리고 그 중 약 3분의 1이 그 진행을 매지스트리트 判事에게 맡기고 있는데, 和解期日을 주재하는 判事의 고전적인 役割은 각 當事者의 유·불리한 점을 評價하여 알려 주고 協商을 주선하는 것이나, 일부는 이에 더하여 當事者 사이의 意思交換을 원활히 하고 協商에 장애가 되는 事由를 제거해 주는 등의 調停 技法을 사용하기도 한다.

　일부 聯邦地方法院에서는 일정한 判事나 매지스트리트 判事를 和解를 전담하는 法官으로 지명해 놓기도 하며, 法院에 따라서는 당해 事件에 관여한 바 없는 다른 判事에게 和解期日의 進行을 맡기기도 한다. 判事가 자기가 배당받아 진행하던 事件의 和解를 직접 시도하는 것에 대하여는 贊反 兩論이 있다.

7. 調　　停(mediation)

　調停은 중립적인 제 3 자, 즉 調停者가 當事者 사이의 和解를 돕기 위하여 協商을 주선하는 비 정형적이고 비 구속적인 紛爭解決節次이다. 調停의 特徵은 當事者 사이에 협상 분위기를 조성하고 타협 가능한 선택의 범위를 넓혀 주는 것인데, 이러한 協商은 종종 다툼이 있는 法律的 爭點을 초월하여 이루어지기도 한다. 調

---

1) John S. Murray et. al., op. cit. at 438.

停期日은 비공개로 진행되며, 當事者 사이에 意思 交換을 돕고 각 當事者가 아직 드러나지 않은 불리한 점이나 유리한 점을 깨달아 和解가 성립하지 않았을 때의 訴訟 結果를 客觀的으로 예상할 수 있도록 함으로써 협상 분위기를 고조시키는 데 目的이 있다. 調停者는 양 當事者측과 동시에 혹은 개별적으로 접촉하는데, 그 과정에서 단지 협상 분위기를 조성할 뿐 어떤 판정을 내리는 役割을 하지는 않는다. 聯邦地方法院에서는 통상 法院에 의해 資格이 인정된 辯護士가 調停者로 되며, 判事나 매지스트리트 判事가 調停技法을 훈련받고 調停業務를 행하는 경우도 있다.

調停制度가 발달하면서 調停 戰略을 크게 두 가지로 대별할 수 있게 되었다. 고전적인 調停節次에서 調停者의 임무는 當事者로 하여금 訴訟의 근본 원인에 대한 해결책을 찾아 내도록 돕는 '促進型 내지 造成·助長型'(facilitative)이었고, 이러한 유형의 調停에 있어서 調停者는 기본적으로 그 방면의 專門家이기보다는 節次의 專門家로써 족하였다. 그러나 '評價型'(evaluative)의 調停에 있어서 調停者는 事件解決의 기본적인 手段으로서 예상 가능한 法律的 結論을 내기 위하여 事件을 분석하고 評價하는 方法을 사용한다. 결국, 評價型의 調停은 '早期中立評價'와 유사하며, 이 경우 調停者는 현안 事案에 대하여 專門家가 아니면 곤란할 것이다. 비록 대다수의 法院이 어떤 調停技法을 사용할 것인지 명시하고 있지는 않지만, 이를 명확히 하고 있는 法院도 있는데 예를 들면 오클라호마 북부 聯邦地方法院에서는 이 두 가지를 모두 사용한다. 調停者는 먼저 양 當事者 사이의 協商 분위기 조성에 최선을 다하고, 그 다음에 필요에 따라 法的 評價를 제시하는 것이다.

어떤 調停技法을 사용하든지, 調停은 대체로 다음과 같은 節次를 거치고 있다.

(1) 節次에의 회부

대부분의 法院에서는 事件을 배당받은 判事가 調停 回附 여부를 결정하게 되는데, 이 때 當事者가 초기의 事件管理會合에서 표시한 의사도 반영된다. 이렇게 事件을 調停에 회부하느냐의 여부에 當事者가 관여하는 경우가 전혀 없지는 않고 때로는 매우 중요한 영향을 미치는 경우도 있지만, 대부분의 調停 프로그램은 當事者의 同意와는 무관하게 회부 여부를 判事 단독으로 결정하도록 하고 있다. 그리고 거의 대부분의 民事事件을 모두 일상적으로 調停에 회부하는 法院도 있으나, 대부분 특정 종류의 事件에 한정하거나 케이스 별로 決定하는 方法을 이용하며 行政訴訟이나 재소자기본권소송 등 일정한 事案은 제외하고 있다. 회부의 시기는 경우에 따라 다르며, 判事의 재량적 判斷에 달려 있다.

(2) 調 停 者

調停者는 法院이 정한 資格 基準을 갖추고 그 훈련과정을 이수한 法律家 혹은 그에 상응하는 전문지식을 갖춘 자이다. 當事者가 法院이 마련해 둔 명부에서 調停者를 선택하거나 명부에는 없는 專門家라도 法院의 同意하에 調停者로 선임하는 경우도 있고, 法院의 전담 직원이나 判事가 調停者를 선택하는 경우도 있다. 그리고 무료로 봉사하는 調停者도 있지만, 대부분 當事者가 調停者에 대한 수수료를 부담한다.

(3) 調停의 準備

調停者로 하여금 事件을 파악할 수 있도록 하기 위하여 양 當

事者는 관련 기록과 事實關係, 法的 爭點 및 協商에 임하는 立場
에 관한 간략한 準備書面을 調停者에게 제공하여야 하며, 이러한
書類를 當事者간에 交換해야 하는지에 대하여는 法院간에 통일된
原則이 없다. 原則的으로 이러한 書類들은 裁判記錄에 편철되지
않으며, 調停節次가 끝나면 當事者에게 반환된다.

⑷ 調停 期日

調停은 事件의 종류와 사정에 따라 몇 時間 정도가 소요되는
한 번의 期日로 족한 경우가 있고, 여러 期日이 반드시 필요한 경
우도 있을 수 있다. 法院 중에는 代理人 이외에 當事者가 반드시
調停期日에 출석하도록 강제하고 있는 곳이 다수 있으며, 이러한
調停節次에 관한 法院의 方針에 따르지 않는 경우에는 制裁를 가
할 수 있도록 하고 있다. 보통 첫 期日에는 調停者가 調停의 節次
에 관하여 說明한 후, 양측으로부터 事件槪要를 듣고 補充質問을
하면서 事件을 파악한다. 그리고 각 當事者의 주요 관심사가 무엇
인지, 法律的으로 강점과 약점은 무엇인지를 파악하기 위하여 양
측의 代理人 및 當事者와 개별접촉을 가지기도 하는데, 가끔은 代
理人과 當事者를 따로 만나기도 한다. 이러한 개별적인 면담을 통
상 '코커스'(caucuses)라고 부른다. 이러한 일련의 과정을 거쳐 調
停者는 當事者로 하여금 협상 제안을 내놓고 이를 상호 평가하도
록 조력한다. '評價型'調停에서 訴訟結果를 예측하고 事件을 評
價하는 등의 작업이 양측이 함께하는 期日에서 이루어지는지 개
별면담에서 이루어지는지는 일정하지 않다.

⑸ 調停의 완성

調停者가 調停節次의 終了나 調停不成立을 선언할 수 있다고

명확히 규정하고 있는 法院도 있으나, 거의 이 문제에 관하여는 침묵하고 있다. 만약 事件이 和解로 종결되면 調停者는 양측 代理人과 和解條項을 정리하기 위하여 그 초안을 준비한다. 그리고 완전한 和解는 불가능하더라도 부분적인 합의가 가능할 경우에는 이를 위하여 조력함과 동시에 다음 단계를 준비하도록 돕는다. 물론, 아무런 성과가 없으면 원래의 裁判節次로 되돌아간다.

8. 略式陪審裁判(summary jury trial)

略式陪審裁判은 聯邦地方法院 判事나 매지스트리트 判事에 의하여 진행되는 비구속적인 A.D.R. 프로그램으로서, 事前開示 등의 辯論前 準備節次가 어느 정도 마무리된 시점의 事件에 대하여 和解를 促進시키기 위하여 고안된 制度이다. 이 프로그램은 陪審員들 앞에서 證據를 약식으로 調査하는 등의 方法 — 일반적으로 證人의 證言은 이루어지지 않는다 — 으로 간략히 진행되는 聽聞節次를 거쳐 當事者와 代理人에게 '勸告的 性格의 評決'(advisory verdict)을 제공한다. 陪審員들의 비구속적 評決은 이어지는 和解 協商의 기초로 사용되며, 協商에 진전이 없으면 事件은 다시 원래의 訴訟節次로 되돌아간다.

이 프로그램은 1970년대 중반 오하이오 북부 聯邦地方法院의 토마스 램브로스 首席 判事에 의하여 개발된 이후 많은 聯邦法院에서 채택되었는데, 그다지 많이 活用되고 있지는 않다. 이 節次는 다른 A.D.R.에 비하여 상대적으로 節次가 번잡하고 陪審員 등 많은 인적 자원이 필요한 면이 있어 심하게 지연되는 事件이나 일상적인 民事事件이지만 양 當事者의 訴訟結果에 대한 예상이 현

격히 다른 事件에 한정되어 사용되고 있다.[1]

　일반적으로 聯邦地方法院의 判事나 매지스트리트 判事가 節次를 주재한다. 이 制度의 變形으로서 '略式의 裁判部 裁判'(summary bench trial)도 있는데, 陪審員의 절차 참여 없이 判事나 매지스트리트 判事가 勸告的인 意見(advisory opinion)을 내는 方法이다. 이 양 節次에는 紛爭의 전부뿐만 아니라 일부 爭點만을 회부할 수도 있다.

　여타의 다른 制度들과 마찬가지로 이것 역시 개개 事件의 필요에 부응하기 위하여 융통성 있는 制度로 발전하였으며, 통상 다음과 같은 節次를 밟는다.

⑴ 節次의 準備

　聽聞이 開示되기 전에 法院은 양측 代理人에게 準備書面, 陪審員 예정자의 資格에 대한 豫備訊問(voir dire) 事項, 陪審員 指針(jury instructions) 事項, 豫備的 申請(motions in limine: 陪審員을 오도할 가능성이 있는 부당한 訊問에 관하여 保護命令을 구하는 辯論前 申請) 事項 등의 提出을 요구할 수 있다. 그리고 필요하다면 證據目錄과 간략한 形態로 제시될 수 있는 證言內容 등도 요구할 수 있다.

⑵ 豫備訊問(voir dire)

　略式陪審裁判 당일에는 陪審員 名簿에 있는 배심원 예정자들이 소환되며, 이들에 대하여 제한된 형태의 豫備訊問이 진행된 후 6인의 陪審員이 선정된다. 절차를 전후하여 陪審員들은 자신들의

---

1) 이 프로그램은 특히 當事者 일방의 代理人이 자신의 主張事實이 陪審員들에게 호소력 있을 것이라고 과신한 나머지 協商에 소극적일 경우에 效果가 있다고 한다.

勸告者的 役割(advisory role)에 대한 설명을 듣는다.

(3) 聽   聞(hearing)

聽聞節次는 일반적으로 判事에 의하여 진행되며 양측 主張을 集中的으로 迅速하게 청취하는데, 期日은 事件의 難易度에 따라 짧게는 하루에서부터 길면 1·2주 정도까지 소요된다. 일반적으로 當事者 본인도 참석한다. 양측 代理人은 證據能力이 있는 證據들을 구두로 설명하는데, 비디오 證言까지는 허용되는 경우도 있지만 證人을 출석시켜 證言을 직접 듣는 것은 허용되지 않는다. 證據에 대한 異議는 聽聞節次 내에서 判事에 의해 정리되기도 하지만, 일반적으로 聽聞節次 이전에 정리된다. 양측의 마무리 主張을 듣고 判事가 배심원 지침을 전달하는 것을 끝으로 陪審員團은 의견 조율을 위하여 퇴장한다.

(4) 評   決(verdict)

陪審員團에 대한 指針은 일반적으로 만장일치에 의한 評決을 요구하고 있지만, 그것이 불가능한 경우에는 개별적인 評決이 제출될 수도 있다. 또, 陪審員의 평결이 있고 난 후에 判事와 양측 代理人이 陪審員들에게 質問하는 것이 허용되는 法院도 있다.

(5) 和解協商

이 프로그램이 進行되는 과정에도 和解協商이 진행될 수 있다. 또, 陪審員의 권고성 평결이 내려진 이후에 이를 근거로 協商이 바로 시작되는 경우도 있지만, 當事者가 냉각기나 새로운 情報를 評價·分析하기 위한 시간을 가진 다음에 비로소 協議에 들어가는 경우도 있다. 協商에서는 主導的 役割을 하는 判事들도 있고, 이를 양측 代理人의 役割로 넘기는 스타일의 判事도 있다.

(6) 制度의 長·短點

當事者들이 프로그램의 進行 過程을 접하면서 자연스럽게 訴訟에서의 유리한 점과 불리한 점을 파악하고 결과를 예측하게 됨으로써 和解의 必要性을 인식하게 되고, 간단한 陪審裁判을 거침으로써 法院과 當事者 모두에게 費用과 時間이 절약된다는 장점이 있다고 평가되는 반면에, 證據調査가 간략한 형태로 진행되므로 證人의 신빙성에 대한 評價가 부실하게 될 수 있고,[1] 和解 도출에 실패할 경우에는 費用이 오히려 증가되는 결과가 될 수 있으며, 미리 진행되는 略式의 裁判過程에서 사후에 결정적으로 이용될 수 있는 情報가 노출될 수 있다는 등의 批判이 제기되고 있다.[2]

9. 和解週間(settlement week)

'和解週間'의 전형적인 형태에서는 法院이 정상적인 裁判 活動을 일시 중단하고 裁判準備가 거의 마무리된 事件들을 法廷에서 개최되는 調停會合(mediation conferences)에 회부하는데, 이 會合은 辯護士 자원봉사자들의 도움을 받아 그들의 주재하에 진행된다. 調停期日은 수시간동안 진행되며, 필요하다면 추가적인 期日도 가능하다. 聯邦地方法院 중에 이 '和解週間'制度를 정기적으로 사용하는 곳은 오하이오 남부, 웨스트 버지니아 북부 두 곳이며, 뉴욕 서부 聯邦地方法院은 시행 초기에 있다. 이 制度는 州 法院 차원에서 더욱 광범위하게 活用되고 있다. 和解週間에도 해결되지 않은 事件들은 法院의 정규 裁判節次로 되돌아간다.

---

1) Edward J. Brunet, Questioning the Quality of Alternate Dispute Resolution 62 Tulane L. Rev. 1, 39~40(1987).

2) Nalan-Haley, op. cit. at 175~177.

10. 멀티도어 코트하우스(multi-door courthouse), 멀티옵션(multi-option) A.D.R.

이는 여러 종류의 代替紛爭解決節次를 제공하는 法院을 지칭하는 概念이다. 이 멀티도어 코트하우스 制度를 채택한 法院 중에는 特定 種類의 事件은 전부 특정한 A.D.R. 節次에 회부되도록 하는 곳도 있지만, 當事者들에게 여러 가지의 A.D.R. 중에서 한 가지를 선택할 수 있도록 하는 곳도 있다. 원래 이 概念은 뉴저지 주, 텍사스 주, 매사추세츠 주 그리고 콜럼비아 특별구 法院 등지의 州 法院 차원에서 發展되어 온 것인데, 현재는 오하이오 북부, 캘리포니아 북부, 로드 아일랜드 등의 聯邦地方法院들도 이 프로그램을 가지고 있다.

제 4 절 辯論前 會合과 事前開示, 그리고 A.D.R.

辯論前 節次의 核心 構成要素인 이 세 가지 節次는 辯論前 節次가 진행되어 나가는 과정에서 서로 密接하고도 有機的인 關係로 연결되어 있으며, 상호간에 機能을 補完하고 促進하는 役割을 함으로써 영향을 주고받게 된다.

제 1 항 節次的인 關聯性

먼저 訴 提起 직후에 當事者가 자율적으로 F.R.C.P. 제26조(f)가 규정하는 事前準備會合을 가진 후 書面 報告書를 作成하여

法院에 提出하는 것으로부터 節次가 시작된다. 이미 살핀 바와 같이 이 準備 會合에서는 和解 可能性을 포함하여 迅速한 事件終結이 가능한지 여부를 논의한 후 義務的으로 公開해야 할 情報의 交換을 행하거나 그 이행에 관하여 의견을 조율하고 이어서 開示의 實施方法 및 終了時點 등의 開示計劃을 수립한다. 그리고 여기에서 논의된 事項을 具體的으로 적시한 報告書를 作成하여 法院에 提出하면, 法院은 이 보고서를 받은 후 이를 기초로 혹은 이에 더하여 양 當事者측과 日程配置會合(scheduling conference)이나 個別 接觸(전화, 편지 혹은 접견도 가능)을 가진 후 그 결과를 토대로 '日程配置命令'(scheduling order)을 내리는데, 이 命令에는 開示 및 각종 申請의 終結 時點과 義務的 開示 情報의 交換 및 그 補充·訂正 時點, 허용되는 開示의 範圍, 辯論前 會合 日字, 最終 辯論前 會合 日字, 裁判 日字 등이 명시되며, 이 日程은 그 후의 辯論前 節次를 구속하게 된다.

　　이렇게 짜여진 日程에 따라 當事者간에 開示節次가 進行됨과 동시에 法院은 事件의 특성과 규모, 복잡성 등 제반 사정을 감안하여 필요에 따라 辯論前 會合을 적절한 時點에 개최하여 爭點을 整理하고 開示節次를 統制함과 동시에 和解 可能性을 모색해 나가는바, 辯論前 會合을 主宰하는 判事는 그 會合에서 開示節次와 관련된 申請에 대하여 決定을 내릴 수 있고, 좀더 폭넓은 開示를 강제하거나 開示範圍를 制限하거나 開示의 方向을 제시함으로써 開示節次가 效率的으로 進行될 수 있도록 관리하게 된다. 이러한 과정을 거쳐서 事實關係와 法的 主張이 整理됨과 동시에 이를 뒷받침할 證據가 마련되며 상호간에 강점과 약점이 드러나 事件이 적절한 정도로 성숙하면 法院은 辯論前 會合을 통하여 양 當事者

측에 和解可能性을 타진하고 論議를 거쳐 事件을 調停이나 仲裁, 略式陪審裁判, 早期中立評價, 判事主宰의 和解期日 기타 A.D.R. 節次에 회부할 것을 검토한다. A.D.R.에 회부하기로 決定된 事件은 判事가 決定한 A.D.R. 節次로 이행되어 和解를 시도해 보고 그것이 실패하면 다시 裁判節次로 돌아와 예정된 裁判期日에 審理를 받게 된다.

제 2 항 機能的인 關聯性

이 세 가지 制度를 순수하게 節次的인 側面에서만 관찰해 보아도 이렇게 相互 有機的으로 연관되어 있지만, 그 機能 또한 相互 依存的이다.

1. 과거 事件管理 概念이 본격 導入되지도 않았고 法院 連繫型 A.D.R.도 活性化되기 이전인 1960·70년대에는 事前開示節次와 辯論前 會合은 모두 當事者들에게 충분한 情報를 제공하여 그들로 하여금 만족스런 裁判準備를 한다는 점에서 공통점이 있었으며 그런 관점에서 辯論前 節次를 광범위한 開示節次의 일부분으로 보고 양 制度에 의하여 달성해야 할 공동의 目的을 논의하던 시절이 있었으나,[1] 전술한 바와 같이 1983년 '日程配置' 및 '事件管理'를 辯論前 節次의 명시적인 목표로 설정하기 위하여 F.R.C.P.가 대폭 改正됨으로써 '辯論前 會合'의 중점도 '本案審理 準備' 機能에서 '司法的 事件管理' 機能으로 옮겨 가게 되었으므로 이제 그러한 해석은 辯論前 會合 機能의 일부분에만 초점을 맞춘 분석

---

1) Wright et. al., op. cit. at s 1528.

으로 評價받게 되었다. 그러면 이제는 양자의 관계를 어떻게 보아야 할 것인가?

한 마디로 辯論前 會合과 開示節次는 相互 補充·觸媒 役割을 순환적으로 수행한다고 볼 수 있다. 즉, '辯論前 會合制度'는 당초 이를 통하여 訴訟 當事者와 法院이 爭點을 整理할 수 있도록 함으로써 양 當事者가 자신의 강·약점을 정확히 숙지하여 裁判準備에 만전을 기하도록 하는 데 制度의 目的이 있었는데, 이러한 傳統的인 機能에 더하여 새롭게 부여된 機能, 즉 法院의 지속적인 事件管理와 統制가 이루어지면서 當事者 주도로 매우 광범위하고 무질서하게 進行되는 開示節次에서 불필요하고 비본질적인 論議가 배제됨과 동시에 事件의 進行 정도에 부응하는 시의적절한 開示決定이 내려짐으로써 效率的이고 經濟的인 開示가 가능해지는 것이다. 또한, 開示 결과는 보다 정확하고 적절한 爭點整理에 필요한 情報를 제공하는 機能을 하고 때로는 開示節次가 완료된 후에 이르러서야 爭點이 명확해지는 경우도 있으므로, 當事者간에 이미 이루어진 開示의 結果가 유용한 情報를 많이 가지고 있을수록 法院은 이를 기초로 辯論前 會合을 통한 事件管理를 수월하게 성공적으로 수행할 수 있게 된다.[1]

2. 한편, 辯論前 會合은 직접 A.D.R.의 可能性을 摸索하는

---

1) 複雜 訴訟을 위한 敎本은 이러한 순환적인 相互 補充關係를 전제로, 爭點이 整理되지 않으면 事實關係 資料의 開示 範圍가 決定될 수 없으므로 爭點 整理가 모든 것에 선행되어야 하지만, 통상 原告는 法院의 爭點 整理 시도에 대하여 보다 충분한 開示가 선행되어야 한다고 主張하고 被告는 原告의 主張이 정리되어야 爭點 整理에 협조할 수 있다고 主張하여 爭點 整理를 위한 法院의 努力에 도전하는 현상이 발생할 수 있다고 說明하면서, 그럼에도 불구하고 法院은 잠정적으로라도 爭點 整理를 시도하여 開始 節次에 적절한 順序와 制限을 가해야만 한다고 지침을 준다: Federal Judicial Center, op. cit. at 47.

手段이 됨과 동시에 그 길로 가는 通路 役割을 한다. 물론, 1983
년 改正 이전에도 辯論前 會合이 自身과 相對方의 강·약점을 파
악하는 기초를 제공함으로써 和解의 모티브를 제공하는 측면이
있으며 나아가 和解를 促進하는 것이 辯論前 會合의 目的이라고
보는데 實務上의 공감대가 形成되어 있었지만,1) 이를 目的으로
명시하게 되면 그 순간부터 制度의 중점이 和解 促進으로 옮겨가
辯論前 會合이 자칫 和解 强要의 手段으로 전락할 可能性을 염려
하는 견해도 있었으나, 결국 1983년 개정시 辯論前 會合의 目的
의 하나로 '和解의 促進'이 명시됨으로써 이제 명실상부하게 '辯
論前 會合'이 'A.D.R.'로 가는 통로임이 명백하여졌다. 그리하여
辯論前 會合에서 和解의 可能性을 탐색하면서 순차적으로 분위기
를 성숙시킨 후 적절한 시기에 양 當事者를 참석시켜 의견을 조율
하는 등 會合을 주재하는 判事가 직접 和解를 모색하는 것도 가능
하지만, 당해 法院의 規則으로 和解의 促進을 위하여 별도로 準備
된 프로그램으로 事件을 이관하여 그 節次를 거치도록 決定할 수
도 있는 것이다.

  3. 開示節次는 爭點을 구체화하고 명확하게 하는 機能을 통
하여 當事者가 자신의 유리한 점과 불리한 점을 파악할 수 있게
하는데, 이렇게 자신의 입장을 정확히 알게 됨으로써 和解의 基盤
이 조성된다. 開示節次의 이러한 機能에 착안하여 Peckham 判事
는 2段階 開示 節次를 計劃·運用하는 事件管理를 통하여 A.D.R.
을 效率的으로 이용할 수 있다는 主張을 펴고 있다. 2段階 開示
란 먼저 1段階 開示節次에서는 裁判準備를 위한 풀 코스의 開示

---

1) F.R.C.P. 제16조 (a)에 대한 1983년 改正 advisory committee notes.

를 지양하고 양 當事者의 강점과 약점을 파악하는 데 필요한 정도
의 開示에만 초점을 맞추어 最小限의 開示를 거친 후 이를 기초로
和解協商을 시도하거나 A.D.R. 프로그램으로 이관시키며, 和解에
성공하지 못하여 裁判이 불가피하게 된 경우에 비로소 裁判에 필
요한 나머지 2단계 開示를 추가적으로 행한다는 것인데, 이러한
段階的 開示가 效率的으로 이루어지려면 開示日程配置會合(sched-
uling conference, initial status conference)의 적절하고도 의미 있
는 活用이 매우 중요하다는 主張이다.[1] 전체 民事 事件의 약 5%
내지 8%만이 正式 裁判節次를 거쳐 결론이 나고 나머지 90% 이
상이 그 이전에 和解나 訴 取下 등으로 解決되는 現實[2]에 비추어
2段 開示의 計劃에 의한 事件管理는 상당한 설득력을 가진다.

　4. 상술한 바와 같이 각각 고유한 機能과 目的을 가진 세 가
지 制度, 즉 開示와 辯論前 會合, 그리고 A.D.R.은 상호 매우 밀
접하고도 유기적인 연관관계를 맺고 있다. 開示計劃의 樹立·執
行은 주요한 事件管理 技法의 하나이고 事件管理는 주로 辯論前
會合을 통하여 이루어진다는 점에서 양자의 상관관계는 쉽게 추
측할 수 있으나, 이 制度들과 A.D.R.은 분리되어 있는 別個의 節
次로 간주하기 쉬운데 마찬가지로 事件管理에 초점을 맞추어 관
찰하면 밀접히 연결되어 있음을 쉽게 알 수 있다.

1) Peckham, A Judicial Response to The Costs of Litigation: Case Man-
agement, Two-Stage Discovery Planning, and Alternative Dispute
Resolution, 37 Rutgers L. Rev. 267~269(1985).
2) Herbert M. Kritzer, Adjudication to Settlement: Shading in The Gray,
70 Judicature 163(1986); Arthur R. Miller, The Adversary System: Di-
nosaur or Phoenix, 69-1 Minn. L. Rev. 4(1984); 聯邦地方法院에서 裁判을
거쳐서 判決된 事件의 전체 事件에 대한 比率은 1970년의 10%에서 1983년에
는 5.4%로 줄어들었다고 한다: Administrative Office of United States
Courts, 1983 Annual Report of The Director, Table 29, at 142(1983).

제 4 장 마무리를 위한 評價

제 1 절 評價의 必要性

앞의 장에서 살펴본 바와 같이 美國 民事訴訟節次의 핵심을 이루는 辯論前 節次는 지난 30여 년 간 엄청난 變化를 계속해 왔으며, 이는 事件積滯라는 現實을 타개하기 위하여 訴訟의 高費用·低效率을 극복하기 위한 시도의 연속이었음을 알 수 있다. 이렇게 變化를 위한 努力을 계속하면서 이를 반영하여 명문의 규정을 두거나, 變化를 강제하는 立法을 선행시켜 시험을 계속하면서 法院으로 하여금 變化를 모색하지 않을 수 없도록 한 결과 이제 辯論前 節次는 과거의 모습에서 탈피하여 상당히 集中的인 形態로 진행되고 있는데, 이는 오늘날 우리 民事訴訟法이 추구하는 集中審理 形態와 매우 유사한 節次를 가지게 되었음을 의미한다. 과거 상호간에 전혀 다른 方法論에 입각하여 民事紛爭을 해결하던 양국의 판이한 訴訟節次가 事件積滯라는 공통의 환경에 적응하기 위하여 變化를 모색한 결과 매우 유사한 形態로 수렴되어 간다는 것은 매우 흥미로운 사실이다.

우리 法院은 95년 3월부터 전국 11개 法院 27개 裁判部를 시범재판부로 지정하여 集中的 形態의 새로운 審理 方式을 시험 운영하면서 그 問題點과 對處方案을 꾸준히 연구해 왔고, 그 결과를 토대로 1998년 10월 民事訴訟法 改正案을 내놓았다. 그 대략적 內容은 현재의 유명무실한 準備節次制度를 改善하여 法院이 보다 積極的으로 爭點 整理에 관여할 수 있도록 爭點整理節次를 강화하고 이러한 集中審理를 통하여 迅速한 裁判의 理想을 실현한다는 것이므로 그 핵심은 爭點整理節次에 있다. 이 爭點整理節次는 일단 書面의 交換을 통하여 爭點의 整理를 유도하고 이어서 法院이 爭點整理期日을 運用하는데, 이 期日에서 爭點의 압축에 필요한 證據決定과 證據調査까지도 가능하며 原則的으로 爭點整理期日이 종료되면 攻擊防禦方法에 대한 失權的 效果가 발생하므로 사실상 모든 主張과 立證이 이 단계에서 形成되어야 할 것으로 보인다. 그리고 原則的으로 1회의 辯論期日로 審理를 종결하며 法院은 訴訟 계속 후 判決宣告 전까지 언제라도 書面에 의한 和解勸告를 할 수 있도록 되어 있다. 또한, 當事者의 證據蒐集活動과 관련하여서는 문서 소지자에 대한 文書提出義務를 모든 文書로 확대하여 特別한 例外事由에 해당하지 않는 한 法院은 決定으로 文書의 提出을 명할 수 있도록 規定하고 있다.

　이러한 改正案의 內容에서 우리는 앞에서 살펴본 美國의 개선된 辯論前 節次의 進行 方式과 놀라울 정도로 유사한 事項들을 발견할 수 있다. 그렇다면, 우리 制度의 改正 內容이 확정되어 시행되는 시점 이후에 비로소 問題點이나 副作用으로 부상할 수 있는 事項들을 미리 예상 가능하게 하는 方法論으로 美國의 制度 變化에 수반되었던 評價를 둘러싼 論爭의 樣相과 內容을 되짚어 보는 것이 필요하다는 결론에 도달하게 된다. 그러므로 이하에서는 美國 制度의 改善 過程에서 일어났던 學界와 實務界의 副作用에 대한 憂慮와 이를 둘러싼 論爭을 간추려 보고자 한다.

제 2 절 制度 改善의 核心 ── 事件管理──

제 1 항 事件管理의 槪念

美國 民事裁判에 있어서 事件 進行의 향방과 운명을 결정하는 주요 변수인 '辯論前 節次'의 形態 變化를 관통하는 核心 內容이 있다면 그것은 한 마디로 法院의 '事件管理'(case management)라고 할 수 있으므로, 이제 다시 한 번 이 '事件管理'의 槪念을 명확히 해 둘 필요가 있다고 본다. 사실 1950년대 초기이래 '反獨占事件'을 비롯한 복잡한 事件의 效率的인 進行을 위하여 개발되기 시작했던 '특별한 事件管理技術'을 세월이 흐르면서 대다수의 判事들이 일반 民事 事件에까지 확대 적용하기 시작하면서 '事件管理'라는 槪念이 보편화된 것이고, 이것이 결국 '事件管理的 裁判進行'(managerial judging)이라고 명명되기에 이른 것이다.[1] 이렇게 事件管理에 필요한 기술은 當事者와의 직접 접촉이라는 비정형적인 형태로부터 辯論前 會合과 書面 交換 등의 정형적 방법에 이르기까지 判事의 個性과 訴訟觀에 따라 상당히 폭넓게 사용되고 있기 때문에 모든 判事가 동의하는 特別한 技術이 존재한다고는 말할 수 없으나, 한 가지 공통분모가 있다면 그것은 '判事

---

1) Peckham, The Federal Judge as a Case Manager: The New Role in Guiding a Case from Filing to Disposition, 69 Calif. L. Rev. 770(1981); Costantino, Judges as Case Managers, Trial 56(1981 march).

의 裁判節次에 관한 時宜適切하고도 積極的인 關與'라고 말할 수
있다. 즉, 民事裁判의 수가 증가하고 질적으로도 복잡해지는 양상
을 보이자 法院에 事件이 積滯되기 시작했고, 그러한 상황에서
'民事紛爭의 適切하고도 迅速한, 그리고 經濟的인 解決'이라고 하
는 理想의 實現이 불가능해지자 그 解決을 도모해야 하는 현실적
必要性 때문에 變化를 추구하는 과정에서 判事의 積極的인 事件
管理를 초래했다는 것이다. 그리고 이 事件管理技術은 '複雜訴訟
을 위한 敎本'(Manual for Complex Litigation)과 같은 유형적인
결과물로 나타나기도 했지만, 또 한편으로는 '管理者的 法官像'
(managerial judge: judge as a manager)이라는 추상적인 형태로
正義되기에 이르렀다. 그런데 '管理者'(manager)라는 것은 개념적
으로 '意思決定權者'(dicision maker)임을 의미하는데, '裁判業務'
라고 하는 것도 본래 그 속성상 意思決定 내지는 判斷 業務를 의
미하므로 判事를 '意思決定權者'라고 본다고 해서 특별히 다를 것
은 없으나, 다만 그러한 '意思 決定'이 '法的'決定을 넘어서서 '管
理者的', 즉 '事件 經營的'決定으로까지 영역을 넓혔다는 점에서
종래의 傳統的인 法官像과는 현저히 다른 면모가 발견되는 것
이다.

그렇다면 '管理者的'내지 '經營者的'決定의 요체는 무엇인가?

그것은 다름 아닌 '限定된 資源'의 '效率的 配分·運用'에 있
다. 다시 말해 判事가 어떤 爭點에 관하여 '管理者的·經營者的'
決定을 한다는 것의 의미는 判事가 事件의 法的 解決을 위하여 訴
訟 過程에 투입되는 한정된 자원과 불충분한 여건을 經濟的으로
評價·參酌하여 어떤 행위는 반드시 거쳐야 하고 어떤 행위는 생
략해도 좋은지를 '管理者的·經營者的 觀點'에서 決定한다는 의미

가 되는 것이다.[1] 그리하여 法院은 직·간접적인 다양한 管理者的 裁判技術을 통하여 訴訟代理人이 그 當事者를 위하여 訴訟法的 權利를 행사하는 데 소요되는 기회비용을 증가시켜 그 소비를 억제하는 목적을 달성하고자 노력하게 되는데, 구체적인 예를 몇 가지 들자면 事前開示方法의 하나인 '質問書'의 세부항목에 숫자적인 상한선을 설정하는 個別 州의 訴訟規則(1984년 당시 基準으로 조지아 남부 聯邦地方法院은 25항목, 캘리포니아 중부 및 캔자스 聯邦地方法院은 각 30항목이었으나, 93년 F.R.C.P. 제33조 (a)의 改正으로 法院의 特別한 事前 許可가 없는 한 세부항목이 25개를 초과할 수 없도록 되었다)과 같은 것은 비교적 직접적인 方法의 하나이고, 辯護士로 하여금 主張하는 事實關係가 質問書의 內容과 어떻게 연계되는지를 재검토하도록 요구하여 辯護士에게 추가적인 부담을 가함으로써 辯護士 스스로 主張 內容에 맞추어 事前開示方法을 적절히 이용하도록 유도하는 간접적인 方法을 사용하는 法院도 있다.[2] 그리고 判事 중에는 양 當事者에게 期日에 立證하고자 하는 모든 爭點과 事實關係를 상세히 적시한 辯論前 準備書面을 提出하도록 한 후 相對方에게 그 準備書面의 主張 內容 중 다투는 부분은 빨간색, 인정하는 부분은 파란색, 관계가 없다고 판단되는

---

1) E. Donald Elliott, Managerial judging and the Evolution of Procedure, 53 U.Chi.L.Rev. 311, 312(1986): 동 교수는 경영학적 표현 방법을 동원하여, '事件 積滯'라는 현상은 한정된 判事를 비롯한 司法府라는 財貨를 정당한 가격 이하의 싼 가격에 과도히 사용하는 것이 가능한 환경(改正 이전의 F.R.C.P. 規定 體系)으로 인하여 그것이 '과소비'되던 것을 의미하므로 이제 司法府라는 재화의 價格을 높게 책정함으로써 그 동안의 과소비를 억제하고 재화가 적절히 배분되게 한다는 의미라고 비유하고 있다.

2) 뉴욕 동부 聯邦地方法院, Standing Orders of the Court on Effective Discovery in Civil Cases, Standing Order 15, 102 F.R.D. 339, 351~352 (1984).

부분은 노란색으로 표시하도록 하는 다소 극단적인 方法을 동원하는 判事도 있었다.[1) 이외에도, 사후에 부적절하다고 밝혀지는 행위에 대하여 制裁(sanction)를 가하는 것도 費用을 부과하는 한 가지 方法이며, 무엇보다도 중요한 管理方法은 裁判期日을 미리 확정해 두는 方法[2)과 和解에 이르도록 권유하는 方法[3)이다. 期日이 정해지면 결국 訴訟代理人은 우선순위를 정하여 반드시 필요한 主張과 이를 뒷받침하는 立證부터 순차적으로 時間을 할애할 수밖에 없어 무책임하게 가능한 모든 主張을 늘어놓는 경우에 비해서 訴訟에 투자되는 자원의 총량을 감소시킬 수 있게 될 것이고, 訴訟이 和解로 종결되면 추가적으로 지출이 예상되던 法院과 當事者의 費用이 모두 절약되기 때문이다.

결론적으로, 事件管理技術이란 '效率的이고도 조속한 事件 處理를 目標로 判事가 積極的이고도 時宜適切하게 재판에 관여하는 모든 活動方法'을 말하며, 이를 經濟學的으로 표현하면 '當事者의 節次的 權利의 使用 費用을 인상시키는 方法'이라고 할 수 있는데, 이는 가격의 인상은 소비의 감소를 가져 온다는 당연한 명제에 입각한 것이므로 당연히 訴訟代理人의 辯論을 辯論前 節次의 초기에 집중시킴은 물론 양적으로 制限하는 형태로 나타날 것이다.

---

1) Charly Richey, A Federal Trial Judge's Reflections on the Preperation for and Trial of Civil Cases, 52 Ind.L.J. 118(1976).

2) Peckham, A Judicial Response to the Cost of Litigation: Case Management, Two Stage Discovery Planning and Alternative Dispute Resolution, 37 Rutgers L.Rev. 258 note 13.

3) E. Donald Elliott, op. cit. at 322~326: Elliott 교수는 당초 事件管理는 한정된 자원의 效率的인 活用에 중점을 두고 출발하였으나, 事件管理의 槪念이 정착되면서 和解 摸索쪽으로 機能이 진화되었다고 說明한다.

제 2 항 事件管理의 性格

事件管理의 첫번째 특징은 '非公式性'이다.

法廷에서의 辯論이 정형화된 節次에 의하여 진행됨에 비해서 事件管理에는 상술한 바와 같이 정해진 方法이나 節次가 별도로 없다. 또, 事件管理의 주요 수단인 辯論前 會合은 통상 공개적이지 않은 방실에서 테이블에 둘러앉아 상호 討論으로 진행된다.

두 번째 특징은 '情報 接近性'이다.

判事와 訴訟代理人의 비공식적인 접촉의 증가는 傳統的인 形態의 辯論에서 얻을 수 있는 양보다 훨씬 많은 情報를 접할 수 있게 해 준다. 會合에서 논의되는 事項의 범위에는 制限이 없으며, 判事가 의문을 제기하는 모든 事項과 當事者들이 전달을 원하는 모든 事項이 會合에서 논의될 수 있다. 그리고 무엇보다 중요한 것은 判事가 이렇게 當事者들과 접촉하는 과정에서는 證據法則으로부터 해방되어 있다는 사실이다.

세 번째는 '閉鎖性'이다.

事件管理는 事件 當事者와의 계속적인 접촉 결과에 근거하여 내려지는 일련의 시의적절한 判斷을 의미하므로 본질적으로 非公開的이다. 즉, 그 意思 決定의 근거와 이유, 필요성 등이 公開된 장소에서 논의될 수 없음은 물론 文書化되어 보존되지도 않는다. 따라서 抗訴審에서 1심의 의사결정 과정과 배경을 파악하는 데 필요한 檢討資料가 부족하게 된다.

네 번째는 '自由裁量性'이다.

상술한 바와 같이 事件의 '管理'(management)는 본질적으로 '意思決定權'을 전제로 하며 이는 法的인 決定이 아닌 '管理者的·

經營者的' 決定을 의미하므로, 事件管理는 槪念本質的으로 광범위
한 裁量性을 전제로 한다. '당해 事件에서 和解를 권유할 것인가,
아니면 判決로 가는 것이 의미가 있는가' 등의 事件 처리 방향을
비롯하여 '期日은 언제쯤으로 할 것인가' 등 事件의 진행 속도에
관한 方針은 물론 '效率的인 審理를 위하여 어떤 기술을 使用할
것인가', '當事者와의 접촉방법은 무엇으로 할 것인가', '일방의 입
회 없이 다른 일방과 접촉하는 것도 필요한가', '和解 권유에 앞서
事前開示節次는 어느 정도까지 進行시킬 것인가', '和解 권유는 어
느 정도 강하게 할 것이며 무엇을 誘引策으로 사용할 것인가', '原
告에게 양보를 권유할 것인가 아니면 被告에게 양보를 권유할 것
인가' 등에 이르기까지 각 事件의 特性과 事情에 즉응하는 시의적
절한 선택은 무궁무진한 裁量性을 전제로 하지 않으면 아무런 의
미가 없게 된다.

제 3 절   事件管理를 둘러싼 論爭

제 1 항   批判論의 등장

　　1980년대 초·중반은 事件管理를 둘러싸고 贊反 兩論이 무성
하던 시기이다. 이미 1960년대부터 개발되기 시작한 事件管理 기
법이 1970년대 들어서 그 사용빈도를 더해 가면서 發展段階에 들
어가자[1] 그 副作用에 대한 우려가 제기되기 시작한 것이다.

---

　1) 신임 法官에게 事件管理 方法을 훈련시키기 위하여 1967년 설립된 '聯邦 司
　　法 센터'(Federal Judicial Center)에서는 1969년 '複雜한 訴訟을 위한 敎本'

즉, 事件 積滯라는 現實을 타개하기 위하여 實務的으로 도입
되기 시작한 事件管理가 1980년대에 접어들면서 裁判業務의 당연
한 구성요소로서 判事의 당연한 義務이자 權限으로까지 간주되는
조짐을 보이자 이에 대하여 批判的인 視覺이 등장하게 된 것이다.
그 선봉에 섰던 학자는 Resnik 교수인데, 동 교수는 1982년에 발
표한 '管理者的 判事'(managerial Judges)라는 논문을 통해서 '事
件管理'가 法院의 事件積滯 해결에 效率的이라던가 裁判에 소요
되는 費用을 감소시킨다는 데 대하여 客觀的 統計資料는 없으며,
事件管理의 效率性을 측정하려면 양과 질을 동시에 고려해야 하
는데 이 두 가지를 모두 참작하는 客觀的 評價는 사실상 불가능하
다고 주장하면서 事件管理가 오히려 判事의 業務量을 증가시키는
면이 있음을 강조하고, 이어서 事件管理를 통하여 判事에게 집중
되는 과도한 權限과 訴訟代理人과의 법정외적 접촉기회 증가가
原因이 되어 발생할지도 모를 弊害에 대하여 문제를 제기하였다.[1]
이 논문은 그 후 수 년간 이미 '事件管理'의 效用에 매료되어 있던
實務家와 學者들의 상당한 反論을 불러일으키는 계기가 되었다.[2]

(Manual for Complex Litigation)을 발간하였고, 그 內容을 1985년과 1994
년에 대폭 개정·증보하였다. 그 1994년판 서문은 "1969의 초판은 1960년
대의 반독점 소송을 담당했던 判事들의 경험을 반영하여 事件의 司法的 統制
와 事前開示 日程配置 및 辯論前 裁判 準備에 초점을 맞추어 작성되었고,
1985년 개정판은 1970년대에 이루어진 급격한 재판 환경의 變化에 부응하는
적절한 事件管理 기법의 必要性을 인식하고 만들어졌으며 爭點을 정리하고 좁
혀 나가는 管理 方法의 범위를 한층 넓히는 역할을 했다"고 자평하면서,
"1985년경은 각종 법령에 의하여 '管理者로서의 法官像'이 폭넓게 인정된 시
점이고, 1994년경에는 이미 F.R.C.P.의 事前開示나 辯論前 會合 規定 등을 통
하여 그러한 管理者的 役割이 선택사항을 넘어서서 責任이라고 인정되는 상황
에 도달했다"고 적고 있다: Federal Judicial Center, op. cit. at preface.
1) Judith Resnik, Managerial Judges, 96 Harvard L. Rev. 374(1982).
2) 대표적인 反論으로는 Robert F. Peckham, A Judicial Response to The

동 교수의 이 글이 그 이후 '事件管理'의 發展이라는 도도한 흐름에 逆流를 形成하기에는 역부족이었다고 보이지만, 그 副作用에 대하여 시사하는 바는 경청할 가치가 있다고 판단되며 특히 이제 集中審理制를 도입하고자 하는 단계인 우리에게는 매우 중요한 지적이라고 보이므로 그 主張 內容을 상술하고자 한다.

제 2 항 批判의 內容

동 교수가 가장 역점을 두어 批判한 부분은 한 마디로 事件管理로 인하여 適法 節次(due process)를 위한 安全 裝置가 잠식당할 가능성이었다. 즉, 判事에게 '새롭게 부여된 막강한 權限'(vast new power)이 濫用되어 訴訟代理人의 辯論이 부지불식간에 위축될 可能性과 事件管理의 '비공식성'과 '폐쇄성'이라는 속성에 의하여 초래될지도 모를 '公正性에 대한 威脅'(the threat to impartiality)이었는데, 이하에서는 그의 主張을 요약하지 않고 그대로 옮긴다.

『1. 새로 부여된 막강한 權限 ── 判事의 權限은 無所不爲이다: 그들은 爭點을 決定하고, 法廷 侮辱罪를 비롯한 각종 制裁 方法을 手段으로 하여 복종을 강요할 수 있다. 그 결과 訴訟 當事者들은 심각한 위험을 감수할 각오가 되어 있지 않은 한 감히 도전을 감행할 수 없다. 'Individual Calendar System'(事件 全擔 制度)하에서는 한 명의 判事가 訴訟의 전 과정에 대하여 統制權을 보유한다. 그러므로 判事에게 불쾌감을 유발하는 當事者는 적대적인

Cost of Litigation: Case Management, Two-Stage Discovery Planning and Alternative Dispute Resolution, 37 Rutgers L. Rev. 262, 263(1985)와 Steven Flanders, Blind Umpires-A Response to Professor Resnik, Hastings 35 L.J. 505(1984)가 있다.

반응을 경험할 수도 있고, 더 나아가 속수무책의 보복을 당하게 될지도 모른다(註에서는 當事者가 事件의 移送을 시도하였으나 결국 실패했던 1979년과 1980년의 두 개의 事件을 事例로 들고 있다).

'裁判官'으로부터 '管理者'로의 判事像의 變化는 判事가 그들의 權限을 使用 혹은 濫用할 可能性을 실질적으로 증가시킨다. 예컨대, Paulson 事件(主張의 편의를 위하여 Resnik 교수가 글의 전반부에서 묘사한 가상의 事件으로, 자동차의 결함으로 인한 사고로 부상당한 原告가 자동차제조회사를 상대로 損害賠償請求訴訟을 제기한 후 辯論前 節次에서 原告측의 質問書에 대한 答辯義務와 관련하여 被告會社로부터 保護命令이 申請되자 判事가 양측에 和解를 권유하며 原告 주장 액수의 1/3 정도를 和解案으로 제시하였다.)에서 辯論前 節次를 구상함에 있어 Kinser 判事는 法的인 決定을 내린 것이 아니었다. 그 대신에 當事者들이 문제를 제기하거나 도움을 요청하기도 전에 일련의 지침을 내린 것이다. 當事者들은 判事의 구상을 변경시켜 보려고 시도해 보았지만, 결국 그에 대한 決定權은 判事에게 있음을 인정할 수밖에 없었다. 和解를 권유하기 위하여 判事는 양 當事者를 별도로 접촉하면서 和解의 提案을 다그쳤고, 직접 화해 액수를 제시하기도 했다. 비록 타협을 강제하지는 못했지만, Kinser 判事는 當事者들을 설득시키기 위하여 그의 지위를 최대한 이용한 것이다.

判事의 權限이 신장되는 것에 더하여, '管理'는 그 權限의 행사에 대한 傳統的인 견제수단을 무력화시킨다. Kinser 判事는 事前開示 日程을 비롯한 당해 事件 나름의 規則들을 만들었지만, 그의 모든 구상과 생각을 文書化하여 사후의 檢討 資料로 남길 필요는 없었다. 判事의 순간적 결정들은 은밀히·비공식적으로, 기록

되지 않고 이루어지며 그리하여 결국 抗訴審의 監督으로부터 벗어나게 된다.

더욱이, 當事者에게 무엇을 要求할 것인가에 관한 決定을 함에 있어서 判事가 준수해야 할 명시적인 規範이나 基準조차 마련된 바 없다. '바람직하고'(good), '기술적이고'(skilled), '신중한'(judicious), 事件管理란 과연 어떤 것인가? Kinser 判事는 辯論前 準備節次를 迅速하게 진행시키기를 원했는데, 그것은 遲延되는 것보다 그 편이 더 바람직하다는 판단 때문이었다. 그러나 그가 어느 정도가 빠른 것이고 어느 정도가 늦는 것인지에 대한 가이드라인을 가지고 있었던 것은 아니며, 오로지 그의 직관에 의존한 判斷이었다. 또한 Kinser 判事는 裁判으로 결말을 내는 것보다도 어떤 형태로든 和解를 유도하는 것이 바람직할 뿐만 아니라 더 經濟的이라고 믿었기 때문에 그 방향으로 진행했다. 그러나 當事者들과 전반적인 裁判 시스템을 위하여 어느 것이 '바람직한' 것이고 어느 것이 '經濟的인' 것인지 과연 어떻게 決定할 것인가?

이렇게 정립된 基準이 없기 때문에 判事들은 그들 자신의 경험에 의존할 수밖에 없게 된다. 判事들은 확실히 法廷에서의 問題點에 정통해 있고 그 개혁의 必要性을 절감하고 있기도 하지만, 그러나 問題點을 인식하고 있다고 하여 반드시 시의적절한 解決方案을 강구할 수 있게 된다고는 장담할 수 없다. "의사가 스스로 처방하면 병을 악화시킨다"는 격언처럼 이기심은 專門家를 客觀的이지 못하게, 냉정을 기하지 못하게, 그리고 노련하지 못하게까지 만든다. 더욱이 判事들은 그들의 지적 판단력을 과대평가하는 경향도 있다. 대다수의 判事들은 辯護士로서의 법정 경험이 풍부하므로 訴訟代理人의 전략 중에 어떤 것이 근거가 있는 것이고 어떤 것이 지연술인지를 잘 파악하고 있다. 그러나 다양한 법률 영역을 모두 다 섭렵한 判事는 거의 없기 때문에 생소한 영역의 사건에 대해서는 잘못된 결론에 도달할 수도 있는 것이다.

2. 公正性에 대한 위협 — 밀행성과 비공식성에도 장점은 있다. 判事와 訴訟代理人들이 法廷이라는 공식적·절차적 제약 요인을 벗어나 事前開示 日程과 和解案을 허심탄회하게 논의할 수 있기 때문이다. 그러나 그러한 활동에는 상당한 위험이 내재하고 있다. 辯論前 會合에서 判事가 접할 수 있는 풍부한 情報는 證據法則이라는 여과장치를 통과하지 않은 것들이며, 그 중에는 相對方이 그 妥當性을 다투어 볼 기회조차 가지지 못한 상태에서 일방적으로 전달된 것들도 있다. 더욱이, 判事들은 事件管理의 전 과정을 통하여 訴訟代理人들과 반복적으로 접촉하게 되고, 그러한 접촉 기회는 호감, 반감 혹은 동질감이나 이질감과 같은 일정한 인상을 형성하기 마련이다. 결국 '事件管理'는 개인적인 선입견을 잉태하는 비옥한 토양이 되는 셈이다.

더욱이, 事件을 管理·監督해야 하는 判事들로서는 당해 事件의 處理에 이해관계를 가지게 되기 마련이다. 그들의 위신은 종결한 事件의 건수나 事件處理 속도 등에 의해 측정되는 이른바 '效率的인' 事件管理에 달려 있다. 그렇게 부지불식간에 형성된 동료 判事간의 보이지 않는 경쟁심은 事件의 本質과 무관한 이유로, 當事者들을 몰아 붙이고 싶은 유혹에서 벗어나는 것을 어렵게 한다. 예컨대, Kinser 判事가 양 當事者에게 和解를 적극 권유한 것은 Paulson 事件을 사건부에서 지워 버리고 싶은 욕구 때문이었을 可能性도 전혀 배제할 수 없다.

과거에는 事件 當事者와 爭點에 그런 식으로 노출되는 것과

訴訟進行 過程에 그 정도의 이해관계를 가지는 것만으로도 法官의 除斥이나 忌避 事由가 될 수 있었다. 適法 節次를 보장하기 위하여 요구되는 節次的 安全裝置에 관하여 매우 유연한 입장을 취하면서도, 聯邦 大法院은 당해 事件에 연루된 사정이 전혀 없는, 최소한의 이해관계조차도 가지지 않는 '公平無私'한 法官像을 요구해 왔다. 여기에서의 '이해관계'는 매우 폭넓게 해석되며, 직접적인 혜택은 물론이고 간접적인 이익 정도만으로도 忌避 要件을 충족시킨다. 최근 忌避에 관한 성문 규정은 더욱 엄격해지는 추세에 있으며, 당해 事件에 극소량의 經濟的인 利害關係가 있는 정도로도 忌避 事由가 있는 것으로 보고 있다. 그럼에도 불구하고, 聯邦 大法院이나 地方法院은 물론 심지어 議會조차도 事件管理가 不公正을 초래할 可能性에 대하여 전혀 주목하지 않고 있다.

필자는 事件管理가 法官의 제척・기피 사유와 연관된 유일한 問題點이라고는 보지 않는다. 요즈음 判事들은 자기 자신의 마음을 경우에 따라 자유자재로 달리 조절할 수 있는 것처럼, 부적절한 證據는 무시할 수 있는 것처럼, 그리고 새로운 證據에 터잡아 과거의 決定을 재고할 수 있는 것처럼 가정하고 裁判에 임하고 있다. 무슨 뜻인가 하면, 抗訴審의 환송심은 물론이고 再考 申請(motion to reconsider), 감형 내지는 유죄판결의 취소를 구하는 裁判에 이르기까지도 異議의 대상이 된 이전의 決定를 내렸던 바로 그 判事가 재판에 관여를 하고 있는 것이다. 필자는 이러한 實態가 公正한 裁判이라는 보편적인 價値에 背馳된다고 본다. 그러나 事件을 일차로 접했던 判事가 사후에 자신의 決定을 재고하는 편이 차라리 당해 事件을 辯論前 節次에서 管理했던 判事가 裁判期日에서 事實關係를 파악하는 것보다는 덜 위험하다고 본다. 事件

을 다시 접하게 되는 判事들은 일반적으로 기록에서 벗어나지 못
한다. 그들은 傳統的인 對立當事者主義에 입각하여 事件을 進行
하며, 決定을 公開하고, 또 자신들의 決定이 抗訴審에 의해 재검
토된다는 사실을 인지하고 있다. 그러나 이와는 대조적으로, 辯論
前 節次에서 事件管理를 담당했던 判事들은 비공식적인 紛爭 解
決을 추구했던 관성에서 미처 탈피하지 못한 상태에서 裁判業務
를 수행하게 된다. 辯論前의 裁判 準備를 管理 · 監督하고 和解를
밀어붙이던 判事는 事實關係를 파악하고 法的인 判斷을 함에 있
어서 어떤 形態로든 先入見에서 자유로울 수 없게 되는 것이다.

  누군가에 의하여 再檢討될 가능성이 없는 權限, 當事者와의
스스럼없는 접촉, 訴訟 결과에 대한 이해관계, 이러한 것들은 전
통적으로 '適法節次'와는 괴리되는 것이었다. 이러한 현상들은 우
리가 司法節次를 전적으로 신뢰하고 聯邦 判事들에게 엄청난 權
限을 부여하는 데 근거가 되는 '合理的이고도 理性的인 裁判'이라
는 이미지와는 전혀 어울리지 않는다. 管理者的 裁判業務는 '의사
결정의 정확성', '추론의 적절성', 그리고 '판결의 질' 등으로 대표
되는 '適法節次의 價值'와는 거의 양립하지 않는다. 그 대신에 사
건관리 신봉자들이나 신임법관 연수책임자들은 '速度'와 '統制 方
法'과 '量'을 강조한다. 地方法院의 책임자들은 종결된 사건의 수
나 마무리된 신청 건수 등의 統計數值를 자랑스럽게 공개하고 있
지만, 이러한 통계수치들이 혹시라도 裁判의 固有 使命에 대한 價
值觀에 변화를 초래하지는 않을까 우려하지 않을 수 없다. 節次에
대한 管理 過程은 이제 더 이상 목표달성의 手段이 아니라 目標
그 자체가 되어 버렸다. 양이 주가 되었고, 이제 질은 거의 무시되
기에 이르렀다. 실제로 신중함을 效率性 추구에 대한 장애물로 간

주하는 事例도 발견되고 있다.

　事件管理 신봉자들은 裁判 業務의 본질적 구성요소로서 그것을 다른 日常 業務와 구분 짓는 특성들, 즉 合理的인 事實 探究, 決定理由의 具體的 明示, 그리고 抗訴審의 再檢討에 대비하여 충분한 근거를 마련해야 할 義務 등 '司法的 義務의 核心 要素' (quintessential judicial obligations)들을 망각해 가고 있다. 正義의 女神像에서 칼만 제자리에 남아 있고, 눈가리개와 저울은 사실상 사라져 가고 있는 것이다.』

　이렇게 신랄한 批判을 가한 후 Resnik 교수는 事件管理가 불가피하게 된 現實을 인정하면서 기존의 事件管理 기술로 인한 위와 같은 逆機能을 완화시키기 위하여 필요한 몇 가지 代案을 제시하였는데, 그것은 다음과 같이 요약할 수 있다.

　1) 먼저 刑事 裁判에서 檢事와 辯護士간의 協商節次인 '플리바게닝'(plea bargaining)에 상당히 엄격한 節次的 制約이 가하여지듯이 事件管理에도 유사한 제약을 마련한다. 즉, 判事와 代理人의 會合 過程에서 當事者 일방과의 접촉을 禁止함과 동시에 반드시 法院 公務員을 입회시켜 기록으로 남기며, 이러한 制限을 비롯한 細部事項을 규율하는 권위 있는 指針을 마련한다.

　2) 각종 申請이 제기될 때마다 담당 裁判部를 달리 지정하는 master calendar system과 한 事件의 소 제기부터 판결까지를 한 裁判部에서 담당하도록 하는 individual calendar system의 장·단점을 고려하여, 한 事件의 處理를 처음부터 끝까지 한 裁判部가 責任지도록 하지만 調停 기타의 和解節次만은 다른 判事가 맡도록 한다. 이는 和解를 권유하는 過程에서 判事가 자연스럽게 지득

하게 되는 여과되지 않은 情報로부터 裁判部를 차단시키려는 고려이다.

3) 事件管理를 전담할 별도의 직책을 신설하는 方案도 있다. 즉, 法院 안에서는 매지스트리트 判事나 매스터, 특별히 훈련받은 仲裁人, 調停人, 心理治療士 등을 적절히 活用함으로써 判事의 부담을 덜 수 있으며, 法院밖에서는 별개의 和解機構, 예컨대 일정한 종류의 事件만 관할하는 强制的인 仲裁機關으로서 醫療紛爭委員會와 같은 것의 부문별 확산을 고려할 수 있다.

제 3 항 批判에 대한 反論

1. 判事에 대한 신뢰

⑴ 先入見과 不公正

우선 事件管理 過程에서 當事者와의 폐쇄적이고 비공식적인 접촉을 통해 形成될 수 있는 선입견이 不公正(impartiality)한 判斷을 초래할 可能性을 지적하는 批判에 대하여 Peckham 判事는 그러한 잠재적인 위험을 차단하기 위하여 當事者와의 접촉을 단절함으로써 事件에 대한 심층적 이해를 제공받을 수 있는 기회를 포기하는 것은 정확한 判斷을 위해서도 바람직하지 않다는 反論을 펴고 있다.[1] 즉, 비록 判事에게 공평무사함과 초연함이 자질로서 필요한 것이 사실이지만, 그렇다고 公正을 기하기 위하여 事件파악을 삼가야 하고 냉정을 기하기 위하여 事件으로부터 유리되

---

1) Robert F. Peckham, A Judicial Response to The Cost of Litigation: Case Management, Two-Stage Discovery Planning and Alternative Dispute Resolution, 37 Rutgers L. Rev. 262, 263(1985).

어야 할 필요까지는 없다는 주장이다. 어차피 事前開示節次에서 제기되는 각종 申請事件에 대한 決定이나 證據申請에 대한 決定 過程에서 當事者와의 접촉이 불가피할 뿐만 아니라 事件의 윤곽을 파악하고 양 當事者의 訴訟戰略을 예상하여 그에 터잡아 결론을 내려야 하고, 특히 證據 申請때 양측 代理人으로부터 당해 證據의 必要性에 관하여 부연설명을 듣는 과정에서 Resnik 교수가 우려하는 "불필요하고도 부적절한 情報'에 노출되기 마련인데, 그렇다고 하여 공평무사한 判斷力이 훼손된다고 볼 수는 없지 않느냐는 主張인 것이다.[1] 그는 이어서, 事前開示의 範圍를 제한하고 日程을 配置하며 爭點을 整理해 나가는 등의 裁判活動을 통해서 法院이 辯護士의 자유로운 辯論을 어느 정도 制限하기도 하고 主張이나 證據 申請을 배제해 나가는 것은 주지의 사실이며, 또 申請에 대한 決定이나 부분적인 事實審省略裁判(partial summary judgement) 등이 當事者가 구상하는 訴訟의 윤곽에 과감한 修正을 가하는 것도 사실이지만 지금까지 누구도 그런 決定의 正當性에 대하여 의문을 제기하지는 않았다고 강조한다.[2]

---

1) 이 점에 관하여는 Flanders의 反論도 궤를 같이하는데, 그 역시 判事가 中立的 審判者(umpire)의 役割에 충실하기 위하여 자신이 進行하는 事件에 대하여 잘 모르는 상태에서 裁判에 임해야 한다는 생각은 현실적으로 不可能할 뿐만 아니라 바람직하지도 않다고 主張한다. "무지한 判事(naive judge)를 要求하는 것은 환상일 뿐만 아니라 바보스럽기까지 하다. 判事는 事件 파악의 상당 부분을 辯護士에게 의존한다. 예컨대, 證據 決定에 영향을 미치는 가장 보편적인 爭點은 '關聯性'이고, 이를 判斷하기 위하여는 代理人의 訴訟戰略과 訴訟의 전체적 윤곽을 파악하고 있어야만 한다. Resnik 교수가 과거 한 때 우리의 理想이었다고 믿는 바를 추구하기 위하여 우리가 司法節次의 質을 빈약하게 만들 이유는 전혀 없는 것이다.": Flanders, op. cit. at 520.

2) 그러나 이 부분에 대하여는 잘못된 비유라는 지적이 있다. 즉, Elliott 교수는 管理者的 裁判 業務가 申請에 대한 決定이나 부분적인 事實審省略裁判을 代替하는 機能을 하는 것은 사실이지만, 事件管理 기술을 통하여 爭點을 정리

Peckham 判事는 '公正性'이란 부적절한 것으로부터 적절한 것을 구분하여 인식하고 이성적인 판단시에 감정을 배제하는 학습된 '精神的 能力'(capacity of mind)이라고 正義하고, 우리가 判事들에게 그만한 權限과 監督權을 부여하는 것은 이러한 능력이 있다고 믿기 때문이며, 바로 그런 이유로 辯護士의 權限을 제한하는 속성이 있는 辯論前의 審理節次를 주재했던 바로 그 判事에게 裁判期日의 進行과 후속적인 判斷까지 담당시키고 있는 것이라고 역설한다.

(2) 和解의 強制와 不公正

事件管理가 判事들에게 抗訴審의 재검토로부터 자유로운 裁量權을 행사하는 것은 물론 일방과의 의사소통까지 가능하도록 함으로써 判事들로 하여금 權限을 濫用하여 和解 過程에서 強制的인 영향력을 행사하고 싶은 유혹을 느끼게 할 수 있다는 批判에 대하여는, 우선 抗訴審의 재검토가 불가능한 1심에서의 決定은 訴答의 修正(amendment of the pleadings)과 事件의 併合(joinder) 決定 등 여러 가지가 있으며 事件管理 과정에만 한정되는 것이 아니라는 反論을 편다. 더욱이, 抗訴審의 심사가 이루어지는 경우에도, 抗訴審 法院은 1심 裁判部의 訴訟進行과 事件管理方法에 대한 광범위한 裁量權 行使를 최대한 존중하려는 것이 일반적이라는 것이다. Resnik 교수가 抗訴審에서의 재검토에서 자유롭다는

해 나가는 決定은 그 두 가지 경우의 결정과는 근본을 달리 하는데, 왜냐하면 후자는 첫째 法令에 근거하며, 둘째 決定 理由가 설시되고, 셋째 抗訴審의 審査 對象이 된다는 점에서 전자와는 구분된다는 것이다. 다시 말해서, 當事者의 主張과 立證을 制限하는 決定이 '事件管理的'이라는 의미는, 한편으로는 그러한 決定이 법적인 관점에서 이루어지는 것이 아님을 의미한다는 것이다: E. Donald Elliott, op. cit. at 311.

사실이 不公正한 和解 强要의 原因이 되지 않을까 염려하는 것은
이해하지만, 辯論前 節次에서 이루어지는 수많은 중간 決定에 있
어서도 사정은 마찬가지임을 감안한다면 특별히 문제삼을 이유는
없으며, 오히려 判事의 이러한 事件管理가 결여된 상태에서 一方
當事者의 지연술에 相對方이 굴복하여 이루어지는 和解를 가정한
다면 그것이 더 명백한 不公正이 아닌가하는 비교도 한다. 결국,
辯論前 事件管理는 성실하고 경제적인 裁判準備를 보장함으로써
공정하고도 정확한 情報에 터잡은 和解를 가능하게 한다는 것
이다.[1]

또한, 判事들은 이미 和解를 주선하는 過程에서 當事者가 가
질 수 있는 不公正에 대한 우려를 너무도 잘 인식하고 있기 때문
에 매우 사려깊게, 그리고 관여가 반드시 필요한 事件을 정선하여
관여하고 있고, 意見調査 결과 辯護士들이 오히려 判事들의 積極
的인 事件 介入을 원하고 있는 것으로 보아서 Resnik 교수의 우
려는 기우에 불과하다는 지적도 있다.[2]

2. 傳統的 '對立當事者主義' 概念 修正의 必要性

Resnik 교수의 主張을 결국 '對立當事者主義'에서 멀어져 가
는 現實을 우려하는 입장으로 간주한 Peckham 判事는 '對立當事
者主義'의 傳統的 概念에 대한 修正의 必要性을 제기한다. 즉, 질
서정연하고도 신속한 訴訟進行에 관한 責任을 辯護士에게만 의존
한다는 비현실적이고도 실현 불가능한 原則에 집착한 나머지 많
은 問題點이 발생하게 된 것이므로, 이제 그 責任을 辯護士와 裁

---

1) Peckham, op. cit. at 264.
2) Flanders, op. cit. at 511~513, 519, 520.

判部 양쪽에 公平하게 분담시켜야 한다는 것이다.

'對立當事者主義'는 그 자체가 신성불가침의 目的이 아니라 紛爭의 正義로운 解決을 위한 하나의 手段일 뿐이며, 그것이 費用 增加와 訴訟遲延 현상의 주범으로 인식되는 등 더 이상 機能을 效率的으로 수행할 수 없다면, 초기 자본주의에 問題點이 발견되어 修正 資本主義가 모색된 것과 마찬가지 이치로 修正되어야 마땅하다는 것이다. 더욱이, 경제적 불평등이 訴訟이나 和解 결과에 결정적인 영향을 미치는 現實에서 裁判部의 積極的인 介入은 當事者간의 실질적 평등을 위하여 반드시 필요한 것이며, 이러한 의미에서 事件管理는 對立當事者主義의 포기가 아니라 그 機能을 補充하기 위한 修正을 의미한다는 것이다.

그리하여 判事와 辯護士의 상호 협조가 필요한데, 이것은 判事가 訴訟過程을 통하여 辯護士들로 하여금 적대적이고 비협조적인 訴訟戰略을 포기하도록 계도함으로써 비로소 가능해지며, 判事들도 더 이상 고고하게 멀리 떨어져 있을 것이 아니라 辯護士들과 함께 합리적이고도 상호 협조적인 訴訟遂行을 추구해야만 가능해진다는 것이다. 判事들의 확고하고도 강력한 管理·監督과 辯護士의 訴訟遂行 內容은 상관관계가 있으며, 司法的 介入만이 辯護士들의 본능적인 적대적 가치관을 正義의 要求와 조화를 이룰 수 있게 만들 수 있다고 한다.[1]

3. 事件管理의 效率性

Peckham 判事는 Resnik 교수의 "事件管理의 效率性을 입증하는 客觀的 證據가 없다"는 主張이 오히려 근거 없는 主張이라

---

1) Peckham, op. cit. at 265, 266.

고 일축한다. 최초의 日程配置會合은 訴訟의 範圍를 명확히 확정
함으로써 불필요한 事前開示에 소요되는 費用과 時間을 감소시키
는 機能을 수행하며, 辯護士가 조기에 裁判準備에 만전을 기하도
록 함으로써 과도한 費用이 지출되기 전에 和解 摸索이 가능해진
다는 主張이다. 이러한 성과는 캔터키와 버몬트 法院에서 이루어
진 실증적인 調査를 통하여 立證된 바 있는데, 버몬트 法院을 대
상으로 한 연구 결과는 日程配置會合의 效率的 運用으로 事前開
示에 소요되는 期間이 5개월 정도 줄었고, 裁判期日을 조기에 확
정하는 조치 덕분에 事前開示 종결로부터 裁判 시작까지의 期間
이 4개월 이상 단축된 깃으로 나다났으며, 캔터키 法院의 경우에
는 소 제기로부터 종결까지 걸리는 期間이 16개월에서 5개월로
대폭 줄었음은 물론 處理期間이 1년 이상 걸리는 事件의 전체 事
件에 대한 비율이 40%에서 5%로 감소했다는 것이다. 더욱이 버
몬트 法院에서의 調査 결과 49%의 原告측 代理人과 22%의 被告
측 代理人이 時間이 절약되었으며, 그것은 대부분 事前開示節次
에서 절약된 것이라고 보고하였고, 인터뷰한 90명의 辯護士 중 3
명만이 소요된 時間이 늘었다고 응답하였다. 그리고 소요된 時間
의 감소는 事件이 遲延되는 경우에 그 期日간의 간격으로 인하여
事件을 재파악하는 데 필요한 時間이 감소함으로써 가능했다는
것이며, 시간당 보수계약을 맺은 當事者들은 이러한 비용 절약을
인식할 수 있었지만 성공보수 약정을 맺은 當事者는 인식하지 못
했다는 것이다.[1)]

---

1) Peckham, op. cit. at 266 note 49, 인용된 문헌은 Connolly & Smith,
   How Vermont is Achieving a Delay Free Docket, Judges' J., Summer
   1984 at 37, 40; ABA Action Comm'n to Reduce Courts Costs and Delay,
   Attacking Litigation Costs and Delay 9~22(1984).

이러한 실증적인 연구결과 이외에도 Peckham 判事는 자신의 경험을 바탕으로 Resnik 교수가 事件管理에 투자되는 判事의 時間과 努力을 너무 과대평가하고 있다고 批判하는데, 그는 한 달에 1·2일 정도면 모든 事件에 대한 최초의 辯論前 會合을 처리할 수 있으므로 시간 투자의 성과는 엄청난 것이라고 주장하면서, 事件管理와 期日配置에는 소홀히 하면서 和解 모색에 많은 時間을 할애하는 것은 실로 생산적이지 못한 시간 배정이라고 역설한다.

또 하나의 예로, Peckham 判事 자신은 양 代理人과의 會合 초기에 만약 事前開示와 관련한 양측의 會合 기타 접촉의 과정에서 紛爭이 생기는 등 즉시 해결해야 할 問題點이 發見되면 전화로 상의해도 좋다고 통보하곤 하는데, 양 代理人이 證言調書 작성 과정에서 난관에 봉착하게 되면 자신에게 전화로 상의해 오고 그런 경우 바로 그에 대한 지침을 줌으로써 그 날로 證言調書 作成이 가능하도록 한 事例가 적지 않다고 예시하면서, 그러한 긴급 전화 회동 한 가지만으로도 별도로 가져야 할 여러 번의 會合을 생략함으로써 많은 時間과 費用이 절약되는 것에 비추어 보면 判事의 시간투자의 效率性은 상당하다고 主張한다.[1]

제 4 절 우리의 입장

美國에서 벌어지는 事件管理를 둘러싼 論爭을 접하면서 역시 民事訴訟의 理想인 適正・公平한 裁判과 迅速・經濟的인 裁判은 동시에 추구하기 어려운 것이며, 필연적으로 서로 충돌하는 價値

---

1) Peckham, op. cit. at 267, note 50.

들이라는 사실을 다시 한 번 깨닫게 된다. 그리고 결국 이 論爭은 어느 견해가 옳고 어느 견해가 그른가의 문제가 아니라 어떤 價値를 앞세울 것인가에 관한 論爭으로 이해하는 것이 문제의 핵심에 접근하는 방법이 아닌가 생각한다. 즉, 民事訴訟에 있어 '對立當事者主義'(adversary system)나 '適法節次(due process of law)의 原理' 등은 모두 適正·公平한 裁判, 즉 사실의 인정이 眞實에 부합하고 법의 해석과 적용이 正當하며 양 當事者를 평등하게 취급하는 裁判을 보장하기 위한 원리인 반면, '事件管理'(case management)는 迅速하고도 經濟的인 裁判 내지는 效率的인 裁判을 위한 方法이므로 본질적으로 서로 용화될 수 없는 성질인 것이다. 사실 事件管理를 하게 되면서부터 判事에게 기존의 재판 체제에서 보다 더 많은 양의 裁量權이 부여되는 것은 당연한 결과이며, 또 고도의 自由裁量權 행사가 전제되지 않으면 시의적절하고도 效率的인 事件管理 자체가 불가능할 뿐만 아니라 무의미해지는 것은 자명한 이치이다. 그리고 어떠한 희망 섞인 옹호 논리에도 불구하고 自由裁量權의 신장이 바로 公正性을 훼손할 可能性으로 이어진다는 것은 논리필연적인 사실일 뿐만 아니라 부동의 경험칙으로서 判事의 資質論이나 判事에 대한 信賴라는 當爲論과는 전혀 별개의 문제이다. 그렇다면, 결국 衡平性과 公正性이 훼손될 可能性에도 불구하고 判事의 裁量權 신장을 수용할 것인가, 아니면 司法府의 事件 積滯와 裁判 遲延에도 불구하고 기존의 節次法的 價値를 그대로 유지할 것인가 하는 선택의 문제만 남는다는 결론이 된다. 과연 어느 것을 선택할 것인가?

　거의 모든 學者나 實務家가 재판의 생명은 正義 實現에 있다는 당연한 이유를 전제로 두 가지 價値가 충돌한다면 迅速·經濟

보다는 適正·公平이 우선되어야 할 價値인 것으로 보고 있으나, 세계적 흐름으로 보아 무게 중심이 점차 迅速·經濟的인 裁判쪽으로 움직이고 있는 것으로 보인다. 독일의 경우 1990년의 '司法簡素化法'이나 1993년의 '司法負擔輕減法'(Gesetz zur Entlastung der Rechtspflege)의 內容이 그런 방향일 뿐만 아니라, 美國도 1993년의 聯邦民事訴訟規則(F.R.C.P.) 改正을 통해서 부적절한 費用과 遲延이 없는 裁判을 이상으로 함을 강조하고 있으며,[1] 우리의 改正案도 그러한 추세에 입각한 것으로 판단된다. 사실 국내적으로도 美國과 마찬가지로 裁判 費用의 增加와 裁判 遲延이 심각한 社會問題로 대두되고 과도한 訴訟 提起가 국가 경쟁력 상실의 주요한 원인으로 간주되고 있는 지경에 이르렀는지, 그래서 迅速·經濟的인 裁判을 適正·公平한 裁判의 앞에 두어야만 할 절박한 사정에 처하였는지에 대하여는 반드시 추가적인 규명이 선행되어야 할 것이다.

그러나 수 년간의 試驗法院 運用과 그 成果에 대한 評價를 근거로 하고 세계적인 立法 趨勢를 배경으로 하여 改正의 必要性에 공감대가 형성된 결과 改正案의 주요 內容이 民事訴訟法에 수용되는 상황을 가정한다면 우리 역시 그 副作用을 염려하지 않을 수

---

1) F.R.C.P. 제 1 조는 1993년에 "이 規則은 適正·迅速·經濟的인 裁判을 보장하는 방향으로 해석되어야 한다"(They shall be construed to secure the just, speedy, and inexpensive determination of every action)에서 "이 規則은 適正·迅速·經濟的인 裁判을 보장하는 방향으로 解釋·適用되어야 한다" (They shall be construed and administerd to secure the just, speedy, and inexpensive determination of every action)로 改正되었다. 'and administerd'를 문장의 중간에 삽입하는 改正이 이루어진 目的에 대하여 Advisory Committee Notes는 "公平할 뿐만 아니라 부적절한 費用과 遲延이 초래되지 않는 民事裁判이 되도록 보장하기 위하여 이 規則이 부여하는 權限을 행사해야 할 義務를 法院에 인식시키기 위함에 있다"고 명시하고 있다.

없으며, 判事의 自由裁量的 事件管理로 인하여 발생할지도 모를 不公正의 可能性을 최소화할 方法論을 미리 연구하여 法院의 改正案과 함께 논의하는 것이 바람직할 것이다.

제5장 마무리

현재 法院이 마련하여 조속한 시행을 목표로 막바지 정리 작업에 한창인 民事訴訟法 改正案의 주요 내용 중 辯論準備節次와 和解 勸告 부분이 그대로 수용된다면 우리의 民事 裁判 體系가 완전히 다른 모습으로 변모할 것이 예상된다.

그 달라진 모습의 가장 큰 특징은 審理가 2단계로 나뉘어 이루어질 것이라는 점이다.

즉, 먼저 1단계로 辯論期日 이전에 準備書面의 交換과 法院의 釋明權 行使, 그리고 證據 申請 및 일정 범위의 證據 調査를 통하여 주요 爭點이 정리됨과 동시에 양 當事者의 승패 가능성과 인용가능금액 등의 豫想 判決 內容이 어느 정도 윤곽을 드러내게 되면, 法院은 辯論期日에 들어가기에 앞서 일단 이를 바탕으로 적절한 和解案을 마련하여 양 당사자에게 和解를 권고하게 될 것으로 예상된다. 이러한 양상은 모든 主張과 立證이 마무리되고 結審 직전에 이르러 비로소 和解를 권유하는 현재의 모습과는 다소 다른 형태라고 할 수 있다.

이 和解案이 받아들여질 경우에 裁判은 종결되지만, 그렇지 않을 경우에는 2단계로 辯論期日이 열리게 되는데, 이는 證人訊問을 중심으로 가급적 1회로 종결함을 원칙으로 한다.

이러한 진행 과정을 전제로 한다면 이제 民事裁判의 운명이 결정되는 것은 辯論 期日이 아닌 辯論準備節次에서이고, 이는 辯論의 중점이 辯論期日에서 辯論準備節次로 옮겨 가게 됨을 의미한다. 더구나, 辯論準備期日을 거친 사건의 경우에는 그 期日이 종료되면 원칙적으로 攻擊防禦方法에 대한 失權的 效果가 발생하므로 주요한 攻擊防禦方法은 물론 예상 가능한 主張과 立證이 모두 辯論準備節次에서 제시될 가능성이 높고, 굳이 이러한 이유 때문이 아니더라도 法院의 和解勸告 決定 이전에 유리한 상황을 설정해 두어야 할 필요성, 즉 기선 제압의 필요성 때문에 主張과 立證이 辯論期日 이전에 집중적으로 제시될 것으로 예상된다. 이제 바야흐로 辯論準備節次의 時代가 도래하고 있는 것이다.

우리는 이 글에서 미국의 辯論前 節次가 고비용·저효율 이라는 批判을 극복하기 위하여 지속적으로 變化를 모색해 온 과정을 비교적 상세히 살핌으로써, 그 變化를 관통하는 特徵的 要素를 찾고자 했다. 그 결과 事前開示와 辯論前 會合, 그리고 A.D.R.을 주요 構成要素로 하는 미국의 辯論前 節次는 判事에게 개개의 사건에 융통성 있게 대처할 수 있도록 하기 위하여 보다 폭 넓은 裁量權을 부여하는 방향으로 발전되어 왔으며, 이는 결국 '事件管理'(case management)라는 신개념으로 대표되는 새로운 判事像의 定立으로 귀결되었음을 알게 되었다. 그리고 이러한 變化를 시대의 흐름에 부응하는 자연스러운 현상으로 수용하려는 쪽과 그 불가피성을 인정하는 한편으로 權限集中의 副作用에 주목하여 均衡을 강조하는 쪽과의 論爭을 살핌으로써, 이제 우리에게 다가오고 있는 辯論準備節次 중심의 民事裁判 體系가 미리 준비해야 할 것이 과연 무엇인지를 생각해 보았다.

　결국 우리는, 裁判의 效率性만을 추구해 온 결과 辯論前 節次에서 주요한 主張·立證이 모두 이루어지는 裁判形態로의 變化를 목전에 두고 있지만, 정작 이렇게 裁判의 중점이 비공식적인 성격과 폐쇄적인 환경 그리고 광범위한 자유재량과 엄격한 증거절차에 의하지 않는 정보에의 접근 등을 특성으로 하는 辯論前 節次로 이동함으로써 발생할 수 있는 逆機能에 대한 研究는 거의 이루어져 있지 않다는 사실을 발견하게 된다. 그리고 어쩌면 필연적으로, 法院 주도의 民事訴訟法 改正 움직임이 이러한 우려까지 반영하기는 어려울 것이라는 생각도 든다.

　정리하자면, 이제 사실상 民事裁判은 공개 법정에서의 공식적인 절차를 거쳐 이루어지는 부분보다 공개되지 않는 辯論準備節次 진행 과정에서 判事의 裁量的 事件管理에 의존하는 非定型的 節次를 통하여 이루어지는 부분이 더 많아지게 되었다. 더욱이 우리 改正案은 訴訟의 신속한 진행과 辯論準備節次의 實質化를 위하여 변론준비기일의 종결 후에는 원칙적으로 새로운 攻擊防禦方法을 제출할 수 없게 하는 失權的 效果를 명시하고, 이에 더하여 隨時提出主義로부터 適時提出主義로 전환하였다. 이와 동시에 당사자들로 하여금 攻擊防禦方法을 적시에 제출하도록 유도하기 위하여 法院이 실기한 攻擊防禦方法을 과감히 却下할 수 있게 條文內容을 재구성하였다. 또한 法院이 공격방어방법의 제출에 관한 期間을 정하고 이를 違反할 때는 반드시 却下하도록 하는 裁定期間制度도 도입하였다. 그렇다면 이제 우리 法院은 소송의 迅速한 進行을 목표로 하는 이중·삼중의 강력한 裁量權을 가지게 되는 셈인데, 이로써 裁判의 效率性은 상당한 수준으로 확보될 것이지만 이와 동시에 訴訟의 當事者나 代理人이 法院과 갈등관계에 놓일 가능성 또한 상당히 높아질 것이 예상된다. 그러므로 비록 드문 경우라 할지라도, 발생할 가능성을 전혀 배제할 수 없는 判事의 지나친 裁量權 行使와 불공정한 裁判 進行에 대한 사전 豫防策과 아울러 사후의 不服 및 是正 方法 등 제도적인 장치의 마련이 병행되어야 할 것으로 보인다. 이러한 의미에서 당장 法律을 개정하여 시행을 서두르는 것보다는 지금까지 운용해 온 集中審理 示範裁判部의 축적된 경험을 토대로 裁判 類型을 세분한 후 각 類型에 걸맞는 辯論準備節次의 標準化된 日程表와 進行指針을 마련하여 試驗 運用해 보는 猶豫期間을 附則에 둠으로써 變化된 裁判節次가 수반하는 副作用을 경험해 보고 이를 類型化하여 效率的인 對備策을 미리 세워서 施行錯誤의 可能性을 최대한 줄여야 할 것이다. 또한 辯論準備期日에서의 진행과정 錄取 및 記錄 등의 制度的 補完策을 적극 검토하여 改正案에 포함시키는 것도 고려되어야 할 것이다. 그리고 이미 발생한 裁判部의 裁量權 濫用에 대처하는 事後 救濟策으로서 異議를 제기할 수 있는 통로를 마련함과 동시에 그 妥當性을 심의할 수 있는 합의체 형식의 獨立的인 審査機構를 각 法院 내에 신설하는 方案도 검토해 볼 가치가 있다고 판단된다.

民事訴訟制度가 司法秩序의 유지와 紛爭의 해결이라는 본래의 目的을 충실하게 수행하기 위해서는 裁判을 迅速・經濟的으로 처리하는 것도 필요하지만, 適正・公平한 裁判의 保障 역시 필수적이다. 그리고 裁判의 適正・公平한 처리는 裁判 結果로서도 중요한 의미를 가지지만 그 節次와 過程에서 더욱 중요한 價値를 가진다고 할 것이므로, 그 保障裝置의 마련에 소홀함이 있어서는 안 될 것으로 믿는다.

參 考 文 獻

1. 國內文獻

[單 行 本]

金洪奎, 民事訴訟法〔第 4 版〕(三英社, 1999).

李時潤, 民事訴訟法〔新訂 3 版〕(博英社, 1999).

鄭東潤, 民事訴訟法〔第四全訂版〕(法文社, 1998).

法院行政處, 民事訴訟法 改正案(1998).

法院行政處, 民事訴訟法 改正案(訴訟節次編) 公聽會(1998).

法院行政處, 民事訴訟法(訴訟節次編) 改正着眼點(1995).

[論   文]

姜日源, 美聯邦 民事訴訟節次에 있어 DISCOVERY제도, 「民事裁判의 諸問題」 제 8 권(民事實務研究會, 1994).

權純一, 미국의 멀티도어 코트하우스제도에 관한 고찰——콜롬비아특별구 법원의 운영실태를 중심으로——, 外國司法研修論集〔11〕 裁判資料 第65輯(法院行政處, 1994).

金永泰, 美國 民事訴訟에서의 集中審理制度, 外國司法研修論集〔11〕 裁判資料 第65輯(法院行政處, 1994).

白賢基, 裁判前 會合節次, 外國司法研修論集 裁判資料 第58輯(法院行政處, 1992).

孫壽一, 美國 法院에서의 ADR의 발전과 캘리포니아 북부 연방지방법원의 Early Neutral Evaluation(ENE), 外國司法研修論集〔13〕 裁判資料 第73輯(法院行政處, 1996).

孫漢琦, 美國聯邦民事訴訟上 事前開示의 範圍에 관한 연구——開示範圍의 制限을 中心으로——, 民事裁判의 諸問題(上) 李時潤博士華甲紀念論文集(博英社, 1995).

宋相現, 訴訟에 갈음하는 紛爭解決方案(ADR)의 現念과 展望, 民事判

例研究〔ⅩⅣ〕民事判例研究會 編(博英社, 1992).

梁炳晦, 訴訟의 增加와 仲裁의 活用, 仲裁(大韓商事仲裁院, 1996).

庾炳賢, 美國民事訴訟法上의 證據開示制度의 現況과 그 導入方案, 民
　　事訴訟(Ⅰ) 韓國民事訴訟法學會誌(韓國司法行政學會, 1998).

尹載允, 美國의 民事訴訟上 事前開示制度(Discovery)의 運營現況과
　　우리의 導入可能性, 外國司法研修論集〔11〕 裁判資料 第65輯(法院
　　行政處, 1994).

鄭甲柱, 美國法院에 있어서 ADR의 制度化, 外國司法研修論集〔9〕 裁
　　判資料 第58輯(法院行政處, 1992).

許橚, 美國에서의 司法裁判에 의하지 아니한 紛爭解決(Alternative
　　Dispute Resolution), 民事判例研究〔ⅩⅣ〕民事判例研究會 編(博英
　　社, 1992).

2. 美國文獻

[單行本]

Arthur R. Miller, The August 1983 Amendments to the Federal
　　Rules of Civil Procedure: Promoting Effective Case Manage-
　　ment and Lawyer Responsibility(Federal Judicial Center,
　　1984).

Charles Alan Wright, Arthur R. Miller & Mary Kay Kane,
　　Federal Practice and Procedure: Civil, 2nd ed.(West Publish-
　　ing Co., 1997).

E. Allan Farnsworth, An Introduction to the Legal System of the
　　United States, 3rd ed.(Oceana Publicatins, Inc., 1996).

Elizabeth Plapinger & Donna Stienstra, ADR and Settlement in
　　the Federal District Courts: a sourcebook for judges & law-
　　yers(Federal Judicial Center and the CPR Institute for Dis-
　　pute Resolution, 1996).

Federal Judicial Center, Manual for Complex Litigation, 3rd ed. (West Publishing Co., 1995).

Francis H. Hare, Jr., James L. Gilbert & Stuart A. Ollanik, Full Disclosure: Combating Stonewalling and Other Discovery Abuses(Association of Trial Lawyers of America, 1994).

Jack H. Friedental, Mary Kay Kane & Arthur R. Miller, Civil Procedure, 2nd ed.(West Publishing Co., 1993).

Jack, V. Matson, Effeetive Expert Witnessing, 2nd ed.(Lewis Publishers, 1994).

Jacqueline M. Nolan-Haley, Alternative Dispute Resolution in a nutshell(West Publishing Co., 1992).

James WM. Moore, Moore's Federal Pratice, 2nd ed.(Matthew Bender & Co., Inc., 1996).

John S. Murray, Alan Scott Rau & Edward F. Sherman, Processes of Dispute Resolution: The Role of Lawyers, 2nd. ed. (The Foundation Press, Inc., 1996).

Larry L. Teply & Ralph U. Whitten, Civil Procedure(The Foundation Press, Inc., 1994).

Linda S. Mullenix, Civil Procedure(Aspen Publishers Inc., 1997).

Linda R. Singer, Settling Disputes, 2nd ed.(Westview Press, Inc., 1994).

R. Lawrence Dessem, Pretrial Litigation, 2nd ed.(West Publishing co., 1996).

Richard H. Field, Benjamin Kaplan & Kevin M. Clermont, Civil Procedure, 6th ed.(The Foundation Press, Inc., 1990).

Roger S. Haydock, David F. Herr, Discovery Practice, 3rd ed. (Aspen Law & Business, A Division of Aspen Publishers, Inc., 1998).

Theodore Y. Blumoff, Margaret Z. Johns & Edward J. Imwinkelried, Pretrial Discovery: The Development of Professional Judgment(The Michie Co., 1993).

Warren Freedman, The Tort of Discovery Abuse(Quorum Books, 1989).

William H. Fortune, Richard H. Underwood & Ed·ward J. Imwinkelried, Modern Litigation and Professional Responsibility Handbook: The Limits of Zealous Advocacy (Little, Brown and Company, 1996).

[論　文]

ABA Section of Litigation, Report of the Special Committee for the Study of Discovery Abuse 2(1997).

Andrew W. McThenia & Thomas L. Shaffer, For Reconciliation, 94 Yale L.J. 1660(1985).

Angela R. Lang, Mandatory Disclosure Can Improve the Discovery System, 70 Indiana L.J. 657(1995).

Arthur R. Miller, The Adversary System: Dinosaur or Phoenix, 69 Minn. L.Rev. 1(1984).

Carl Tobias, Reforming Common Sense Legal Reforms, 30 Conn. L.Rev. 537(Winter, 1998).

Carrie Menkel-Meadow, Ethics in Alternative Dispute Resolution: New Issues, No Answers from The Adversary Conception of Lawyers' Responsibilities, 38 S. Tex. L.Rev. 407(May, 1997).

Carrie Menkel-Meadow, The Trouble with The Adversary System in a Postmodern, Multicultural World, 38 Wm. & Mary L. Rev. 5(October, 1996).

Charles R. Richey, Rule 16: A Survey and Some Considerations for The Bench and Bar, 126 F.R.D. 599(October, 1989).

Charles R. Richey, Rule 16 Revised, and Related Rules: Analysis of Recent Developments for The Benefit of Bench and Bar, 157 F.R.D. 69(1994).

Clark, The Federal Judicial Center, 53 Judicature 99(1969).

Coleman, Civil Disclosure, 81 A.B.A.J. 76(October, 1995).

Cunningham, Some Organizational Aspects of Calendar Management, 4 Just. Sys. J. 233(1978).

David D. Siegel, The Recent(DEC. 1, 1993) Changes in The Federal Rules of Civil Procedure: Background, The Question of Retroactivity, and a Word About Mandatory Disclosure, 151 F.R.D. 147(1993).

David L. Shapiro, Federal Rule 16: A Look at The Theory and Practice of Rulemaking, 137 U. Pa. L.Rev. 1969(June, 1989).

Dick, The Surprising Success of Appellate Mediation, 13 Alternative to the High Cost of Litigation 41(1995).

E. Donald Elliott, Managerial Judging and The Evolution of Procedure, 53 U. Chi. L.Rev. 306(Spring, 1986).

Edward D. Cavanagh, The Civil Justice Reform Act of 1990: Requiescat in Pace, 173 F.R.D. 565(1990).

Edward J. Brunet, Questioning the Quality of Alternate Dispute Resolution, 62 Tulane L.Rev. 1(1987).

Edwin J. Wesely, The Civil Justice Reform Act; The Rules Enabling Act; The Amended Federal Rules of Civil Procedure; CJRA Plans; Rule 83-What Trumps What?, 154 F.R.D. 563 (1994).

Ernst C. Stiefel & James R. Maxeiner, Civil Justice Reform in the United States-Opportunity for Learning from 'Civilized' European Procedure Instead of Continued Isolation?, 42 The American Journal of Comparative Law(1994).

Greald Walpin, America's Failing Civil Justice System: Can We Learn From Other Countries?, 41 New York Law School L. Rev. 647(1997).

Harry T. Edwards, Alternative Dispute Resolution: Panacea or Anathema?, 99 Harv. L.Rev. 668(1986).

Herbert M. Kritzer, Adjudication to settlement: Shading in the gray, 70 Judicature 161(1986).

Hon. Milton Pollack, Discovery-Its Abuse and Correction, 80 F.R. D. 219(1979).

James S. Kakalik, Just, Speedy, and Inexpensive? Judicial Case Management Under The Civil Justice Reform Act, 80 Judicature 184(January-February, 1997).

Jay S. Goodman, On The Fiftieth Anniversary of Federal Rules of Civil Procedure: What Did The Drafters Intend?, 21 Suffolk U. L.Rev. 364(1987).

Jethro K. Lieberman & James F. Henry, Lessons form the Alternative Dispute Resolution Movement, 53 The University of Chicago L.Rev. 424(1986).

John H. Langbein, The German Advantage in Civil Procedure, 52 The University of Chicago L.Rev. 823(1985).

John Heaps & Kathryn Taylor, The Abuser Pays: The Control of Unwarranted Discovery, 41 New York Law School L.Rev. 615 (1997).

John Maull, ADR in the Federal Courts: World Uniformity be Better?, 34 Duquesne L.Rev. 245(1996).

Joshua D. Rosenberg & H. Jay Folberg, Alternative Dispute

Resolution: An Empirical Analysis, 46 Stan. L.Rev. 1487 (1994).

Judith Resnik, Managerial Judges, 96 Harv. L.Rev. 374(December 1982).

Judith Resnik, Many Doors? Closing Doors? Alternative Dispute Resolution and Adjudication, 10 Ohio St. J. on Disp. Resol. 211(1995).

Judith Resnik, Whose Judgment? Vacating Judgments, Preferences for Settlement, and The Role of Adjudication at The Close of The Twentieth Century, 41 UCLA L.Rev. 1471(August, 1994).

Kaplan, von Mehren & Schaefer, Phases of German Civil Procedure I, 71 Harv. L.Rev. 1223(1958).

Kenneth W. Starr, Agenda for Civil Justice Reform in America, 60 University of Cincinnati L.Rev. 980(Spring, 1992).

Kim Dayton, The Myth of Alternative Dispute Resolution in The Federal Courts, 76 Iowa L.Rev. 889(July, 1991).

Linda S. Mullenix, Adversarial Justice, Professional Responsibility, and the New Federal Discovery Rules, 14 The Review of Litigation 13(1994).

Linda S. Mullenix, Discovery in Disarray: The Pervasive Myth of Pervasive Discovery Abuse and the Consequences for Unfounded Rulemaking, 46 Stan. L.Rev. 1393(July, 1994).

Linda S. Mullenix, The Counter-Reformation in Procedural Justice, 77 Minn. L.Rev. 375(1992).

Marc Galanter, The Day After the Litigation Explosion, 46 Md. L. Rev. 3(1986).

Marc Galanter, The emergence of the judge as a mediator in civil cases, Vol 69/No5 Judicature 257(February–March, 1986).

Marc Galanter & Mia Cahill, "Most Cases Settle": Judicial Promotion and Regulation of Settlements, 46 Stan. L.Rev. 1339 (July, 1994).

Maurice Rosenberg, The Federal Civil Rules After Half a Century, 36 Maine L.Rev. 243(1984).

Maurice Rosenberg, Query: Can court–related alternatives improve our dispute resolution system?, Vol 69/No5 Judicature 254 (February–March, 1986).

Michael E. Tigar, Pretrial Case Management under the Amended Rules: Too Many Words for a Good Idea, 14 Rev. Litig. 137 (1994).

Michael E. Wolfson, Adressing The Adversarial Dilemma of Civil Discovery, 36 Clev. St. L.Rev. 17(1988).

Michael J. Wagner, Too Much, Too Costly, Too Soon? The Automatic Disclosure Amendments to Federal Rule of Civil Procedure 26, 29 Tort & Ins. L.J. 468(Spring, 1994).

Note, The Assignment of Cases to Federal District Judges, 27 stan. L.Rev. 475(1975).

Owen M. Fiss, Against Settlement, 93 Yale L.J. 1073(1984).

Owen M. Fiss, Out of Eden, 94 Yale L.J. 1669(1985).

Patrick Fn'Piere & Linda Work, On The Growth and Development of Dispute Resolution, 81 Ky. L.J. 959(Summer, 1992/ 1993).

Paul D. Carrington, Civil Procedure and Alternative Dispute Resolution, 34 J. Legal Educ. 298(1984).

Robert F. Peckham, A Judicial Response to The Cost of Litigation: Case Mangement, Two–Stage Discovery Planning, and

Alternative Dispute Resolution, 37 Rutgers L.Rev. 253(1985).

Robert F. Peckham, The Federal Judge as a Case Manager: The New Role in Guiding a Case from Filing to Disposition, 69 Calif. L.Rev. 770(1981).

Ronald L. Olson, An Alternative for Large Case Dispute Resolution, 6 Litigation 22(Winter, 1980).

Rosenberg & King, Curbing Discovery Abuse in Civil Litigation: Enough is Enough, 579 B.Y.U. L.Rev.(1981).

Schwarzer, Slaying the Monsters of Cost and Delay: Would Disclosure Be More Effective than Discovery?, 74 Judicatiure 178 (Jan, 1991).

Stephen B. Burbank, The Rules Enabling Act of 1934, 130 U. Pa. L.Rev. 1015(1982).

Stephen P. Groves, Depositions and Interrogatories Under The Federal Rules of Civil Procedure: Before and After The 1993 Amendments, 29 Tort & Ins. L.J. 483(Spring, 1994).

Steven Flanders, Blind Umpires-A Response to Professor Resnik, 35 The Hastings L.J. 505(January, 1984).

Terence Dunworth & James S. Kakalik, Preliminary Observations on Implementation of The Pilot Program of The Civil Justice Reform Act of 1990, 46 Stan. L.Rev. 1303(July, 1994).

Virginia E. Hench, Mandatory Disclosure and Equal Access to Justice: The 1993 Federal Discovery Rules Amendments and The Just, Speedy and Inexpensive Determination of Every Action, 67 Temple L.Rev. 179(1994).

사 항 색 인

저 자 소 개

오 세 훈
변호사 1961.1.4.생

● 학력사항
1979 대일고등학교 졸업
1983 고려대학교 법학과 졸업
1990 고려대학교 대학원 법학(상법) 석사
1999 고려대학교 대학원 법학(민사소송법) 박사

● 경력사항
1984 제26회 사법시험 합격
1988 사법연수원 17기 수료
1991~ 변호사 개업(서울)
1993~ [現] 대한변호사협회 환경위원
1996~ [現] 환경운동연합 법률위원장 겸 상임집행위원
1996~ [現] 서울지방변호사회 당직변호사 운영위원
1996~1997 서울시 녹색서울시민위원회 감사
1996~1997 경원대 민사소송법 강사
1996~ [現] 시사저널 편집자문위원
1997.9.~ [現] 숙명여대 법학과(민사소송법) 겸직 교수
1998 미국 Yale대 Law School Visiting Scholar
1999~ [現] 변호사 오세훈·장진훈·이장호 합동법률사무소 변호사
1994 [기타] 문화방송 '생방송 오변호사 배변호사' 진행
1996 [기타] 서울방송 '그것이 알고 싶다' 진행
1999.10.~ [現] 서울방송 시사토론 '오늘과 내일' 진행

● 저서 및 논문
논 문 「少數株主에 대한 抑壓과 救濟策」(1990.6.)
　　　「環境影響評價制度의 改善方向에 관하여」(1996.9.)
　　　「日照侵害에 의한 損害賠償」(1996.11.)
　　　「美國 民事訴訟節次에서의 事件 管理(case management)」(1999.3.) 외 다수
수필집 「가끔은 변호사도 울고 싶다」(1995.10. 명진출판)

* 사무실: 서울 서초구 서초동 1699-16 서초동현빌딩 7층
　　　　　변호사 오세훈·장진훈·이장호 합동법률사무소
　　　　　대표전화 594-4884, FAX 594-4222

美國民事裁判의 虛와 實

| 2000年 | 1月 | 3日 | 初版印刷 |
| 2000年 | 1月 | 10日 | 初版發行 |

著 者　吳 世 勳
發行人　安 鍾 萬
發行處　**博 英 社**
　　　　서울特別市 鍾路區 平洞 13-31番地
　　　　電話　(733)6771　FAX (736)4818
　　　　登錄　1952. 11. 18.　제1-171호(倫)
　　　　對替計座　010033-31-1650878

組版所　비손전산

定 價 12,000원　　　　　　ISBN 89-10-50707-1

http://www.pakyoungsa.co.kr